나에게도
CRM 마케팅
사수가 생겼다

나에게도
CRM 마케팅 사수가 생겼다

지은이 김영민, 윤시은

펴낸이 박찬규   엮은이 전이주, 윤가희   디자인 북누리   표지디자인 Arowa & Arowana

펴낸곳 위키북스   전화 031-955-3658, 3659   팩스 031-955-3660

주소 경기도 파주시 문발로 115, 311호(파주출판도시, 세종출판벤처타운)

가격 24,000   페이지 280   책규격 188 x 240mm

초판 발행 2024년 12월 24일

ISBN 979-11-5839-560-5 (13000)

등록번호 제406-2006-000036호   등록일자 2006년 05월 19일

홈페이지 wikibook.co.kr   전자우편 wikibook@wikibook.co.kr

나에게도 CRM 마케팅 사수가 생겼다

이벤트 설계부터 자동화 시나리오까지
바로 써먹는 CRM 마케팅 실무 가이드

김영민, 윤시은 지음

위키북스

타비 _ CRM 마케팅의 여정을 함께하는 나침반

디지털 마케팅 업계에서는 현재를 '데이터리스 시대'라고 부릅니다. 개인정보 보호 정책의 강화로 디지털 플랫폼에서 회원이 아닌 일반 사용자의 데이터를 확보하는 것이 점차 어려워지고 있습니다. 이러한 변화는 유료 광고에 크게 의존하던 많은 기업에게 새로운 도전을 안기고 있습니다.

또한, 시장 경쟁은 더욱 더 치열해지고 있습니다. 기업들은 점점 더 까다로워지는 소비자를 설득하기 위해 치열한 경쟁을 벌이고 있으며, 이로 인해 기업이 새로운 고객을 확보하기 위해 지출해야 하는 마케팅 비용은 점점 더 증가하고 있습니다. 그에 따라 마케팅 업계에서는 신규 고객 확보에만 집중하는 것이 아니라 기존 고객 유지와 가치 향상에도 집중할 필요성을 느끼게 되었습니다. 이런 상황에서 고객과의 관계를 관리하고 고객 가치를 높일 수 있는 CRM 마케팅의 중요성은 그 어느 때보다 높아지고 있습니다.

최근 몇 년간 CRM 마케팅에 대한 관심이 폭발적으로 증가했습니다. 과거에는 주로 B2B 회사에서 활용되던 CRM 마케팅이 현재는 대부분의 B2C 기업에서도 활발하게 활용되고 있습니다. 빠르게 높아지는 신규 고객 확보 비용에 위기의식을 느낀 많은 기업들이 CRM 마케팅의 필요성을 느끼고, 본격적으로 CRM 마케팅을 시작했습니다. 이렇게 CRM 마케팅의 수요 증가로 인해 CRM 마케터를 찾는 기업이 많아졌고, 이에 따라 CRM 마케터의 연봉도 가파르게 상승했습니다. CRM 마케터로 일하는 지인 중 한 명은 2배가 넘는 연봉을 주는 곳으로 이직하기도 했습니다.

이렇게 뜨거운 관심을 한 몸에 받고 있는 CRM 마케팅의 인기와 반대로, CRM 마케팅에 대한 정보를 찾기는 쉽지 않습니다. 아직까지 시중에 CRM 마케팅의 개념과 활용 방법을 한 번에 배울 수 있는 책과 강의가 부족한 상황입니다. 이는 회사의 비즈니스 모델, 인력, 사용하는 솔루션에 따라 CRM 마케팅 전략이 크게 달라지기 때문입니다. 모든 마케팅 분야가 그렇겠지만, 특히 CRM 마케팅은 회사와 상황에 크게 영향을 받습니다. 그러므로 보편적인 CRM 마케팅 성공 법칙이 존재할수 없습니다. 회사의 상황에 따라 너무나 다른 CRM 마케팅 전략으로 인해 CRM 마케팅의 기본을 다질 수 있는 자료가 부족한 실정입니다.

그러나 CRM 마케팅의 기본 개념을 이해하고, 실무에 적용할 수 있는 프레임워크는 분명히 존재합니다. CRM 마케팅이 무엇인지, 어떤 역할을 하는지, 우리 회사에 어떻게 적용해야 하는지에 대한 접근법은 충분히 배울 수 있습니다.

이 책은 CRM 마케팅 개념부터 실무 적용 방법까지, 실제 업무에 도움이 되는 내용으로 구성했습니다. 각 챕터에서 CRM 마케팅의 개념부터 실제로 적용할 수 있는 전략까지 상세하게 다룹니다. 책의 첫 부분에서는 디지털 마케팅 트렌드와 CRM 마케팅이 무엇인지 설명합니다. 다음으로, CRM 마케팅을 시작하기 위한 핵심 개념을 살펴봅니다. 그리고 나서 상세한 예시와 함께 6가지 CRM 마케팅 전략에 대해 다룹니다. 이 책이 여러분의 CRM 마케팅 여정에 도움을 주는 나침반이되기를 기대합니다.

시에라 _ 당신도 CRM 마케팅을 시작할 수 있습니다

반갑습니다. 저는 이커머스 스타트업에서 그로스팀이 처음 빌딩됐을 때부터 CRM 마케팅을 시작했습니다. 그로스팀이 빌딩된 이후 영업이익율 개선과 함께 매출이 2배 성장하는 경험을 했습니다. 현재는 유니콘 기업에서 다양한 기업들의 CRM 마케팅 컨설팅과 CDP/CRM 솔루션 마케팅을 진행하고 있습니다.

어느 날 그로스 마케팅 관련 컨설팅 회사 대표 한 분이 저에게 CRM 책이나 읽을 거리를 추천해 달라고 했습니다. 저는 2000년대 초반에 출간된 CRM 관련 책 몇 권과 논문을 소개해 줬습니다. 그나마도 책이 이미 절판돼서 중고 서적으로만 구할 수 있었습니다. 자료를 전달하고 나서 곰곰이 생각해보니, 사수가 없는 이커머스 스타트업에서 처음 CRM 마케팅을 시작할 때 가장 힘들었던 점이 CRM 마케팅을 어떻게 시작하고 실행해야 하는지 잘 정리된 콘텐츠가 없다는 점이었습니다. 그리고 내가 추천했던 책과 논문을 지금 CRM 마케팅을 처음 시작하는 분들이 읽게 된다면 과연 실무에 적용할 수 있을까 하는 의문도 들었습니다.

CRM 마케팅이라는 용어는 과거부터 이미 사용됐지만, 그 의미는 계속 발전하고 있습니다. 1990년대 초반 CRM은 고객 관계 관리 프로그램을 일컫는 말이었습니다. 그러나 현재 CRM 마케팅은 기존 고객의 데이터를 활용하여 고객 관계를 개선하고 고객의 가치를 높여 충성 고객으로 만드는 활동을 의미합니다. CRM의 의미가 많이 변화하고 확장된 것처럼 CRM 콘텐츠에 대한 변화와 확장도 필요합니다. 그래서 지금 사업을 시작해서 CRM 시나리오를 구성하고 싶어 하는 회사의 대표나 CRM 마케팅을 처음 시작하는 마케터가 읽고 CRM 마케팅이 무엇인지 이해하고 직접 실행해 볼 수 있는 콘텐츠를 만들고자 하는 생각으로 이 책을 집필하게 됐습니다.

CRM 마케팅을 다룬 다른 논문들처럼 현학적인 이야기로 내용을 채우기보다는 저자가 다양한 기업에서 진행한 CRM 컨설팅을 통해 습득한 노하우와 기본 개념을 이 책에 담아봤습니다. 다양한 기업에서 컨설팅을 하다 보면 가장 많이 물어보는 것이 바로 '우선 뭐부터 해야 돼요?'라는 것이었습니다. 이 책은 '우선 이것부터 알아야 해요.'에 해당하는 내용을 전부 담은 책이라고 보면 됩니다. 컨설팅하면서 재미있었던 점은 우선 처음 시작하기 위한 기초를 모두 컨설팅하고 세팅을 해주고 나면 고객사가 그들의 고객에 대한 데이터를 자세히 살펴보고 더 창의적인 CRM 메시지를 설계해서 제안해왔다는 것입니다. 이 책을 통해 CRM의 기본을 이해하고 실제 서비스에 적용해가는 과정을 통해 비즈니스가 성장하는 모멘텀을 경험하길 바랍니다.

성장으로 가는 첫발을 내딛은 당신을 위한 선물

이 책을 읽는 여러분을 위한 특별한 선물을 준비했습니다. 다음 QR 코드를 스캔한 뒤 연결된 구글 드라이브 링크에서 소재를 제작하는 데 영감을 얻을 수 있는 ≪소재 제작 가이드북 PDF≫를 내려받을 수 있습니다.

▲ ≪소재 제작 가이드북 PDF≫ QR 코드

백승록 _ 메조미디어 대표이사

획일화된 마케팅 방식에서 벗어나 우리 브랜드만의 전략과 메시지를 전하고 싶은 모든 마케터에게 이 책은 명확한 메시지를 전합니다. 고객 데이터 활용에 집중하고 개인화된 고객 관리를 통해 비즈니스의 성장과 새로운 비즈니스 기회를 창출할 수 있다고 말입니다. 특히, 리드 관리, 회원가입 온보딩, 이탈 고객 관리 등 다양한 CRM 마케팅 시나리오는 고객의 여정을 깊이 이해하고 맞춤형 전략을 수립하는 데 큰 도움이 될 것입니다.

양승화 _ 알라미 그로스 리드

서드파티 데이터 활용이 점점 까다로워지면서 퍼스트파티 데이터를 기반으로 한 통합적 마케팅의 중요성이 더욱 부각되고 있습니다. 특히 핵심고객 관리, 개인화, LTV 최적화 측면에서 CRM 마케팅의 역할이 점차 커지고 있습니다. 성공적인 CRM 마케팅을 위해서는 데이터 수집과 분석을 위한 환경 구축부터, 구체적인 캠페인 시나리오 설계와 카피라이팅에 이르기까지 폭넓은 영역에 이르는 준비가 필요합니다. 이 책은 CRM 마케터의 업무 전반을 폭넓게 커버하고 있으며, 다양한 사례를 통해 구체적인 CRM 실무를 친절하게 설명하고 있습니다. 홀로 고군분투하는 CRM 마케터가 있다면, 이 책이 첫 번째 사수가 되어줄 거라고 생각합니다.

CHAPTER

03

CRM 마케팅에 필요한 핵심 개념

CHAPTER

04

사용자 구매 여정 따른 퍼널 구축

CHAPTER

07

[CRM 시나리오]
조회 후 이탈 사용자
재방문 유도

CHAPTER

08

[CRM 시나리오]
크로스셀링/업셀링

맺음말   259

디지털 마케팅
트렌드

1.1 마케팅 패러다임의 변화

마케팅이란 무엇인가

오늘날 마케팅의 중요성은 매우 커져가고 있습니다. 비즈니스가 성장하기 위해서는 반드시 좋은 마케팅 전략을 가지고 실행할 수 있어야 합니다. 비즈니스뿐만 아니라 조직과 개인에게도 마케팅이 필요한 시대로 접어들었습니다. 기업이 수익을 창출하기 위해 마케팅 팀을 꾸리고 마케팅 활동을 하는 것처럼, 개인도 원하는 직장에 취업하거나 더 좋은 기회를 붙잡기 위해서 마케팅을 할 수 있어야 합니다. 요즘은 네이버 · 구글 검색이나 유튜브의 다양한 콘텐츠를 통해 수많은 마케팅 정보를 얻을 수 있습니다. 그래서 마케팅의 중요성을 이해하고 배우려는 사람들과 마케터가 되고 싶어 하는 사람들이 점점 더 많아지고 있습니다.

그렇다면 우리가 말하는 '마케팅(Marketing)'이란 무엇일까요? 마케팅은 기본적으로 'Market(시장)' + '-ing(현재진행형)'으로, 시장을 만드는 과정이라는 의미를 담고 있습니다. 즉, 개인 또는 조직이 다른 사람들과 지속적인 교환을 하게 만드는 과정이라고 볼 수 있습니다. 미국마케팅협회에서는 마케팅을 '개인과 조직의 목적을 충족시켜주는 교환을 가져오기 위해 아이디어, 제품 및 서비스에 대한 발상, 가격 결정, 촉진 그리고 유통을 계획하고 실행하는 과정'이라고 정의합니다. 또한, 한국마케팅협회에서는 '마케팅은 조직이나 개인이 자신의 목적을 달성시키는 교환을 창출하고 유지할 수 있도록 시장을 정의하고 관리하는 과정'이라고 정의합니다. 이 두 가지 정의에서 공통으로 발견할 수 있는 키워드는 '개인이나 조직', '목적 달성', '교환', '과정'입니다. 다시 말해 개인이나 조직이 목적을 달성하기 위해 교환을 만들어내는 과정이라는 공통점이 있음을 알 수 있습니다.

저는 마케팅의 아버지라고 불리는 필립 코틀러(Philip Kotler)가 말한 '마케팅은 교환과정을 통해 필요와 욕구를 충족시키려는 인간 활동이다.'라는 마케팅의 정의를 좋아합니다. 마케팅의 범위를 넓게 바라보며, 마케팅의 기본적인 뿌리가 인간의 필요와 욕구에서 시작된다는 내용을 잘 반영하고 있기 때문입니다. 마케팅에서 말하는 '시장(Market)'은 사람들이 모여서 서로 다른 욕구를 충족하기 위해 교환 행위를 하는 공간이라고 생각합니다. 이런 시장에서 개인과 조직은 각자의 욕구를 충족시키기 위해 서로가 가진 가치를 교환하게 됩니다. 이렇게 교환하는 가치는 서로의 욕구를 충족시켜줄 수 있는 무언가이고, 이는 물건이나 서비스 또는 화폐가 될 수 있습니다. 정리하면, 기업 입장에서의 마케팅은 시장 소비자들의 욕구를 파악하고, 이를 충족시켜줄 수 있는 제품이나 서비스를 제공하여 대가를 얻는 교환 과정이라고 이해할 수 있습니다. 이런 이유로 마케팅에서는 '소비자의 욕구와 니즈', '고객 관점'을 매우 중요하게 생각합니다.

여전히 많은 사람이 마케팅을 단순히 광고(Advertising)로 오해하고 있습니다. TV 광고, 잡지 광고, SNS 광고, 블로그 등 홍보 활동만을 마케팅으로 인식하는 경우가 많습니다. 하지만 실제로 마케팅은 그보다 훨씬 넓은 개념이며, 광고와 홍보는 마케팅의 일부 요소일 뿐입니다. 우리가 이 책에서 살펴볼 CRM 마케팅에서 중요하게 다루는 고객 관계 관리도 마케팅의 한 부분입니다. 마케팅은 다양한 단계와 요소를 포함하며, 소비자의 니즈를 파악하여 그에 맞는 제품 또는 서비스를 개발하고 전달하는 과정 모두에 관여합니다. 시장 조사 및 분석부터 제품과 서비스 개발, 가격 책정과 유통 채널 선택, 그리고 광고와 홍보까지 마케팅의 범위는 상당히 넓습니다. 따라서 우리 일상생활은 무수히 많은 마케팅 활동에 둘러 쌓여 있습니다. 우리가 집 앞 마트에서 제품을 구매할 때 브랜드 로고, 색상, 패키지 디자인이 우리의 구매에 영향을 줍니다. 또한 온라인 쇼핑몰에서 옷을 구매할 때 다른 사람들의 구매 후기와 추천 의견을 참고하여 구매하게 됩니다. 그리고 '1+1 할인 이벤트'에 혹해서 필요하지 않은 물건을 사게 되는 경우도 있습니다.

이렇게 마케팅은 다양한 영역을 아우르는 넓은 개념이며, 추상적인 정의를 가지고 있습니다. 이로 인해 누구나 쉽게 마케팅을 시작할 수 있지만, 실제로 좋은 마케팅 성과를 내기는 어렵습니다. 또한, 마케팅에는 정답이 없어서 방향을 잡기도 쉽지 않습니다. 따라서 우리는 좋은 마케팅 성과를 내기 위해서 지금까지 마케팅에 대한 관점이 어떻게 변화했는지 이해하는 것이 필요합니다. 이런 변화의 방향성이 우리에게 힌트를 줄 수 있기 때문입니다.

마케팅 패러다임의 5단계 변화

마케팅은 시대와 함께 변화해왔습니다. 시장의 변화, 소비자의 요구와 기대, 그리고 기술의 발전에 따라 마케팅을 바라보는 관점과 패러다임이 변했습니다. 과거에는 마케팅이 단순히 제품의 홍보와 판매에 초점을 맞춘 활동으로 여겨졌습니다. 하지만, 시간이 흐름에 따라 마케팅도 점차 진화했습니다. 마케팅이 시대에 따라 어떻게 변화했고, 그 변화의 중심에 무엇이 있었는지 이해하는 것은 마케터에게 중요한 역량입니다. 여전히 마케팅 패러다임은 변하고 있고, 그 변화의 방향에 대한 힌트를 과거의 변화에서 찾을 수 있기 때문입니다. 그럼, 마케팅 패러다임의 주요 5단계 변화를 살펴보겠습니다.

1단계: 제품 중심 마케팅 (Product-Centric Marketing)

제품 중심 마케팅은 말 그대로 제품 자체에 초점을 맞춘 전략입니다. 제품의 특성, 기능, 품질 등이 주요한 마케팅 요소입니다. 이 단계에서는 기업들이 어떻게 하면 더 좋은 품질의 제품을 만들고 그것을 더 효과적으로 생산할 수 있는지에 집중했습니다. 이러한 접근법은 20세기 초반 산업혁명으로 대량 생산이 가능해진 배경과 맞물려 있습니다. 공장 시스템과 기계화가 발달하는 과정에서 기업들은 같은 품질의 제품을 대량 생산할 수 있게 됐습니다.

제품 중심 마케팅 단계에서는 기업의 핵심적인 경쟁력은 제조 공정의 효율성과 제품의 표준화였습니다. 기업은 사람들이 필요로 하는 새로운 제품을 개발하고 비용 절감을 통해 가격을 낮춰 소비자들이 구매할 수 있도록 접근성을 높였습니다. 이 당시 소비자들은 새로운 제품에 대한 기대 수준이 낮았고, 기업은 가격을 낮추면 더 많은 수익을 얻을 수 있었습니다.

2단계: 판매 중심 마케팅 (Sales-Centric Marketing)

기업의 제품 생산 능력이 크게 향상되면서 많은 제품이 시장에서 공급 초과 상황을 경험하게 되었습니다. 이러한 배경으로 시장 경쟁이 치열해졌고 기업들은 제품을 더 많이 판매하기 위한 전략을 세워야 했습니다. 또한 시간이 지나면서 소비자들의 기대 수준이 높아지고 기호도 다양해졌습니다. 소비자들은 더 이상 제품 품질과 저렴한 가격만으로는 제품을 구매하지 않게 되었습니다. 따라서 기업들은 단순히 좋은 제품을 만드는 것을 넘어서 어떻게 하면 소비자가 자신들의 제품을 선택할 수 있도록 할지에 대해 집중하기 시작합니다.

이러한 변화와 함께 '판매 중심 마케팅' 단계가 시작됩니다. 판매 중심 마케팅에서 기업들은 가능한 한 많은 제품을 팔 수 있는 방법에 초점을 맞췄는데, 그 방법 중 가장 중요한 도구가 '광고'였습니다. 광고를 통해 기업들은 구매 욕구를 유발하는 메시지와 함께 자신들의 제품 정보를 알릴 수 있었습니다. 이러한 과정에서 '마케팅 카피'의 역할이 강조되며 광고 캠페인에 강렬한 메시지와 감성적인 요소가 활용되기 시작했습니다. 기업들은 제품의 특징과 장점을 강조할 수 있는 셀링 포인트(Selling Point)를 메시지에 활용하고, 홍보 모델을 사용하여 제품 이미지를 구축하는 전략을 사용했습니다. 이 단계에서 기업들은 자사 제품이 선택받을 수 있도록 소비자들에게 제품의 장점과 긍정적인 이미지를 심는 것에 집중했습니다.

3단계: 고객 중심 마케팅 (Customer-Centric Marketing)

판매 중심 마케팅은 한계를 가지고 있었습니다. 단기적으로는 효과를 보였지만, 장기적으로 지속 가능한 성장을 이룰 수 없었습니다. 대량으로 생산된 제품을 잘 판매하는 전략은 소비자들이 진정으로 원하는 것을 제공하지 못한다는 한계를 지녔기 때문입니다. 시간이 지날수록 소비자들의 니즈와 취향이 점점 더 중요해졌습니다. 기업들은 각 소비자가 가진 독특한 니즈와 취향을 파악하고, 그에 맞춰 제품과 서비스를 제공하여 경쟁력을 확보하기 시작했습니다. 판매를 위한 전략을 넘어서 소비자의 니즈와 욕구를 이해하고 그것을 충족시키는 것에 초점을 맞춘 것입니다.

같은 용도의 제품이라도 크기, 색상, 형태 등에서 다른 선호도를 보일 정도로 소비자의 선호는 깊고 다양하게 나뉘어 있었습니다. 그래서 기업들은 소비자 조사를 통해 소비자의 욕구를 이해하기 위해 노력했으며, 이러한 욕구를 충족할 수 있는 제품과 서비스를 개발했습니다. 많은 기업은 소비자들의 각기 다른 욕구를 충족시키기 위해 다양한 종류의 제품을 적은 양으로 생산하는 방식인 '다품종 소량 생산' 방식을 채택하기도 했습니다. 이렇게 하면 고객의 개별 요구에 더욱 정확하게 대응할 수 있으며, 맞춤형 제품과 서비스로 경쟁력도 확보할 수 있었기 때문입니다.

이 단계에서 기업들은 고객의 다양한 욕구와 요구사항을 정확하게 파악하고, 그에 부응하는 제품과 서비스를 개발하는 데 집중합니다. 이렇게 고객 중심 마케팅에서는 고객 경험

(Customer Experience)이 핵심 개념으로 부각되었고, 기업들에게는 고객과의 좋은 상호 작용과 만족스러운 경험 제공이 중요해졌습니다. 결론적으로, 고객 중심 마케팅에서는 각 소비자가 가진 다양한 니즈와 선호도에 집중하여 최상의 고객 경험과 만족도를 확보하는 것에 집중했습니다.

4단계: 관계 중심 마케팅 (Relationship-Centric Marketing)

앞에서 우리는 '제품 중심', '판매 중심', 그리고 '고객 중심'의 마케팅 패러다임에 대해 살펴 봤습니다. 이제는 그 다음 단계인 '관계 중심 마케팅'에 대해 알아보겠습니다. 관계 중심 마케팅은 기업과 고객 사이의 장기적이며 지속 가능한 관계 구축을 목표로 삼습니다. 이 단계에서 기업들은 일회성 거래를 넘어서, 고객과의 장기적인 관계 형성을 통한 지속적인 매출 창출에 집중합니다. 이런 접근법은 시장 경쟁이 점차 치열해지면서 신규 고객 확보뿐만 아니라 기존 고객 유지와 그들로부터의 반복 구매 유도가 매우 중요하다는 인식에서 시작됐습니다.

실제로 여러 연구에 따르면, 신규 고객 확보 비용은 기존 고객 유지 비용보다 5배 이상 높게 나타납니다. 고객들과 장기적인 관계를 유지하게 되면 브랜드 충성도를 향상시키고 지속적으로 거래하기가 쉬워집니다. 이러한 관계 중심의 마케팅 패러다임부터 CRM 마케팅이 기업 성장의 핵심 전략으로 자리매김하게 됩니다. 관계 중심 마케팅 단계에서는 기업들이 개별적으로 각 고객과의 관계를 유지하면서 그들의 변화하는 요구사항과 선호도를 계속해서 파악하고 대응해야 합니다. 게다가 장기적인 관계를 유지하기 위해서 기업이 제공하는 가치가 지속적으로 고객의 기대 수준을 넘어서야 합니다. 때문에 관계 중심 마케팅은 기업 입장에서 쉽지 않은 도전이며 더 많은 비용을 지출하게 만듭니다. 그럼에도 불구하고 시장의 소비자들은 점점 더 개인화된 경험과 지속 가능한 가치를 원하기 때문에 기업들은 계속해서 개별 고객들과 관계를 맺고 지속해 나가는 시도를 해야만 합니다.

5단계: 가치 중심 마케팅 (Value-Centric Marketing)

가장 최근의 마케팅 패러다임으로 주목받고 있는 '가치 중심 마케팅'은 기업이 고객에게 제공하는 제품이나 서비스를 넘어서 고객이 경험하는 전반적인 가치에 초점을 맞춥니다. 이 단계에서 기업들은 단순히 제품을 팔거나 서비스를 제공하는 것이 아니라, 고객과 사회 모두에 긍정적인 영향을 미치는 데 주력합니다. 이런 접근법은 소비자들이 단지 제품을 소유하는 것보다 만족도 높은 경험과 향상된 라이프스타일을 추구하는 현대 트렌드를 반영한 것입니다. 따라서 기업들은 소비자들의 삶에서 어떻게 더 큰 가치를 창출할 수 있을지에 대해 깊게 고민하며, 그 결과를 바탕으로 다양한 제품과 서비스를 개발하고 제공합니다.

예를 들어, '애플(Apple)'은 단지 스마트폰을 판매하는 것 이상의 가치를 창출하려고 노력합니다. 아이폰은 사용자 친화적인 디자인, 직관적인 사용자 인터페이스, 그리고 다양한 앱 생태계로 구성되어 있습니다. 이 모든 요소들은 고객에게 '애플 생태계'라는 독특한 경험과 가치를 제공합니다. 기업들은 소비자들의 삶에서 어떻게 더 큰 가치를 창출할 수 있을지에 대해 깊이 연구하고 분석해야 합니다. 이런 연구와 분석 결과는 고객이 경험하는 가치를 향상시킬 수 있는 제품 및 서비스 개발과 제공에 활용됩니다. 따라서 현재와 미래의 시장 환경에서 기업들은 어떻게 사회적, 경제적 및 환경적 측면에서 긍정적인 영향력을 발휘할 수 있을지를 계속해서 탐색하고 발전시켜야 합니다.

지금까지 '제품 중심', '판매 중심', '고객 중심', '관계 중심', 그리고 '가치 중심' 마케팅이라는 5단계의 마케팅 패러다임의 변화를 살펴봤습니다. 이렇듯 마케팅 패러다임은 시대와 소비자의 변화에 따라 지속적으로 발전해왔습니다. 기업들은 이러한 변화 과정에서 자신들의 제품과 서비스를 시장에 전달하고, 고객들로부터 선택받기 위해 끊임없이 노력해왔습니다. 현재 사회에서는 가치 중심 마케팅이 주요한 트렌드로 자리잡고 있습니다.

그러나 마케팅 환경은 계속 변할 것이며, 이에 따라 패러다임도 자연스럽게 변화하게 될 것입니다. 디지털 기술의 발전과 사회 경제적 환경의 변동 등 다양한 요인으로 인해 새로운 패러다임이 등장할 수 있습니다. 그래서 기업들은 항상 시장과 소비자들의 트렌드 변화를 주시하며 유연하게 대응해야 합니다. 패러다임이 변할수록 결국 '고객'이 중요해지고 있습니다. 앞으로는 고객을 깊이 이해하고 지속적으로 관계를 맺는 것이 매우 중요해질 것입니다. 따라서 현재에도 CRM 마케팅은 주요한 마케팅 전략으로 활용되지만, 앞으로는 더욱더 중요성을 갖게 될 것입니다.

마스터카드 CMO가 정리한 마케팅 패러다임의 5단계 변화

마스터 카드 CMO 라자 라자만나르는 그의 저서 《퀀텀 마케팅》(리더스북, 2021)에서 마케팅 패러다임의 변화를 5가지 단계로 정리했습니다. 그는 점차 복잡해지는 시장 상황과 변화하는 소비자들의 요구사항에 따른 마케팅 패러다임의 변화를 잘 설명하고 있습니다. 라자만나르는 특히 기술 발전이 패러다임 변화에 어떻게 영향을 미치는지에 초점을 맞추어 설명하며, 앞으로의 마케팅 패러다임도 함께 제시합니다. 이전에 설명한 마케팅 패러다임의 변화와 함께 라자만나르가 정리한 패러다임의 변화까지 살펴본다면, 현재와 미래의 기업들이 마케팅 전략을 수립할 때 어떤 요소에 집중해야 하는지 명확히 파악할 수 있을 것입니다.

1. 제품 중심 마케팅 (Product-Centric Marketing)

   첫 번째 패러다임은 앞에서 설명한 것과 동일합니다. 기업들은 효율적인 제품 생산에 집중하며 더 좋은 품질과 더 저렴한 가격의 제품을 만들기 위해 노력합니다. 이 패러다임에서는 사람들이 이성적으로 더 좋은 품질과 저렴한 가격에 반응한다는 믿음이 지배적이었습니다.

2. 감성 중심 마케팅 (Emotion-Centric Marketing)

   이 단계에서는 기업들이 고객의 감성을 건드리는 방식으로 제품 판매를 시도합니다. '판매 중심 마케팅 패러다임'과 비슷하게 이 단계에서도 판매에 집중합니다. 예를 들어, 나이키는 'Just Do It'이라는 슬로건을 통해 소비자들에게 용기와 결단력을 호소하며 브랜드와 강력한 감성적 연결을 형성했습니다. 이 패러다임에서는 사람들은 비합리적이며, 감성에 끌리는 브랜드의 충성 고객이 된다는 믿음이 있었습니다.

3. 데이터 주도 마케팅 (Data-Driven Marketing)

   인터넷의 보급으로 데이터 기반 마케팅이 가능해진 단계입니다. 디지털 시대의 시작과 함께 기업들은 대량의 데이터를 수집하고 분석하여 고객 행동과 선호도를 파악하기 위해 노력했습니다. 이를 통해 기업들은 보다 효과적인 광고 성과를 달성하기 위해 데이터 분석을 바탕으로 다양한 실험을 시도할 수 있게 되었습니다. 예시로, 구글에서 특정 키워드의 검색 결과 페이지에 어떤 제목과 설명 문구로 어떤 사이트를 노출시켰을 때 클릭률이 증가하는지 등을 실험하는 방식입니다.

4. 디지털&소셜 마케팅 (Digital & Social Media Marketing)

   모바일 기기 보급으로 개인화된 데이터를 활용하여 정밀한 타깃 마케팅이 가능해진 단계입니다. 모바일 기기와 소셜미디어의 확산으로, 기업들은 개별 고객들의 데이터를 분석하고, 이를 통해 개인화된 마케팅 활동을 할 수 있게 되었습니다. 메타(구 페이스북)를 사용하는 사용자의 연령, 성별, 취향, 관심사 등 다양한 개인화 데이터를 활용하여 맞춤형 광고를 진행할 수 있습니다. 또한, 넷플릭스는 사용자가 시청한 프로그램과 그에 대한 반응을 분석하여 개인화된 콘텐츠를 추천합니다.

5. 퀀텀 마케팅 (Quantum Marketing)

앞으로의 마케팅은 '퀀텀 마케팅'의 단계로 진입할 것으로 예상합니다. 이 단계에서는 인공지능(AI), 증강현실(AR), 드론 등과 같은 첨단 기술을 적극적으로 활용하여 소비자들에게 신뢰를 줄 수 있는 마케팅이 필요하다고 합니다. 이러한 기술을 통해 기업들은 소비자들의 요구사항과 선호도를 실시간으로 분석하고 예측할 수 있으며, 그 결과 완전히 개인화된 마케팅 전략을 실시간으로 제공할 수 있습니다. 또한 실시간으로 수집되는 데이터를 통해 소비자의 니즈에 맞는 제품이나 서비스를 개발할 수 있습니다.

▼ 마케팅 패러다임의 5단계 변화 표[1]

패러다임	내용/가정
제품 중심 마케팅	사람들은 이성적으로 더 좋은 기능과 가격에 반응한다.
감성 중심 마케팅	사람들은 비합리적으로 감성에 끌리는 브랜드의 충성고객이 된다.
데이터 주도 마케팅	인터넷(WWW)의 보급으로 데이터 기반 마케팅이 가능해졌다.
디지털&소셜 마케팅	모바일 기기 보급으로 개인화 데이터를 통한 타기팅 마케팅이 가능해졌다.
퀀텀 마케팅	신기술(AI, AR, 드론 등)을 활용하여 사람들에게 신뢰를 줄 수 있는 마케팅이 필요할 것이다.

향후 마케팅 패러다임의 변화

지금까지 마케팅 패러다임의 변화 과정을 살펴봤습니다. 마케팅 패러다임은 소비자 행동, 기술 변화, 사회 경제적 환경 등 여러 요인에 영향을 받아 지속적으로 발전하고 변화되어 왔습니다. 앞으로 마케팅 패러다임이 어떤 방향으로 전개될지는 정확히 예측하기 어렵지만, 지금까지의 마케팅 패러다임 변화와 현재 마케팅 환경을 고려하여 몇 가지 주요한 변화 방향성을 예상해 볼 수 있습니다.

---

1   출처: 라자 라자만나르, 『퀀텀 마케팅』 (리더스북, 2021)

1. 더욱 정교한 개인화

데이터 분석과 AI 기술의 발전을 통해 소비자의 개별적인 선호와 행동을 더욱 정확하게 파악하고 이에 맞는 맞춤형 제안과 서비스를 실시간으로 제공할 수 있을 것입니다. 더욱 정교해진 개인화 마케팅 전략은 소비자 경험을 향상시키며, 동시에 기업의 마케팅 효율성에 크게 기여할 것입니다.

2. 옴니채널 전략 강화

오프라인과 온라인, 다양한 디지털 플랫폼 간 경계가 모호해짐에 따라 소비자와의 접점을 관리하고 연결하는 전략이 더욱 중요해질 것입니다. 소비자가 활동하는 다양한 채널을 유기적으로 결합하여 기업 메시지를 효과적으로 전달하며, 소비자가 직접 참여 가능한 상호작용 생태계를 구축하는 것이 핵심 요소로 부상할 수 있습니다.

3. 소비자 참여와 공동 혁신

소비자는 기업의 제품과 서비스를 개발하는 과정, 그리고 마케팅 전략을 결정하는 과정에 더욱 적극적으로 참여하게 될 것입니다. 앞으로 소비자를 어떻게 능동적으로 기업 활동에 참여시키는지가 중요한 경쟁력이 될 것입니다.

4. 사회적 가치와 지속 가능성 강조

기업의 사회적 책임과 지속 가능성에 대한 중요성은 계속해서 증가할 것입니다. 이는 환경 보호, 공정 무역, 인권 존중 등 다양한 형태로 나타날 수 있습니다. 사회적 가치와 지속 가능성은 소비자들로부터 긍정적인 인식을 얻는 데 있어 결정적인 요소가 되며, 기업 이미지의 강화와 신뢰도 향상에 중요한 역할을 하게 될 것입니다.

5. 기술 활용 강화

인공지능(AI), 가상현실(VR), 증강현실(AR), 사물인터넷(IoT) 등 첨단 기술을 활용하여 실시간 정보 수집과 제공, 가상 체험 등 새로운 형태의 마케팅 전략이 등장할 것입니다. 이런 첨단 기술을 적극적으로 활용하여 소비자들에게 전반적으로 최적화된 경험을 제공할 수 있을 것입니다.

6. 데이터 보호 및 프라이버시 강조

개인 정보를 활용한 마케팅 전략은 효과적인 결과를 가져올 수 있지만, 동시에 소비자들로부터 불편함을 유발할 수도 있습니다. 앞으로 데이터 보호와 개인정보 보호는 점점 더 중요해질 것입니다. 따라서 이러한 정보를 적절히 관리하고 보호하는 방안을 마련하는 것은 필수 과제가 될 것이며, 이런 환경에서 어떻게 효과적으로 마케팅 전략을 전개해 나갈지가 중요한 요소가 될 것입니다.

이러한 추세들은 마케팅 전략뿐만 아니라 기업 문화, 조직 구조, 역량 개발 등 전반적인 비즈니스 환경에 영향을 미칠 것입니다. 앞으로의 마케팅은 점점 더 복잡해지는 시장 환경에서 이루어져야 합니다. 따라서 마케터들은 이러한 변화의 방향성을 미리 파악하고 대응할 수 있어야 합니다. 소비자는 더욱 똑똑해질 것이고, 경쟁 상황은 더욱 치열해질 것입니다. 우리는 점점 더 똑똑해지는 소비자를 깊이 있게 이해하고, 발전하는 기술을 적극적으로 활용할 수 있어야 할 것입니다.

마케팅 패러다임의 변화가 마케터에게 미치는 영향

마케팅 패러다임의 변화는 마케터들에게 중대한 영향을 미칩니다. 이러한 변화는 마케터들이 집중해야 할 주요 영역을 재정의하고, 필요한 역량을 바꾸기 때문입니다. 마지막으로, 마케팅 패러다임의 변화가 마케터에게 미치는 영향을 5가지 관점에서 살펴보겠습니다.

1. 필요한 능력의 변화

고객 중심, 관계 중심, 가치 중심 마케팅으로 이동함에 따라 마케터들은 기본적인 제품 지식과 판매 기술 외에도 고객 이해, 데이터 분석, 디지털 커뮤니케이션 등 다양한 능력이 필요해졌습니다.

2. 데이터 활용 증가

개인화된 마케팅 전략을 수립하고 실행하기 위해서는 대량의 고객 데이터를 수집하고 분석하는 능력이 필요합니다. 이를 통해 소비자 행동과 선호를 파악하고 예측할 수 있어야 합니다.

3. 전략 수립의 어려움 증가

고객의 요구사항과 선호도가 다양화되고 고객 접점이 늘어나면서 마케팅 전략을 구축하는 것이 더욱 복잡해지고 있습니다. 추가로, 사회적 가치와 지속 가능성 등 복잡한 요소를 포함하는 것은 그 어려움을 더욱 증가시키게 됩니다.

4. 윤리적 행동 강조

개인 정보 보호 및 사용, 사회적 책임 등 윤리적 문제는 현재와 미래의 마케팅에서 매우 중요합니다. 따라서 마케터들은 이러한 문제에 대해 깊게 이해하고 윤리적으로 행동할 줄 알아야 합니다.

5. 기업 내외부 커뮤니케이션 강화

내부 커뮤니케이션은 기업 내 모든 직원들이 마케팅 목표와 전략을 이해하고, 그에 따라 행동하는 것을 의미합니다. 이는 직원들이 고객에게 일관된 메시지를 전달하는 데 중요한 역할을 합니다. 그리고 외부 커뮤니케이션은 기업과 고객, 파트너사, 투자자 등 외부 이해관계자들과의 소통을 의미합니다. 이는 고객 관계 관리(CRM), 소셜 미디어 운영, PR 활동 등 다양한 방식으로 실행됩니다. 마케팅 패러다임 변화에 따라, 마케터는 내외부 커뮤니케이션을 강화하고 다양한 채널을 통해 일관된 메시지를 전달하는 것에 중점을 두어야 합니다.

따라서 마케팅 패러다임 변화는 마케터들이 전통적인 역할 범위를 넘어서 새로운 역량과 지식을 갖추고 더욱 넓은 역할을 수행하기를 요구합니다. 이는 끊임없는 학습과 개발을 필요로 하는 도전이지만, 동시에 새로운 기회와 가능성을 제공합니다.

1.2 디지털 마케팅 시대의 특징

디지털 마케팅 시대의 시작

시간이 지나면서 마케팅은 진화했습니다. 이러한 진화 과정에서 몇 가지 주요한 전환점이 있었는데, 그중 하나가 바로 '디지털 마케팅'의 등장입니다. 디지털 마케팅 시대의 도래는 기업들에게 다양한 변화를 가져다주었습니다. 무엇보다 디지털 환경은 기업들이 비교적 저렴한 비용으로 광범위한 고객 집단과 소통할 수 있는 새로운 경로를 제공했습니다. 또한, 고객들이 디지털 환경에서 생성하는 데이터를 수집하고 분석함으로써 기업들은 더욱 정교하고 효과적인 마케팅 전략을 구축할 수 있게 됐습니다.

디지털 마케팅은 1990년대 웹 1.0의 등장과 함께 시작됐습니다. 이 시기에는 웹사이트가 주로 정보 전달 수단으로 활용됐습니다. 아마존(Amazon) 같은 기업들은 자체 웹사이트를 통해 고객에게 제품 정보를 제공하며 온라인 판매를 시작했습니다. 이 단계에서는 기업들이 고객에게 일방적으로 정보를 전달하는 단방향의 커뮤니케이션 형태가 주된 방식이었습니다.

그 후, 구글과 같은 검색 엔진의 등장은 인터넷 환경을 획기적으로 발전시켰습니다. 특히, 구글의 애드워즈(AdWords)와 같은 유료 검색 광고 서비스는 디지털 마케팅을 한 단계 더 나아가게 만들었습니다. 기업들은 소비자가 정보를 검색하는 과정에서 자신들의 웹사이트를 노출시키거나 제품 정보를 제공함으로써 검색 키워드 기반의 개인화 마케팅을 시작했습니다.

2000년대 초, 소셜 미디어의 출현과 함께 디지털 마케팅은 단방향 소통에서 양방향 소통으로 발전하게 됩니다. 이 시기에는 기업들이 Facebook, Twitter, Instagram과 같은 소셜 미디어 플랫폼을 통해 소비자와 직접적인 대화를 나누고 관계를 구축할 수 있게 됐습니다. Facebook 페이지에서 신제품 출시를 알리거나 Instagram 계정에서 이벤트 정보를 공유함으로써 기업들은 소비자와의 양방향 커뮤니케이션을 시작했습니다. 또한, 각각의 소셜 미디어 플랫폼이 가진 관심사 기반의 특성을 활용하여 유료 디스플레이 광고를 실행하는 것도 가능해졌습니다. 그리고 이 시기부터는 도브(Dove)의 'Real Beauty Sketches' 캠페인처럼 감동적인 메시지로 사람들에게 자발적인 공유를 유도하는 콘텐츠 중심 마케팅 캠페인도 등장하기 시작했습니다.

그 다음 단계로, 스마트폰의 보급과 모바일 인터넷의 확산에 따라 모바일 마케팅이 급격하게 성장했습니다. 이제 소비자들은 언제 어디서든 스마트폰을 통해 인터넷에 접속하고, 원하는 정보를 찾거나 SNS 활동을 하며 자신들의 정보를 남기기 시작했습니다. 기업들은 이러한 모바일 데이터를 활용하여 사용자 라이프스타일과 선호도에 맞는 개인화된 마케팅 전략을 세우기 시작했습니다. 우버(Uber)와 같이 사용자의 모바일 데이터(예: 사용자 위치 등)를 활용하여 사용자에게 맞춤형 서비스를 제공하는 기업들이 급속도로 성장했습니다.

현재 우리는 Web 3.0에서 4.0 시대의 전환기에 있습니다. 이 시대는 데이터의 중요성이 강조되며, 인공지능(AI)과 머신러닝 기법을 활용한 개인화 마케팅이 주요 특징으로 자리 잡고 있습니다. 온라인과 오프라인에서 수집되는 방대한 데이터를 분석함으로써 고객의 행동 패턴, 선호도, 구매 경향 등을 비교적 정확하게 파악할 수 있게 됐습니다. 이런 정보를 바탕으로 AI와 머신러닝 기법을 활용하면 각 고객에게 가장 적합한 제품이나 서비스를 제안하거나 맞춤형 콘텐츠를 제공하는 등의 개인화 마케팅 전략을 구축할 수 있습니다. 예를 들어, 넷플릭스는 사용자가 시청한 콘텐츠와 반응을 분석하여 사용자 맞춤형 추천 알고리즘을 개발했습니다. 이를 통해 사용자에게 가장 적합한 콘텐츠를 추천합니다. 또한, 아마존은 고객의 페이지 방문 기록, 검색 기록, 구매 내역 등 다양한 데이터를 분석하여 개인화된 상품 추천 서비스를 제공합니다. 이런 개인화 마케팅 전략은 고객 만족도를 높이며, 동시에 기업의 매출 성장에 크게 기여합니다.

디지털 마케팅의 시대는 기업들에게 전례 없는 기회를 제공했습니다. 이제 마케터들은 소비자와 직접적으로 연결되어 상호작용할 수 있으며, 그들의 요구사항과 선호도를 실시간으로 파악하고 반영할 수 있습니다. 그러나 동시에 더욱 치열해진 경쟁 환경과 소비자들의 기대치 상승을 가져오고 있습니다. 따라서 마케터는 지속적인 학습과 노력을 통해 마케팅 전략을 계속해서 최적화해야 합니다. 디지털 마케팅은 여전히 발전 중인 분야로, 인공지능, 가상현실, 증강현실, 사물인터넷, 블록체인 등 새로운 기술이 등장함에 따라 앞으로 어떤 변화가 일어날지 예상하기 어렵습니다. 하지만 확실한 것은 디지털 시대의 마케터로서 이러한 변화를 주도하고 적극적으로 활용하는 것이 중요하다는 점입니다.

디지털 마케팅의 시작으로 달라진 점

디지털 기술의 발전은 우리가 정보를 소비하고, 상호작용하며, 제품과 서비스를 구매하는 방식을 완전히 바꾸었습니다. 이러한 변화는 마케팅 분야에도 결정적인 영향을 미쳤습니다. 이제 우리는 효과적인 마케팅 전략을 세우기 위해 디지털 마케팅의 등장이 이 분야에 어떠한 변화를 가져왔는지 이해할 수 있어야 합니다.

1. 개인화된 고객 경험

디지털 마케팅은 기업들이 개인화된 고객 경험을 제공하는 데 중요한 도구가 되었습니다. 고객의 온라인 행동 데이터를 수집하고 분석함으로써 기업들은 각 개인의 선호와 요구에 맞춘 맞춤형 제안과 서비스를 제공할 수 있게 되었습니다.

2. 실시간 인터랙션

웹사이트, 모바일앱, 소셜 미디어와 같은 디지털 플랫폼은 소비자와 기업 간 실시간 인터랙션을 가능하게 합니다. 이를 통해 기업들은 실시간으로 고객 응대, 피드백 수집 및 문제 해결 등 다양한 활동을 진행할 수 있습니다.

3. 다양한 채널과 접점

디지털 마케팅은 다양한 채널과 접점에서 고객과 연결될 수 있는 기회를 제공합니다. 웹사이트, 이메일, 소셜 미디어, 모바일 앱 등 다양한 디지털 채널에서 소비자와 만날 수 있으며, 이는 오늘날 '옴니채널(Omnichannel)[2]' 전략의 중요성을 부각시킵니다.

4. 성과 측정 및 최적화

디지털 마케팅의 가장 큰 장점 중 하나는 성과 측정과 최적화가 용이하다는 점입니다. 디지털 캠페인의 효과는 실시간으로 추적하고 분석할 수 있으며, 이를 바탕으로 빠르게 전략을 수정하거나 최적화할 수 있습니다.

5. 콘텐츠 마케팅의 중요성

디지털 시대에는 정보 검색 및 공유가 쉬워짐에 따라 유익하고 흥미로운 콘텐츠 제공이 더욱 중요해졌습니다. 이로 인해 기업들은 블로그 글, SNS 게시물, 유튜브 영상 등 다양한 형태의 콘텐츠를 활용한 마케팅 전략을 구상합니다. 또한 사람들이 좋아하는 콘텐츠를 제공하는 크리에이터의 영향력이 증가하고 있습니다.

디지털 마케팅은 단순히 새로운 도구나 플랫폼을 사용하는 것 이상의 의미를 갖습니다. 디지털 기술의 등장과 발전은 소비자들의 생활 방식을 근본적으로 변화시켰습니다. 이런 변화를 인식하고, 어떻게 소비자에게 가치를 제공하며, 그들과 의미 있는 관계를 구축할 것인지에 대한 전략이 필요합니다. 이러한 변화는 현대 기업들이 시장에서 경쟁력을 유지하기 위해 반드시 이해하고 받아들여야 하는 필수 요소입니다. 디지털 마케팅은 더 이상 선택사항이 아니라, 기업이 성공적으로 운영되기 위한 핵심 요소로 자리 잡았습니다.

디지털 마케팅 시대의 마케터 역할

디지털 마케팅의 등장은 기업들이 소비자와 소통하는 방식을 바꿨고 마케터들의 역할을 재정의했습니다. 디지털 기술의 발전과 빠르게 변하는 시장 트렌드에 대응하기 위해 현대 마케터들은 다방면의 역량을 갖춰야 합니다. 디지털 시대의 마케터의 주요 역할을 5가지 알아보겠습니다.

---

2 옴니채널(Omnichannel)은 마케팅에서 온라인과 오프라인 전반의 모든 채널을 통합하여 고객에게 통일되고 일관된 브랜드 경험을 제공하는 방식을 말합니다.

1. 데이터 분석가로서의 역할

디지털 마케팅에서 데이터는 중요한 자산입니다. 고객 행동, 선호도, 트렌드 등 다양한 데이터를 수집하고 분석함으로써 마케터들은 보다 정확한 시장 인사이트를 얻고 고객 행동을 예측할 수 있습니다. 이런 인사이트와 예측력은 개인화된 고객 경험 제공과 맞춤형 마케팅 전략 수립에 필수입니다.

2. 고객 경험 설계자로서의 역할

디지털 시대에서 소비자와 기업 간의 관계는 일회성 거래보다 최적화된 경험에 초점을 맞추게 되었습니다. 디지털 환경에서 사용자 친화적인 웹사이트나 앱을 만드는 것부터 개별 고객에게 맞춤형 메시지나 서비스를 제공하는 것까지, 모든 것이 고객 경험(CX) 설계의 일환이 됩니다.

3. 커뮤니티 매니저 및 브랜드 대변인으로서의 역할

소셜 미디어와 같은 디지털 플랫폼은 실시간으로 소비자와 대화하고 관계를 형성하는 장소가 되었습니다. 이 경우, 마케터는 브랜드의 목소리를 전달하고, 고객 의견을 수렴하며, 커뮤니티를 관리하는 역할을 수행합니다.

4. 기술 전문가로서의 역할

마케터는 다양한 디지털 플랫폼과 마케팅 도구를 능숙하게 활용해야 합니다. 여기에는 웹사이트 관리, 검색 엔진 최적화(SEO), 데이터 분석 도구, 소셜 미디어 관리 도구 등이 포함됩니다. 또한 AI, VR/AR, IoT 등 새로운 기술 트렌드에 대한 이해도 필요합니다.

5. 윤리적인 결정관리자로서의 역할

디지털 마케팅은 많은 개인 정보와 데이터를 다룹니다. 따라서 마케터는 데이터 보호 및 프라이버시 문제에 대한 윤리적인 고민과 결정을 해야 합니다.

디지털 마케팅 시대의 마케터는 다양한 역할을 수행해야 하며, 이러한 역할은 상호 연관되어 있습니다. 데이터 분석가로서의 능력은 고객 경험 설계자로서의 역할을 강화하며, 기술 전문가로서의 지식은 커뮤니티 매니저와 데이터 분석가로서의 역할을 효과적으로 수행할 수 있도록 합니다. 앞으로도 디지털 마케팅 환경은 계속 변화할 것이며, 이에 대응하기 위해 마케터들은 지속적으로 새로운 기술과 트렌드를 습득하고 적용하는 능력을 갖춰야 합니다. 디지털 시대의 변화에 유연하게 대응하는 것이 오늘날 마케터가 갖추어야 할 가장 중요한 역량이 될 수 있습니다.

1.3 디지털 마케팅 트렌드 변화

최근 몇 년 간 디지털 마케팅 트렌드의 변화

퍼포먼스 마케팅 황금기

2019년까지는 퍼포먼스 마케팅을 통해 다수의 기업들이 성공적인 성과를 거두었습니다. 규모에 상관없이, 우수한 광고 콘텐츠 제작과 효율적인 퍼포먼스 마케팅 전략을 실행하면 기업은 빠른 속도로 성장할 수 있었습니다. '블랭크코퍼레이션'이 SNS 광고를 활용하여 '마약베개'를 대중화한 사례가 있으며, 이때가 바로 '미디어 커머스'라는 개념이 등장하기 시작한 시기입니다. 광고비용 대비 매출액(ROAS, Return On Ads Spend) 지표가 기본적으로 300% 이상을 보였으며, 적절한 조정만으로도 500~700%까지 상승하는 경우가 비일비재 했습니다. 이 시기 주요 마케팅 채널로는 페이스북 광고가 큰 역할을 했으며, 결과적으로 퍼포먼스 마케터와 콘텐츠 마케터에게 주목받게 되었습니다. 이 시기에 많은 커머스 브랜드가 큰 성장을 경험할 수 있었습니다.

그로스 마케팅의 등장

2019년과 2020년 사이에 '그로스 해킹(Growth Hacking)'이라는 개념이 널리 퍼지기 시작했습니다. 그로스 해킹은 고객의 니즈를 파악하고, 그것을 제품이나 서비스에 반영한 후 수익을 창출하는 전 과정을 빠르게 실험하고 개선하는 방식과 철학을 의미합니다. 이러한 그로스 해킹의 확산으로 인해 마케팅 분야에서는 '그로스 마케팅'이라는 개념과 직무가 등장했으며, 동시에 CRM 마케팅도 주목받기 시작했습니다. 온라인 광고를 통해 폭발적으로 성장하는 기업들의 출현으로 인해 다수의 기업이 온라인 광고에 뛰어들기 시작했습니다. 하지만 광고 경쟁이 점차 치열해지면서 전반적인 광고 효율은 감소하기 시작했습니다. 온라인 광고만으로 성장에 한계가 오자 많은 기업은 재구매와 충성 고객에 집중하기 시작했습니다. 이러한 변화 속에서 많은 기업은 그로스 마케팅과 함께 CRM 마케팅을 중요시하게 되었고, 리텐션 개선(재구매율)을 주요 목표로 설정하게 됐습니다.

정교한 프로모션의 발전

비슷한 시기에 프로모션(Promotion) 또한 중요한 마케팅 전략으로 자리매김하게 됐습니다. J-커브를 그리며 급속도로 성장해야 하는 기업들은 프로모션 전략을 더욱 정교하게 기획하고 최적화하는 데 집중했습니다. 많은 기업이 폭발적인 매출 증대를 위한 전사적인 규모의 프로모션에 집중했고, 동시에 기존 고객을 대상으로 한 개인화된 프로모션 운영도 병행했습니다. 프로모션은 퍼포먼스(Paid), CRM, 콘텐츠, 사용자 경험(UX) & 사용자 인터페이스(UI), 제품 등 다양한 요소가 결합된 통합 마케팅 활동입니다. 이를 통해 떨어진 광고 성과를 회복하고, 기존 고객의 구매를 유도하여 폭발적인 매출 성장을 만들 수 있었습니다. 이러한 프로모션 활동은 CRM 마케팅에서 활용할 수 있는 좋은 명분이 되었고, 이에 따라 CRM 마케팅에 특화된 개인화 프로모션 전략도 함께 발전했습니다.

쿠키리스 시대의 시작

2021년부터 퍼포먼스 및 그로스 마케팅 기반의 성장 공식에 균열이 생기기 시작했습니다. 주된 원인은 애플(Apple)이 개인정보 보호를 강화하면서 서드파티 데이터 제공을 중단하기로 결정한 것입니다. 지금까지 디지털 마케팅 기반의 성장은 고도로 진화된 타기팅 광고에 의존해 왔습니다. 페이스북과 구글 등의 퍼포먼스 마케팅은 높은 수준의 타기팅과 머신 러닝을 활용한 광고 최적화를 핵심 경쟁력으로 삼았습니다. 하지만 애플의 정책 변경으로 인해 많은 기업의 디지털 광고 성과가 급격히 하락했으며, 성과 측정에도 어려움을 겪기 시작했습니다. 애플의 iOS 14 업데이트 이후, 개인정보 수집에 동의하지 않은 사용자들의 데이터는 더 이상 광고 플랫폼에 제공되지 않게 되었습니다. 결과적으로, 맞춤형 광고 대상 중 30~50%는 성과를 측정할 수 없게 되어 해당 사용자들에게 다시 광고를 보여주기가 어려워졌습니다. 또한, 이는 고객 행동 데이터를 주요하게 활용하는 CRM 마케팅에도 큰 타격을 입혔습니다. iOS를 사용하는 고객의 행동 데이터를 스마트폰 기기 단위로 수집하기가 어려워졌기 때문입니다. 이런 상황에서 앱 비즈니스는 마케팅 활동에 큰 타격을 입었고, 웹 비즈니스 또한 함께 타격을 입었습니다. 추가로 구글 역시 2024년 말까지 쿠키 지원을 단계적으로 중단한다는 계획을 발표함으로써 디지털 마케팅 환경은 앞으로 더욱 큰 변화를 겪게 되었습니다.

어떻게 살아남을 것인가

디지털 마케팅의 지각변동에 마케터들은 신속하게 대응하고 있습니다. 디지털 광고 예산을 줄이고, 페이스북과 구글 같은 대형 매체 외에 네이버와 틱톡 등 새로운 매체를 운영해보기 시작했습니다. 또한, 광고 성과를 분석할 때 직접적인 성과 이외에 증분 성과를 고려하기 시작했습니다. 직접적인 광고 성과 측정에 한계가 있기 때문에 특정 기간을 정해서 광고 예산을 썼을 때 얼만큼 매출이 증가하는지 분석하는 증분 분석 방식을 적용하는 것입니다. 가장 주목할 만한 변화는 퍼스트파티 데이터의 수집과 활용입니다. 서드파티 데이터 접근이 제한되면서 기업들은 자체적으로 수집한 퍼스트파티 데이터를 더 적극적으로 활용하기 시작했습니다. 또한 자연 유입의 중요성이 부각되면서 검색 엔진 최적화(SEO)와 검색 결과 페이지 최적화(SERP)가 필수 요소로 인식되기 시작했습니다. 마지막으로 디지털 캠페인을 통해 인지도를 높이는 인지 캠페인과 콘텐츠, 브랜딩 영역에 대한 주목도가 상승했습니다.

지금까지 최근 몇 년 간의 디지털 마케팅 트렌드의 변화를 살펴봤습니다. 그 과정에서 CRM 마케팅은 비교적 최근에 주목받기 시작했습니다. 하지만 앞으로 디지털 마케팅 트렌드에서 CRM 마케팅은 중점적인 흐름이 될 것입니다. 기업들은 점점 더 신규 고객 획득에 어려움을 겪게 될 것이고, 고객들은 더 다양한 선택지를 가지게 될 것입니다. 따라서 기업들은 고객과의 관계 형성과 지속적인 가치 제공에 집중해야 하며, 이를 위해 CRM 마케팅을 적극적으로 활용할 수 있어야 합니다. 마케터들은 이제 CRM 마케팅을 활용하여 고객과의 관계를 형성하고, 지속적인 가치를 제공하여 기업의 성장을 끌어낼 수 있어야 합니다.

최근 디지털 마케팅 트렌드, 6가지 키워드

1. 고객 획득 비용 증가

디지털 마케팅 환경에서 '고객 획득 비용(CAC: Customer Acquisition Cost)'이 점차 상승하는 추세를 보이고 있습니다. 이는 광고 매체의 다양화와 치열한 경쟁 환경, 그리고 개인정보 보호 정책 강화로 인한 타기팅 광고의 어려움에 따른 결과입니다. 신규 고객 획득이 점점 더 어려워지면서, 기존 고객의 재구매율과 충성도에 대한 중요성이 점차 부각되고 있습니다. 이러한 환경에서 기존 고객 데이터를 통해 개인화가 가능하며 비교적 저렴한 비용으로 고객들에게 제품이나 서비스의 정보를 알릴 수 있는 CRM 마케팅이 주목받고 있습니다.

새로운 고객을 확보하는 데 필요한 비용이 매년 증가하고 있습니다. 대표적인 유료광고 플랫폼인 '메타'의 경우 평균 광고 클릭당 단가가 5년 전에는 300원이었지만, 현재는 1,000원을 넘어섰습니다.

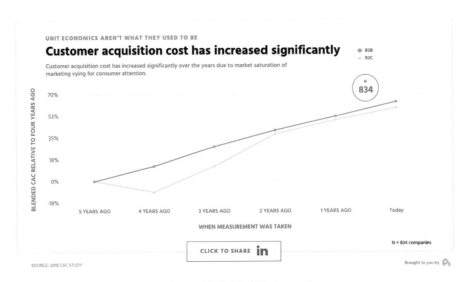

고객 획득 비용 증가 추이 (출처: paddle)

2. 개인정보 보호 정책 강화 (서드파티 쿠키 수집 제한 정책)

사용자의 개인정보 보호에 대한 중요성이 부각되는 가운데, 애플과 구글은 사용자 식별 정보의 제3자(서드파티) 공유를 제한하는 방침을 적용하고 있습니다. 애플은 이미 iOS 사용자 정보를 광고 매체나 데이터 분석 도구와 같은 서드파티 플랫폼에 한정적으로 제공하고 있으며, 구글 역시 2024년 말까지 단계적으로 크롬 브라우저에서 쿠키 데이터의 제공을 제한할 계획을 발표했습니다. 개인정보보호정책 강화를 위해 사용자가 새로운 웹사이트를 방문하거나 새로운 애플리케이션을 설치하게 되면 사용자의 활동 추적에 동의를 받아야 데이터 수집이 가능합니다.

이러한 변화로 인해 기업들은 마케팅 성과 측정과 데이터 활용에 다소 어려움을 겪을 수 있습니다. 또한 메타와 구글 같은 대형 광고 매체에서 광고 성과가 급격히 하락했습니다. 그에 따라 기업들은 서드파티 데이터에 의존하지 않는 CRM 마케팅에 대한 중요성을 인식하고 있습니다.

서드파티 데이터 수집 동의 화면 (출처: 애플, 블룸버그)

이와 같이 개인정보보호정책 강화를 위해 사용자가 새로운 웹사이트를 방문하거나 새로운 애플리케이션을 설치하게 되면 사용자의 활동 추적에 동의를 받아야 데이터 수집이 가능합니다.

3. (초) 개인화

소비자들의 니즈는 점점 더 다양화되고 기대치는 높아지고 있습니다. 이에 따라 기업은 개인별로 최적화된 형태의 제품과 서비스, 그리고 콘텐츠를 제공하는 것이 중요해졌습니다. 인공지능(AI)과 머신러닝 같은 첨단 기술을 활용하여 소비자의 선호도나 행동 패턴을 분석하고, 완전히 개인화된 마케팅 전략을 구현하는 것이 중요합니다. 넷플릭스나 아마존 등 이미 많은 기업이 이런 변화를 선도하며, 추천 알고리즘과 분석 도구를 통해 초개인화 마케팅을 실현하기 위해 노력하고 있습니다.

4. 크리에이터 (인플루언서)

소셜 미디어가 더욱 영향력을 가지면서 크리에이터 및 인플루언서의 역할이 점차 중요해
지고 있습니다. 이들 크리에이터는 광범위한 팔로워를 보유하고 있으며, 그들이 전달하는
메시지나 의견은 팔로워들의 구매 결정 과정에 직접적으로 영향을 미칠 수 있습니다. 특정
크리에이터 및 인플루언서가 기업의 타깃 고객층과 잘 맞는 경우, 그들과의 마케팅 협업은
높은 참여율과 효과적인 결과를 가져올 수 있습니다. 앞으로도 크리에이터와 인플루언서
의 영향력은 계속해서 성장할 것으로 예상되며, 기업들은 이들과 효과적으로 협업할 수 있
는 방안을 신중하게 고민해야 합니다.

5. 경험과 재미

현대 소비자들은 단순한 정보 제공을 넘어서 경험과 재미를 추구합니다. 그들은 제품이나
서비스로부터 더욱 깊고 다채로운 경험을 원하며, 그 과정에서 재미 역시 중요한 요소로
인식합니다. 이러한 트렌드에 발맞춰 많은 기업이 '게임화(Gamification)' 전략을 도입하
고 있습니다. 게임화 전략은 포인트 시스템, 랭크 시스템, 도전과 보상 등의 게임적 요소와
메커니즘을 제품이나 서비스에 도입하는 것을 의미합니다. 따라서 기업들은 마케팅 전략
을 세울 때 '경험'과 '재미'라는 요소를 중요하게 고려해야 합니다.

6. 돈 (수익성&효율성)

마지막으로 디지털 마케팅 트렌드에서 중요한 키워드는 '돈'입니다. 결국 모든 마케팅 활
동의 궁극적인 목표는 기업의 수익 증대와 비즈니스 성장입니다. 이를 위해서는 마케팅 활
동의 결과가 비용 대비 어느 정도의 효과를 가져오는지, 즉 수익성과 효율성 측면에서 지
속적으로 분석하고 개선하는 것이 필요합니다. 디지털 마케팅은 실시간으로 데이터를 추
적하고 분석할 수 있다는 장점이 있습니다. 이러한 장점을 활용하여 다양한 마케팅 지표
를 모니터링하고 개선하여 효율성과 수익성을 높이기 위해 노력해야 합니다. 마케터들은
ROI(Return on Investment)를 최대화하기 위해 마케팅 성과를 모니터링하고, 다양한 마
케팅 전략을 끊임없이 시도해야 합니다.

디지털 마케팅은 끊임없이 변화하고 발전하는 분야로, 그 트렌드를 이해하고 적용하는 것은 기업의 성장에 결정적인 역할을 합니다. 여기서 살펴본 6가지 키워드는 현재 디지털 마케팅의 핵심적인 요소라고 할 수 있습니다. 그러나 중요한 점은 이러한 키워드를 단순히 알고 있는 것이 아니라 실제 마케팅 전략에 적극적으로 반영하고 활용하는 것입니다. 앞으로도 디지털 마케팅은 끊임없이 변하게 될 것입니다. 이러한 변화 속에서도 기업은 지속적으로 시장 동향을 파악하고 최신 트렌드에 맞게 마케팅 전략을 조정함으로써 경쟁력을 유지해 나갈 수 있을 것입니다.

나에게도
CRM 마케팅
사수가 생겼다

Chapter 02

CRM 마케팅에 대하여

2.1 CRM 마케팅이 중요해진 이유

최근 몇 년 동안 마케팅 영역에서 CRM(Customer Relationship Management) 마케팅의 중요성이 크게 강조되고 있습니다. 왜 CRM 마케팅이 이처럼 주목받는 것일까요? CRM 마케팅이 중요해진 이유를 3가지 핵심 요인으로 살펴보겠습니다.

신규 고객 획득 비용의 증가

시장 경쟁이 치열해지면서 신규 고객을 확보하기 위해 기업들은 더 많은 광고 비용과 프로모션 비용을 사용하고 있습니다. 실제로 온라인 광고 시장의 경쟁으로 광고 클릭당 비용(CPC)은 매년 평균 5% 이상 증가하고 있습니다(Statista). 이는 기업들이 이전과 동일한 수준의 신규 고객을 확보하기 위해서는 더 많은 마케팅 예산을 소진해야 한다는 의미입니다. 즉, 기업들이 지불해야 하는 신규 고객 획득 비용(CAC)이 점점 더 상승하고 있다는 뜻입니다.

〈비즈니스 리뷰(Business Review)〉에서 발표한 연구에 따르면, 최근 5년 동안 신규 고객 획득 비용은 약 50% 이상 증가했으며, 신규 고객 획득 비용은 기존 고객 유지 비용보다 5배 이상 높다고 합니다. 따라서 기업들은 이미 확보한 고객들과의 관계를 유지하며 재구매율을 높여 나가는 CRM 마케팅에 주목하게 됐습니다. CRM 마케팅은 기업들이 이미 보유하고 있는 고객 데이터를 활용하여 기존 고객의 가치를 높이는 전략으로, 신규 고객 획득 비용이 증가할수록 더욱 중요하게 다뤄질 것입니다.

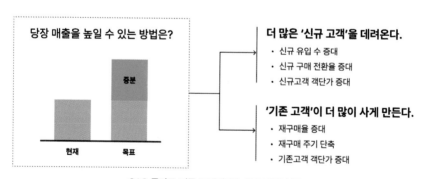

CAC 증가로 기존 고객에게 눈길 돌리기 시작

충성 고객의 중요성

기업의 제품이나 서비스에 만족하여 지속적으로 이용하고, 긍정적인 평가를 내리고 주변에 추천하는 고객을 '충성 고객'이라고 부릅니다. 이들은 비즈니스 세계에 널리 적용되는 '파레토의 법칙'에 따라 기업 전체 매출의 상당 부분을 차지합니다. 파레토의 법칙은 대부분 비즈니스에서 20%의 고객이 전체 매출의 약 80%를 차지한다는 법칙입니다. 이는 기업에게 충성 고객이 얼마나 중요한지를 잘 설명해주며, 이들이 떠났을 때의 손실에 대한 위험도 잘 설명해줍니다.

충성 고객은 기업에게 두 가지 주요 이점을 제공합니다. 첫째, 재구매 가능성이 높아 안정적인 매출을 가져오며, 신규 고객 획득에 따른 추가적인 비용 부담을 줄일 수 있다는 점입니다. 둘째, 자신들이 만족하는 제품이나 서비스를 주변 사람들에게 추천하여 신규 고객확보에 도움을 준다는 점입니다. 그렇기 때문에 한 번 확보된 충성 고객을 잃게 되면 그것은 단기적인 손실뿐만 아니라 장기적으로도 큰 손실을 가져오게 됩니다. 이러한 이유로, 기업들은 충성 고객을 확보하고 유지하기 위해 CRM 마케팅의 중요성을 절감하게 됩니다.

비즈니스의 건전한 성장 필요성

기업이 지속적이고 건전한 성장을 이루기 위해서는 단순히 매출 증가에 집중하는 것만으로는 충분하지 않습니다. 기업은 수익성 향상, 고객 만족도 증가와 같은 다양한 요소를 동시에 고려하여 장기적인 비즈니스 목표를 달성해야 합니다. 이러한 측면에서 CRM 마케팅의 중요성이 강조됩니다. CRM 마케팅은 기업과 고객 간의 긍정적인 관계 형성을 통해 재구매율과 고객 생애 가치(CLTV)를 극대화함으로써 기업의 수익성을 향상시키는 역할을 할 수 있습니다. 또한 신규 고객 확보에 따른 비용 부담이 점점 커지고 있는 상황에서 이미확보한 고객들의 관계 유지와 강화는 비용 절감의 효과를 가져옵니다. 그리고 CRM 마케팅은 단기적인 매출 증대뿐만 아니라 장기적인 관점에서도 비즈니스 성장에 결정적인 역할을 합니다. CRM 마케팅을 통해 기업과 고객 사이에 일회성 거래가 아닌 지속 가능한 관계를 구축하며, 그로 인해 안정된 수익을 확보할 수 있습니다. 따라서 CRM 마케팅은 비즈니스의 건전한 성장을 견인하는 핵심적인 마케팅 전략이 될 수 있습니다.

2.2 CRM 마케팅이란?

CRM 마케팅 정의

CRM은 Customer Relationship Management의 약자로, 직역하면 '고객 관계 관리'입니다. CRM은 기본적으로 기존 고객들이 더 많은 가치를 창출하도록 관리하는 일입니다. 그렇다면 CRM 마케팅은 무엇일까요? '고객들이 더 많은 가치를 창출하도록 관계를 맺고 관리하는 마케팅'이라고 정의할 수 있습니다. CRM 마케팅은 이미 확보한 기존 고객들이 어떻게 하면 제품과 서비스를 더 많이 이용하고, 비용을 더 많이 지불하도록 유도할 수 있을지를 고민하는 분야입니다. 이는 우리와 관계를 맺은 고객들이 제품과 서비스를 이용하고 구매하는 전반적인 과정을 체계적으로 분석하고 관리하는 일을 포함합니다. 실제 업무에서 CRM 마케팅 팀은 기존 고객들의 유입부터 활성, 구매, 추천까지 담당하며, 이는 그로스 해킹(Growth Hacking)과 밀접한 연관성이 있습니다.

마케팅에 정답이 없듯이, CRM 마케팅의 정의에도 절대적인 정답은 없습니다. 각기 다른 조직과 상황에 따라 서로 다른 방식으로 CRM 마케팅을 정의할 수 있습니다. 대부분의 CRM 마케터들은 자신만의 방식으로 CRM 마케팅을 정의하고 있으며, 저 또한 나름대로 CRM 마케팅을 정의하고 있습니다. 저는 CRM 마케팅을 '비즈니스의 핵심 코호트(Cohort)를 키워 지속 가능한 건전한 성장을 만드는 마케팅'이라고 정의합니다. CRM 마케팅의 주요 역할은 비즈니스의 핵심 코호트를 키우는 것이라고 생각합니다. 데이터 분석, 고객 여정 지도 분석, 마케팅 퍼널 분석, 혜택 설계, 카피라이팅, CRM 채널 운영 등 다양한 방법론과 도구 활용이 핵심 코호트 개선을 위해 활용됩니다.

이렇게 정의 내린 이유는 CRM 마케팅의 궁극적인 목표가 충성 고객을 만들고 유지하는 것이며, 충성 고객을 더욱 구체화하면 핵심 코호트라고 할 수 있기 때문입니다. '핵심 코호트'는 비즈니스 성장에 결정적으로 영향을 주는 고객 집단을 의미합니다. 건전한 비즈니스 성장을 위해서는 충성 고객, 즉 핵심 코호트 관리가 필수적이며, CRM 마케팅이 그 역할을 담당할 수 있습니다. 핵심 코호트의 예시는 다음 그림에서 확인할 수 있습니다.

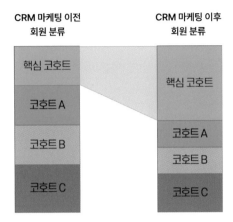

CRM 마케팅은 '핵심 코호트'를 관리하는 것이다

CRM 마케팅의 핵심, 코호트 개념

마케팅에서 사용하는 '코호트(Cohort)'의 개념은 동일한 기간 또는 이벤트를 경험한 고객 집단을 의미합니다. 이는 유사한 특성이나 행동 패턴을 가진 고객 집단으로 볼 수 있으며, 예를 들면 동일한 기간에 가입한 고객, 동일한 마케팅 채널로 유입된 고객, 동일한 프로모션을 통해 구매한 고객 등이 있습니다. 이런 코호트는 CRM 마케팅에서 매우 중요하게 활용되는 분석 도구입니다. 각 코호트의 속성과 행동 패턴을 분석함으로써 구매 전환율, 객단가, 고객 획득 비용(CAC), 재구매율(리텐션), 고객 생애 가치(CLTV)와 같은 중요 지표에 대한 인사이트를 얻을 수 있습니다. 따라서 CRM 마케터들은 데이터를 세분화하여 적절하게 코호트를 정의하고 분류하는 것이 중요하며, 이런 접근 방식을 바탕으로 각 코호트에 맞춘 최적화된 마케팅 전략을 수립해야 합니다.

코호트 개념을 제대로 이해하기 위해 예시를 살펴보겠습니다. 온라인 의류 판매 사이트가 있다고 생각해봅시다. 이 사이트에서는 여성 의류와 남성 의류, 아동 의류 등 다양한 카테고리의 제품을 판매하고 있습니다. 이 경우, 이 사이트의 CRM 마케터는 고객들을 '여성 의류 구매자', '남성 의류 구매자', '아동 의류 구매자' 등의 코호트로 나눌 수 있습니다. 카테고리별로 나뉜 코호트들의 데이터를 분석하여 해당 카테고리 고객들의 구매 패턴과 재구매 패턴, 평균 주문 금액 등 다양한 인사이트를 얻을 수 있습니다. 예를 들어, '여성 의류 구매자' 코호트가 '남성 의류 구매자'나 '아동 의류 구매자' 코호트에 비해 재구매 주기가 짧은 경향이 있는지 확인할 수 있습니다. 더 나아가서 각 코호트에 따라 다른 마케팅 전략을 시도하고, 그 효과를 체크할 수도 있습니다. 예를 들어, 여성 의류 카테고리에만 할인 프로모션을 진행한 후 '여성 의류 구매자' 코호트의 반응(매출 변화나 재구매 패턴 변화 등)을 체크하여 프로모션의 효과를 검증할 수 있습니다. 이렇게 코호트 분석을 활용하면 개별 고객뿐만 아니라 유사한 특성을 가진 고객 집단에 대해 최적화된 마케팅 전략을 제공함으로써 비즈니스 성과를 극대화할 수 있습니다.

▼ 코호트 예시 표

구분	분류	행동	조건
퍼널 기준	미가입 유저	상품 조회	2회 이상
			3회 이상
		프로모션 페이지 조회	10초 이상
			2번 이상
		구매 버튼 클릭	클릭 즉시
	가입 후 미 구매 유저	사이트/앱 방문	3회 이상
		상품 찜하기	상품 할인 적용
		장바구니 담기	2개 이상
		가입 쿠폰 미사용	쿠폰 만료 1일 전
구매 행동 기준	첫 구매 후 30일 이내	사이트/앱 방문	2회 이상
		장바구니 담기	상품 할인 적용
		결제 단계에서 이탈	2시간 뒤
임의의 정의 기준	이탈 가능성 높은 유저	1회 이상 구매	최근 30일 이내 방문 X
		3회 이상 구매	최근 2주 이내 방문 X
	구매 가능성 높은 유저	프로모션 페이지 조회	최근 7일 이내 3번 이상 방문 & 미구매
		상품 조회	특정 카테고리 내 상품 3회 이상
		2회 이상 구매	재구매 주기 인접

코호트 그룹 중에서 비즈니스에 가장 큰 영향을 주는 코호트 그룹을 '핵심 코호트 그룹'이라고 부릅니다. '핵심 코호트 그룹'은 비즈니스가 목표를 달성하고 지속적으로 성장하기 위해 우리가 바라는 행동을 하는 고객 그룹을 말합니다.

가상의 커머스 회사 A는 고객 획득 비용을 감안했을 때 할인 금액을 모두 제외하고 실제 고객이 결제한 금액이 7만 원 이상 되어야 이익을 발생시킬 수 있다고 합니다. 그렇다면, 회사 A의 핵심 코호트는 '할인 금액 제외 7만 원 이상 구매하는 고객'이 될 수 있습니다. 이런 고객 그룹을 증가시키기 위해 쿠폰 사용 조건을 조정하거나 이후 소개할 업셀링 또는 크로스셀링 등의 CRM 마케팅을 진행할 수 있습니다.

다음은 커머스, 구독, 매칭 비즈니스의 핵심 코호트 예시를 정리한 표입니다. 이 표를 참고해서 회사의 핵심 코호트를 정의하는 것이 CRM 마케팅의 시작점이 될 수 있습니다.

▼ 핵심 코호트 예시 표

비즈니스	핵심 코호트 예시
커머스	할인 금액 제외 7만 원 이상 구매하는 고객
	첫 구매 시 특정 패키지 제품을 구매하는 고객
	30일 동안 2회 이상 구매하는 고객
	첫 주문 건의 리뷰를 5점으로 남기는 고객
	누적 구매 금액이 100만 원을 초과하는 고객
구독 서비스	연간 구독 플랜 결제 후 3개월 이내 유저
	최근 7일 동안 5일 이내 핵심 기능을 사용한 유저
	무료 또는 월간 구독 시작 후 3개월 이내 연간 구독 결제 유저
매칭 서비스	가입 후 3일 이내 매칭 완료되는 유저
	매달 50만 원 이상 지불하는 유저
	첫 서비스 완료 후 1개월 이내 재매칭되는 유저

CRM 마케팅 예시

우리는 일상 속에서 다양한 형태의 CRM 마케팅을 경험합니다. 제품을 구매하거나 서비스를 이용하는 과정에서 접하는 여러 방식의 CRM 마케팅은 우리의 소비 행동에 많은 영향을 미치고 있습니다. 이메일로 받아보는 상품 추천과 할인 쿠폰, 회사 근처 카페에서 적립하는 스탬프 쿠폰, 그리고 카카오톡을 통해 날아오는 할인 프로모션 안내까지 모두 CRM 마케팅의 예시입니다. 우리가 웹사이트의 회원가입, 뉴스레터 구독, 모바일앱 설치와 같이 기업과 관계를 맺고 나면 다양한 CRM 마케팅을 경험하게 됩니다. 당장이라도 여러분의 메일함이나 문자 메시지, 카카오톡을 확인해보면 수많은 CRM 메시지를 확인할 수 있을 것입니다.

CRM 마케팅에 대해 더욱 명확한 이해를 돕기 위해 가상의 온라인 반려동물 쇼핑몰 사례를 통해 설명해 보겠습니다. 이 쇼핑몰이 어떻게 CRM 마케팅 타깃군을 선정하는지, 그리고 어떻게 다양한 CRM 마케팅 채널을 활용하여 고객 관계를 구축하고 유지하는지를 살펴보겠습니다.

이 쇼핑몰은 반려동물 사료와 목욕용 샴푸를 판매하고 있습니다. 이 쇼핑몰의 CRM 마케터는 제품 구매 행동을 기준으로 CRM 마케팅의 주요 타깃으로 2가지 고객 집단을 설정했습니다. 첫 번째는 '최근 1개월 내 습식 사료를 구매했던 고객 집단'이고, 두 번째는 '2번 연속으로 강아지 샴푸를 구매했던 고객 집단'입니다.

먼저, '최근 1개월 내 습식 사료를 구매한 고객 집단'을 대상으로 맞춤형 이메일 마케팅 전략을 수립합니다. 마지막으로 습식 사료를 구매한 후 한 달이 지난 시점에 재구매 유도 메시지와 함께 인기 간식 제품을 추천하는 이메일을 보냅니다. 습식 사료의 재구매를 유도하는 시점에 간식 제품의 크로스셀링 기회도 놓치지 않기 위해서입니다. 이메일을 받은 고객 중 이메일을 열어보고 3일 동안 구매하지 않았다면, 할인 쿠폰을 추가로 제공하며 다시 한 번 구매를 유도하는 이메일을 보낼 수 있습니다.

다음으로 '2번 연속으로 강아지 샴푸를 구매했던 고객 집단'을 대상으로는 문자 메시지와 카카오 친구톡을 활용하여 정기적인 제품 재구매 유도 전략을 수립합니다. 고객이 2번 연속 샴푸를 구매한 날로부터 7일이 지난 시점에 카카오 친구톡으로 베스트 사료와 간식 제품을 추천합니다. 샴푸 제품을 사용하고 만족한 고객들이 사료와 간식 제품을 추가로 구매하도록 유도하기 위함입니다. 그리고 샴푸를 구매한 날로부터 30일이 지난 시점에 '샴푸가 다 떨어져가요! 재구매하기'와 같은 내용으로 문자 메시지를 발송합니다. 만약 재구매 시기가 지나도 구매하지 않는 고객이 있다면 구매 전환율을 높이기 위해 할인 쿠폰과 함께 다시 한번 문자 메시지를 발송할 수 있습니다.

또한, 블랙프라이데이와 같은 특별 프로모션 기간에는 앱 푸시, 문자 메시지, 이메일, 카카오 친구톡 등을 통해 전체 고객 대상으로 광고 메시지를 보내기도 합니다. CRM 메시지는 전체 고객 대상으로 발송할 수도 있고, 구매 가능성이 높은 고객을 따로 지정해서 발송할 수도 있습니다.

CRM 마케팅은 타깃 설정부터 채널 선정과 메시지 기획, 혜택 설계 등의 영역을 포함합니다. 그리고 고객들의 의견을 수집하기 위해 제품 만족도, 개선사항, 신제품 의견 등의 설문조사를 진행하기도 합니다. 결국 CRM 마케팅은 단순히 광고성 메시지를 발송하는 것을 넘어서 고객 관계 유지와 강화를 위한 데이터 분석과 타깃 설정, 그리고 최적화된 CRM 마케팅 전략을 수립하는 일련의 과정입니다.

▼ 가상의 온라인 반려동물 쇼핑몰 CRM 마케팅 예시

타깃 그룹	발송 시점	채널 & 메시지 내용
최근 1개월 내 습식 사료를 구매한 고객 집단	마지막 구매 후 30일	• 채널: 이메일 • 내용: 습식 사료 재구매 & 인기 간식 추천
	재구매 이메일 확인 후 3일 (미 구매 고객)	• 채널: 이메일 • 내용: 습식 사료 재구매 & 할인 쿠폰
2번 연속으로 강아지 샴푸를 구매했던 고객 집단	샴푸 구매 후 7일	• 채널: 카카오 친구톡 • 내용: 베스트 사료 & 간식
	샴푸 구매 후 30일	• 채널: 문자 메시지 • 내용: 샴푸 재구매
	샴푸 구매 후 40일	• 채널: 문자 메시지 • 내용: 샴푸 재구매 & 할인 쿠폰

타깃 그룹	발송 시점	채널 & 메시지 내용
전체 고객	프로모션 오픈	• 채널: 앱 푸시, 문자 메시지, 이메일, 카카오 친구톡 • 내용: 블랙프라이데이 프로모션
	프로모션 마감	• 채널: 문자 메시지, 카카오 친구톡 • 내용: 블랙프라이데이 프로모션

2.3 CRM 마케터가 하는 일

CRM 마케터에 대한 오해

혹시 'CRM 마케터는 이메일과 문자 메시지 보내는 사람 아니야?'라고 생각하시나요? 많은 사람이 CRM 마케터를 '광고 메시지만 보내는 사람'이라고 생각하는 경향이 있습니다. 그러나 이것은 큰 오해입니다. CRM 마케터는 고객과 기업 간의 관계를 구축하고 유지하는 핵심적인 역할을 수행합니다. 그리고 그 과정에서 다양한 채널을 통해 고객과의 커뮤니케이션을 주도하며, 필요에 따라 이메일이나 문자 메시지 등의 방법으로 정보를 전달합니다.

CRM 마케팅은 기본적으로 고객 데이터를 분석하여 개인화된 서비스와 정보를 제공함으로써 고객 만족도와 충성도를 높이는 전략입니다. 따라서 CRM 마케터는 단지 광고 메시지만 보내는 것이 아니라, 데이터 분석을 통해 고객 행동 패턴을 파악하고 개인화된 마케팅 전략을 수립하는 복잡한 작업을 수행합니다. 쉽게 말해서, 'Customer Relationship Management Marketing'이라는 용어에 맞게 고객과 관계를 형성하여 수익을 창출할 수 있는 굉장히 광범위하게 일을 하는 사람입니다.

실제로 CRM 마케터가 수행하는 업무 범위는 매우 넓습니다. 데이터 분석에서 시작해서 타깃 설정, 채널 선정, 메시지 기획, 혜택 설계 등 다양한 영역을 복합적으로 다룹니다. 이러한 일련의 작업으로 고객과의 관계를 강화하며, 비즈니스 성장의 핵심적인 역할을 수행합니다. 이렇게 고객과 관계를 강화하는 과정에서 필요에 따라 문자 메시지를 보내서 이벤트를 알려주거나, 할인 쿠폰 만료일을 카카오 알림톡으로 상기시키거나, 신제품 출시를 앱 푸시로 알려주는 일을 하는 것입니다. 결국 CRM 마케터는 단순히 광고 메시지만 보내는 사람이 아니라, 고객 관계의 중심에서 전략적으로 마케팅 활동을 주도하는 전문가입니다.

CRM 마케터의 일: 눈에 보이는 영역/보이지 않는 영역

우리 눈에 보이는 CRM 마케터의 업무는 이메일, 문자 메시지, 앱 푸시와 같은 CRM 마케팅 채널을 관리하는 것입니다. 하지만 이는 CRM 마케팅 전체 업무 중 빙산의 일각에 불과합니다. 실제로 CRM 마케터의 업무를 들여다보면 훨씬 더 넓고 방대한 업무와 전략적인 고민을 포함하고 있습니다.

우리가 흔히 볼 수 있는 CRM 마케터의 업무는 다양한 CRM 마케팅 채널을 통해 고객과 소통하는 것입니다. 이메일, 문자 메시지, 앱 푸시, 카카오 친구톡 등 다양한 채널에서 받아보는 신제품 출시, 이벤트 안내, 할인 정보 등이 바로 그것입니다. 하지만 이러한 활동은 실제로 CRM 마케터가 수행하는 많은 업무 중 가장 직접적으로 보여지는 부분일 뿐입니다.

CRM 마케터는 마케팅 전략을 세우고 최적의 결과를 얻기 위해 눈에 보이지 않는 다양한 업무를 수행합니다. 고객이 제품이나 서비스를 발견하고 이용하며 경험하는 모든 단계를 시각화하는 '고객 여정 지도 분석', 고객의 구매 패턴과 선호도를 분석하기 위한 '데이터 수집과 분석', 최적의 결과를 도출하기 위한 'A/B 테스트' 등이 이러한 업무에 해당합니다. 실제로 CRM 마케팅에서 중요한 것은 빙산의 아래 부분에서 벌어지는 업무들입니다. 마케팅 채널을 통해 메시지를 발송하는 것처럼 눈에 보이는 업무보다 데이터를 분석하고 고객의 행동 패턴을 이해하며 시나리오를 설계하는 업무가 더욱 중요하고 어려운 업무입니다.

▼ CRM 마케터의 눈에 보이는 업무와 눈에 보이지 않는 업무

분류	업무 내용
눈에 보이는 업무	• CRM 마케팅 채널 관리: 이메일, 앱 푸시, 카카오톡 등 다양한 채널을 통해 고객과 소통 • 메시지 기획: 고객에게 전달하는 메시지의 내용과 형식 기획

분류	업무 내용
눈에 보이지 않는 업무	• 고객 여정 지도 분석: 고객이 제품이나 서비스를 발견하고 이용하며 경험하는 모든 단계를 시각화 • 데이터 수집&분석: 고객의 구매 패턴, 선호도, 반응 등을 분석하여 인사이트를 도출 • A/B 테스트: 최적의 결과를 도출하기 위해 타깃, 채널, 메시지, 발송시점 등을 지속적으로 실험 • 타깃 설정: 핵심적으로 관리해야 하는 타깃 설정 • 시나리오 설계: 각 고객 그룹별로 어떤 상황에서 어떤 메시지가 보내져야 할지 기획 • 개인화된 마케팅 전략 수립: 개별 고객에게 맞춘 개인화 커뮤니케이션 방식을 계획하고 실행

CRM 마케터의 역할

CRM 마케터의 역할을 마케팅 퍼널 개념 중 하나인 'AARRR' 프레임워크를 통해 알아보겠습니다. AARRR 프레임워크는 사용자의 획득부터 수익 발생까지를 단계별로 나눈 마케팅 퍼널 프레임워크로, 그로스 해킹(Growth Hacking) 방법론에서 주로 사용됩니다. AARRR의 각 단계는 Acquisition(사용자 획득), Activation(사용자 활성화), Retention(사용자 유지), Revenue(수익), Referral(추천)로 구성됩니다. 단계별로 CRM 마케터의 역할을 구체적으로 이해해보겠습니다.

1. Acquisition (사용자 획득)

이 단계는 신규 사용자를 획득하는 단계입니다. 주로 유료 광고와 검색 엔진 최적화(SEO)를 통해 잠재 고객을 기업의 웹사이트나 모바일앱으로 데려오는 단계입니다. 이 단계에서 CRM 마케터의 역할은 크지 않습니다. 다만, 기존 고객 데이터를 분석하여 어떤 잠재 고객을 유입시키는 것이 좋을지에 대한 인사이트를 제공할 수 있습니다.

2. Activation (사용자 활성화)

확보된 사용자가 처음 제품 또는 서비스를 이용하게 되면 '활성화'되었다고 말합니다. 이 단계에서 사용자는 회원가입, 찜하기, 장바구니 담기, 콘텐츠 조회, 프로필 작성 등을 하게 됩니다. CRM 마케터는 고객의 활성화를 유도할 수 있도록 적절한 위치에 CRM 메시지를 노출시킬 수 있습니다. 또한, 회원가입 전환율을 높이기 위해 신규 가입 혜택을 제공할 수도 있습니다. 그리고 신규 가입자 대상으로 '환영 이메일'을 보내는 것과 같이 활성화된 사용자에게 긍정적인 경험을 제공할 수 있습니다.

3. Retention (사용자 유지)

우리 제품이나 서비스를 경험한 사용자들이 지속적으로 제품이나 서비스를 사용하는 단계입니다. 비즈니스의 장기적인 성공은 고객 유지에서 시작되며, 사용자 유지 단계는 CRM 마케터가 가장 중요한 역할을 하는 단계입니다. CRM 마케터는 개별 고객의 행동 패턴을 분석하여 맞춤형 커뮤니케이션 전략을 수립합니다. 예를 들어, 자주 보는 콘텐츠를 분석하여 연관성 높은 콘텐츠를 추천하거나 주로 접속하는 시간대에 맞춰 방문을 유도하는 메시지를 보낼 수 있습니다.

4. Revenue (수익)

기업의 최종 목표인 수익을 창출하는 단계입니다. 이 단계에서 CRM 마케터는 가입자 대상으로 첫 구매를 유도하거나, 기존 고객의 재구매를 유도하여 고객 생애 가치(CLTV)를 높이는 역할을 담당합니다. 고객의 구매 이력과 행동 패턴을 분석하여 어떤 제품을 추천할지, 어떤 혜택을 제공할지, 언제 구매를 유도해야 할지 등에 대한 전략을 세우게 됩니다. 예를 들어, 생일 또는 가입 시점에 할인 쿠폰을 제공하거나 첫 구매 시 할인 혜택 제공, 또는 충성 고객 대상으로 VIP 프로그램을 운영할 수 있습니다.

5. Referral (추천)

기업의 제품이나 서비스에 만족한 고객들은 자발적으로 주변 사람들에게 추천하게 됩니다. 이 단계는 우리 제품이나 서비스를 이용하는 고객들이 주변에 정보를 공유하도록 유도하는 단계입니다. 이 단계에서 CRM 마케터는 고객을 대상으로 추천 프로그램을 운영하는 역할을 담당합니다. 예를 들어, 고객이 친구를 초대할 때마다 포인트를 제공받는다거나 정보를 공유받은 친구가 혜택을 사용할 수 있는 방식의 프로그램을 운영할 수 있습니다.

AARRR 퍼널 개념을 활용하여 CRM 마케터의 역할을 살펴봤습니다. 이러한 프레임워크는 고객 획득부터 활성화, 유지, 수익 창출, 추천에 이르기까지 전체 고객 여정을 파악하고, 각 단계에서 CRM 마케터가 어떤 역할을 수행해야 하는지를 이해하는 데 도움이 됩니다. 그러나 모든 비즈니스가 동일하지 않으므로 AARRR 퍼널에 한정되지 말고 자체 서비스의 특성에 맞춰 마케팅 퍼널을 구성하는 것도 중요합니다. 서비스의 유입부터 최종 구매까지의 고객 경로를 단계별로 도식화하면 그 안에서 CRM 마케터가 어떤 역할을 수행할 수 있는지 명확하게 파악할 수 있습니다.

그로스 해킹의 'AARRR' 퍼널 예시

Chapter 03

CRM 마케팅에 필요한 핵심 개념

3.1 데이터 수집과 적재 이해하기

CRM 마케팅은 데이터 의존도가 높다

'데이터 드리븐 마케팅'이라는 말을 들어보셨나요? 디지털 마케팅 시대가 열리고 나서 모든 마케팅 분야에서 데이터는 굉장히 중요한 요소로 자리잡았습니다. 마케팅은 시장과 고객을 분석하고, 고객을 설득하여 지갑을 열게 만들어야 합니다. 이런 마케팅 입장에서 고객의 생각을 읽을 수 있는 데이터는 굉장히 중요할 수밖에 없습니다. 이미 데이터는 모든 마케팅 분야의 전략 수립부터 성과 평가에 이르기까지 전방위적으로 활용되고 있습니다. 현재 시점에서 데이터를 활용한 마케팅은 시장의 당연한 트렌드로 자리잡았고, 많은 회사에서 고객 데이터를 활용하여 마케팅 효율을 높이고 있습니다. 데이터에 능숙한 마케터들은 고객 데이터를 분석하여 인사이트를 도출하고, 맞춤 타깃 마케팅을 기획하여 마케팅 성과를 극대화하고 있습니다. 또한, 정량적으로 성과를 분석하고 의사결정하는 '데이터 드리븐 마케팅'을 통해 사업 실패를 예방하며 새로운 시장 기회를 발견하고 있습니다.

이처럼 모든 마케팅 분야에서 데이터는 중요한 요소입니다. 그리고 점점 더 그 중요성은 커지고 있습니다. 다양한 마케팅 분야 중 CRM 마케팅은 특히 데이터가 중요하며, 데이터 의존성이 높은 분야입니다. CRM 마케팅은 '고객과의 관계'를 관리하며, 비즈니스의 건전한 성장을 만드는 마케팅이라고 했습니다. 그래서 우리의 고객이 누구인지, 어떤 행동을 하는지, 무엇을 원하는지 등에 대해 알 수 있는 고객 데이터가 중요할 수밖에 없는 영역입니다. 고객 데이터에는 고객의 이름, 연락처, 이메일, 탐색 내역, 구매 내역 등이 있습니다. CRM 마케팅은 이런 데이터를 활용하여 고객의 관계를 관리하고 개선할 수 있는 전략을 세우고 마케팅 액션을 실행하게 됩니다. CRM 마케팅은 기본적으로 고객 데이터가 있어야 타깃 고객을 설정하고, 고객이 원하는 혜택을 설계하고, 적절한 고객에게 메시지를 발송할 수 있습니다. 때문에 CRM 마케팅은 전략 수립부터 실행까지 반드시 데이터가 필요하며, 특히 데이터에 의존적인 마케팅이라고 할 수 있습니다.

회사가 수집하는 다양한 데이터는 CRM 마케팅의 좋은 자원으로 활용됩니다. 회사는 마케팅에 활용하기 위해서 크게 '회원 데이터', '구매 데이터' 그리고 '행동 데이터'를 수집하게 됩니다. CRM 마케팅은 이렇게 수집한 데이터를 분석하고 분류하여 '누구에게 발송할 것인가?', '언제 발송할 것인가?', '어떻게 발송할 것인가'를 기획하고 실행합니다. 예를 들어, '최근 30일 동안 티셔츠를 구매한 고객에게 내일 오후 신상 티셔츠 할인 쿠폰을 문자로 보낸다'와 같은 CRM 마케팅 액션을 하는 것입니다. 결국, CRM 마케팅은 고객 데이터에서 시작되고, CRM 마케팅의 성과는 회사가 활용할 수 있는 데이터의 양과 질에 달렸다고 할 수 있습니다.

그렇다면 데이터 의존도가 높은 CRM 마케팅의 효과를 극대화하기 위해서는 어떻게 해야 할까요? 먼저, CRM 마케팅에 활용할 수 있는 데이터를 잘 알아야 합니다. 우리가 수집하는 데이터에는 어떤 것들이 있는지, 우리는 어떤 데이터를 사용할 수 있는지, 어떻게 필요한 데이터를 추출할 수 있는지 등을 알아야 합니다. 그런 다음 우리가 가진 데이터를 활용하여 효과적인 CRM 마케팅 전략을 수립할 수 있습니다. 우리가 가장 먼저 해야 할 일은 '우리 회사에서 CRM 마케팅에 활용할 수 있는 데이터'를 잘 파악하는 것입니다. CRM 마케팅에 활용할 수 있는 데이터를 잘 파악하기 위해서는 '데이터 수집과 적재 구조 파악' 그리고 '이벤트 택소노미 정의'를 이해해야 합니다.

어떤 데이터를 활용할 수 있을까?

CRM 마케팅 효과를 높이기 위해서는 우리 회사가 수집하는 데이터를 잘 이해하고, 이를 어떻게 활용할 수 있는지 고민해야 한다고 했습니다. 구체적으로, 데이터가 어떻게 수집되는지 이해하고, 그렇게 수집된 데이터를 어떻게 추출해서 활용할 수 있는지 알아야 합니다. 이는 크게 4가지 질문으로 정리해 볼 수 있습니다.

1. 우리는 어떤 데이터를 어떻게 수집하고 적재하고 있을까?
2. 우리는 CRM 마케팅에 어떤 데이터를 쓸 수 있을까?
3. 우리가 필요한 데이터를 어떻게 추출할 수 있을까?
4. 이렇게 추출한 데이터를 어떻게 활용할 수 있을까?

본격적으로 데이터 수집과 적재 구조를 알아보기 전에 우리가 활용할 수 있는 데이터는 어떤 것인지 알아볼 필요가 있습니다. CRM 마케팅에서 주로 활용하는 데이터는 사용자(User) 기반의 데이터입니다. 사용자가 가입하면서 남기는 데이터로는 회원ID, 성별, 연령대, 생일, 지역, 연락처, 이메일주소 등이 있고, 서비스를 사용하면서 남기는 데이터로는 방문일자, 검색이력, 조회상품, 장바구니 상품, 구매상품, 결제금액, 구매횟수 등이 있습니다. 이렇게 사용자 기반의 데이터는 크게 '속성 데이터'와 '행동 데이터'로 구분할 수 있습니다. 속성 데이터와 행동 데이터는 CRM 마케팅에서 매우 중요한 개념입니다. 이 두 종류의 데이터를 통해 우리는 고객을 깊게 이해할 수 있고, 그에 따른 효과적인 마케팅 전략을 수립할 수 있습니다.

속성 데이터 (Attribute Data)

고객의 정적인 정보를 의미합니다. 즉, 시간이 지나도 크게 변하지 않는 정보입니다. 속성 데이터는 주로 회원가입, 설문조사, 프로필 정보 등을 통해 수집합니다. 주로 회원가입과 프로필 설정을 통해 기본적인 속성 데이터를 수집하고, 부족한 부분은 설문조사를 통해 수집하는 방법을 사용합니다.

속성 데이터의 예시는 다음과 같습니다.

- **성별**: 남성 혹은 여성으로, 성별에 따른 제품 추천이나 프로모션을 진행할 수 있습니다.
- **연령**: 고객의 나이대로, 연령에 맞는 서비스나 제품을 제안할 수 있습니다.
- **거주지**: 고객의 거주 지역으로, 지역 특화된 마케팅이 가능합니다.
- **직업**: 고객의 직업군으로, 직업 관련된 제품 혹은 서비스를 추천하는 데 활용됩니다.
- **취미/관심사**: 고객의 개인적인 취미나 관심사로, 이에 맞는 제품 혹은 서비스를 제안할 수 있습니다.

행동 데이터 (Behavioral Data)

고객의 동적인 정보를 의미합니다. 즉, 시간과 상황에 따라 바뀔 수 있는 정보입니다. 행동 데이터는 웹사이트 분석 도구 또는 앱 서비스 분석 도구를 통해 수집하거나, 자체 데이터 인프라를 통해 수집합니다. 주로 웹사이트/앱 서비스의 서드파티 분석 도구를 통해 수집하며, 서드파티 도구로 분석이 어려운 데이터의 경우 자체 데이터 인프라를 통해 수집하고 보완합니다. 웹/앱 서비스 데이터 수집 도구는 대표적으로 구글 애널리틱스, 앰플리튜드, 믹스패널, 앱스플라이어 등이 있습니다.

행동 데이터의 예시는 다음과 같습니다.

- **웹사이트 방문 기록**: 어떤 페이지를 얼마나 오래 방문했는지 등을 파악하여 관심사를 유추할 수 있습니다.
- **구매 기록**: 어떤 상품을 구매했고 언제 구매했는지 등으로 재구매 예측 및 관련 상품 추천이 가능합니다.
- **로그인 패턴**: 어느 요일/시간대에 로그인하는지 등으로 유효한 커뮤니케이션 타임라인을 설정합니다.
- **검색어 기록**: 사용자가 사이트 내에서 검색한 단어들로 해당 사용자가 필요로 하는 정보나 제품을 파악할 수 있습니다.
- **장바구니 담기/삭제 기록**: 어떤 상품을 장바구니에 담았다가 삭제했는지 등으로 고객의 구매 결정 과정을 이해할 수 있습니다.

속성 데이터와 행동 데이터 모두 각 고객의 특성과 선호도를 파악하는 데 중요한 역할을 합니다. 이를 바탕으로 개인화된 마케팅 전략을 수립하고, 고객 만족도를 높일 수 있습니다. 속성 데이터는 대상 고객을 식별하고 그룹화하는 데 사용됩니다. 타깃 세그먼트를 생성하거나 코호트 분석을 통해 인사이트를 도출할 때 속성 데이터를 적극적으로 활용합니다. 행동 데이터는 맞춤형 마케팅 전략을 수립할 때 주로 활용합니다. 고객의 행동과 관심사 데이터를 분석하여 맞춤형 마케팅 전략을 수립하고, 이를 실행할 때 행동 데이터를 적극적으로 활용합니다.

아래 '속성 데이터'와 '행동 데이터'의 비교표를 통해 회사의 사용자 데이터를 정리해본다면 더 효과적인 CRM 마케팅 전략 수립을 시작할 수 있을 것입니다.

▼ 속성 데이터와 행동 데이터 비교 표 예시

속성 데이터	행동 데이터
성별	웹사이트 방문 기록
연령대	구매 기록
거주지역	클릭률

속성 데이터	행동 데이터
직업군	검색어 기록
소득수준	장바구니 담기/삭제 기록
교육 수준	앱 사용 기록
결혼 여부	소셜 미디어 활동
가족 구성원 수	광고 반응률
취미/관심사	로그인 패턴
선호 브랜드	페이지별 체류시간
결제금액	조회 상품
주문횟수	쿠폰 사용 이력
회원등급	상담 이력

데이터는 어떻게 수집될까?

데이터가 기술적으로 어떻게 수집되는지를 이해하는 것보다 사용자가 어떤 흐름으로 데이터를 남기고, 그런 데이터를 어떻게 활용할 수 있는지 이해하는 것이 중요합니다.

온라인 또는 모바일 환경에서 서비스를 이용하는 사용자들은 데이터를 남기게 됩니다. 서비스를 이용하는 사용자는 회원가입이나 설문조사 등을 통해 자발적으로 데이터를 남기거나 방문이나 탐색 내역 등을 통해 비자발적으로 데이터를 남깁니다. 회사는 이렇게 남겨지는 데이터를 자체 데이터베이스로의 수집 또는 서드파티 도구에 정확하게 수집 및 적재하도록 합니다. 데이터 수집 과정을 잘 이해하기 위해서는 마케팅 퍼널 또는 고객 여정 지도를 통해 사용자 행동을 바라볼 필요가 있습니다.

사용자의 서비스 유입과 이용 흐름

사용자는 특정 채널을 통해 우리 서비스로 들어오게 됩니다. 사용자가 유입되는 채널은 인스타그램과 트위터 같은 SNS 채널, 네이버와 구글 같은 검색 채널, 네이버 카페와 같은 커뮤니티 등이 있습니다. 이렇게 웹사이트 또는 앱 서비스로 들어온 사용자는 페이지를 보거나 상품을 보면서 정보를 탐색합니다. 이 과정에서 이벤트 페이지를 볼 수도 있고, 서비스를 더 이용하기 위해 회원가입을 할 수도 있습니다. 그런 뒤 구매하고 싶은 제품이 있다면 장바구니에 담거나 구매 절차를 진행하게 됩니다. 이런 전반적인 과정에서 사용자는 수많은 데이터를 남깁니다. 어떤 채널에서 들어왔는지, 어떤 페이지에서 얼마나 머물렀는지, 어떤 제품을 봤고, 어떤 제품을 구매했는지에 대한 데이터를 남깁니다. 또, 회원가입을 했다면 사용자를 식별할 수 있는 속성 데이터도 남기게 됩니다. 이렇게 사용자가 남기는 데이터를 서드파티 트래킹 툴을 통해 수집할 수 있습니다.

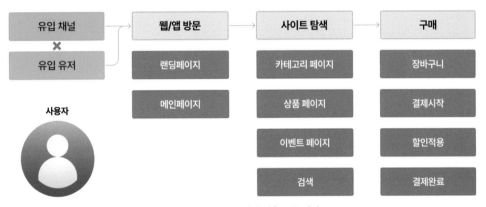

사용자의 서비스 유입과 이용 흐름 예시

예시 시나리오 – 2030 패션 쇼핑몰

가상의 패션 브랜드 A를 예시로 사용자의 서비스 유입과 이용 흐름을 사용자의 입장에서 살펴보겠습니다.

민지는 29살의 3년차 직장인 여성입니다. 민지는 친구 3명과 함께 한 달 뒤에 제주도로 여행을 떠날 약속을 잡았습니다. 약속을 잡고 옷장을 본 민지는 제주도에서 입을 마땅한 옷이 없다는 사실을 깨달았습니다. 그래서 제주도에서 입을 원피스를 하나 구매하고 싶다는 생각을 가지고 있었습니다. 그렇게 원피스를 구매해야지, 라고 생각만 하던 민지는 습관처럼 접속하던 인스타그램 피드에서 마음에 쏙 드는 원피스 광고를 보게 되었습니다. 광고 이미지 하단에는 눈에 잘 보이는 글씨로 '신규 가입 시 10% 할인'이라는 문구도 있었습니다. 민지는 홀린 듯이 그 광고를 클릭하고 브랜드 A의 웹사이트로 들어가게 됩니다.

웹사이트에 들어간 민지는 광고에서 본 원피스 상품 페이지를 유심히 살펴봅니다. 섬네일 이미지를 모두 보고 나서 스크롤을 내려 착용 샷과 사이즈까지 꼼꼼하게 살핍니다. 그리고 구매자 후기를 보면서 장점과 단점까지 머릿속으로 정리해 나갑니다. 상품 페이지를 꼼꼼히 살펴본 민지는 원피스 디자인, 사이즈, 색상, 착용 느낌 등에 대한 정보를 파악한 뒤 구매를 긍정적으로 생각하게 됐습니다. 하지만 바로 구매를 결정하지는 않았습니다. 일단 원피스를 장바구니에 담고 나서 다시 정보를 탐색하기 시작합니다.

처음 접하는 브랜드이기 때문에 브랜드 스토리와 판매하는 제품들을 살펴보기 시작합니다. 브랜드 정보와 함께 원피스뿐만 아니라 셔츠, 자켓, 슬랙스, 반바지 등 다양한 제품을 둘러봅니다. 이렇게 제품을 둘러보다 보니 마음에 드는 자켓을 발견하게 됩니다. 이 자켓도 일단 장바구니에 넣어둡니다. 그리고 신규가입 쿠폰을 받기 위해 회원가입을 진행합니다. 그렇게 구매를 결정하기 직전 단계에서 갑자기 친한 친구에게 전화가 걸려옵니다. 친구가 남자친구와 싸웠다며 하소연하는 전화통화를 1시간 동안 정신없이 하고 나서 시계를 보니 벌써 잘 시간이 되었습니다. 이렇게 그날의 쇼핑은 결제까지 이루어지지 않고 끝이 납니다.

그로부터 2일 뒤 민지는 브랜드 A로부터 '신규가입 쿠폰 만료 알림톡'을 받습니다. 지난 번 회원가입하고 받은 10% 할인쿠폰이 내일까지 사용 가능하다는 안내였습니다. 그래서 민지는 브랜드 A 사이트로 들어가서 장바구니에 담았던 원피스와 자켓을 보면서 고민합니다. 원피스는 구매하기로 마음을 먹었지만, 자켓은 디자인은 마음에 들지만 가격이 비싸고 지금 당장 필요하지는 않았기 때문입니다. 그래서 고민 끝에 원피스만 구매하기로 하고 결제를 진행했습니다.

2030 패션 쇼핑몰 A 사의 민지라는 고객의 행동 흐름입니다. 이 고객의 행동 흐름에 따라 다양한 데이터가 수집될 수 있습니다. 어떤 채널로 들어왔는지, 어떤 페이지에서 얼마나 머물렀는지, 어떤 제품을 유심히 봤는지, 어떤 제품을 장바구니에 담았고, 최종적으로 구매한 제품이 무엇인지에 대한 데이터를 수집할 수 있습니다. 그리고 회원가입 단계에서 휴대폰 번호, 이메일 주소, 연령대 등에 대한 데이터와 구매 단계에서 배송지에 대한 데이터를 수집할 수 있습니다. 이렇게 사용자가 회원가입, 구매 또는 탐색 과정에서 남기는 데이터를 개발자 또는 마케터가 구글 애널리틱스와 같은 서드파티 트래킹 툴이나 자체 데이터

베이스 인프라를 통해 마케팅에 활용할 수 있도록 수집하고 적재하게 됩니다. 이렇게 수집된 데이터는 타기팅을 위한 고객 분류나 개인화 마케팅에 사용될 수 있습니다.

위 브랜드 A의 시나리오에서 수집할 수 있는 데이터 예시는 다음 표와 같습니다. 한 가지 명심할 점은 개인정보를 수집, 저장, 처리할 때는 반드시 사용자의 동의를 받아야 하며, 이에 대한 정보를 명확하게 제공해야 한다는 것입니다. 또한, 수집된 데이터는 안전하게 보관돼야 하며, 불필요하게 보유하지 않고 적절한 시기에 파기하는 등의 조치가 필요합니다.

▼ 고객 행동 흐름에 따른 수집 데이터 예시

구분	수집 데이터	설명
유입 채널	유입 채널 정보 (예: 인스타그램)	민지가 인스타그램에서 본 광고를 클릭하여 웹사이트로 접속하면 웹사이트는 HTTP 리퍼러 정보나 UTM 파라미터 등을 통해 이를 추적합니다. 이 정보는 사라의 세션 데이터에 기록됩니다.
웹사이트 탐색	페이지 뷰, 체류 시간, 클릭한 제품, 검색 이력 등	민지가 웹사이트 내에서 다양한 페이지를 탐색하고 제품을 클릭하는 등의 활동은 웹 로그 형태로 기록됩니다. 이러한 정보는 보통 쿠키나 로컬 스토리지에 저장되며, Google Analytics와 같은 분석 도구를 사용하여 수집합니다.
장바구니 담기	장바구니에 담긴 제품 정보	민지가 장바구니에 제품을 추가하거나 삭제할 때마다 이런 활동들은 서버에 전송되어 데이터베이스에 저장됩니다.
회원가입	속성 데이터: 이름, 휴대폰 번호, 이메일 주소, 성별, 연령대 등	회원가입 과정에서 입력하는 개인정보들은 암호화된 상태로 서버로 전송되어 안전하게 저장됩니다.
제품 구매	구매한 제품 정보, 결제 정보, 배송 주소 등	구매 완료 시 생성되는 주문 내역과 결제 내역 등이 서버로 전송되어 DB에 저장됩니다.

이렇게 수집된 데이터를 통해 우리는 다음과 같은 CRM 마케팅 전략을 기획해 볼 수 있습니다. 어떤 데이터가 수집되는지, 그리고 어떤 데이터를 활용할 수 있는지 알 수 있다면 개인화된 CRM 마케팅 전략을 통해 장기적인 고객 관계의 형성과 함께 회사의 매출을 높일 수 있습니다.

1. 웹사이트 탐색 데이터 활용

    a. 가장 많이 조회한 상품의 카테고리를 분석한 뒤 해당 카테고리 기반 큐레이션 이메일을 발송합니다.

    b. 검색 키워드 기반으로 맞춤형 문자 메시지를 발송합니다.

    c. 마지막에 조회한 상품 기반으로 맞춤형 앱 푸시를 발송합니다.

2. 장바구니 담기 데이터 활용

    a. 장바구니에 담았다가 구매하지 않은 제품의 구매를 유도하는 문자를 발송합니다.

    b. 장바구니에 담은 후 1시간 이내에 구매하지 않은 제품의 구매를 유도하는 앱 푸시를 발송합니다.

3. 회원가입 데이터 활용

    a. 동일한 연령대 회원이 많이 구매하는 베스트 상품을 큐레이션하는 카카오 채널 메시지(플친)를 발송합니다.

    b. 성별에 따른 제품 선호도를 분석하여 추천 상품을 큐레이션하는 이메일을 발송합니다.

4. 제품 구매 데이터 활용

    a. 구매한 제품과 유사한 제품을 추천하는 앱 푸시를 발송합니다.

    b. 구매한 제품과 어울리는 코디를 추천하는 이메일을 발송합니다.

    c. 구매한 제품 카테고리의 신제품 출시를 알리는 문자를 발송합니다.

데이터는 어떻게 저장될까?

데이터 수집과 저장, ETL 프로세스

앞에서 사용자의 행동 흐름을 통해 데이터가 수집되는 과정을 살펴봤습니다. 이렇게 자체 데이터 인프라 또는 서드파티 툴로 수집한 데이터는 CRM 마케터가 활용할 수 있도록 특정 데이터베이스에 저장됩니다. 우리가 데이터를 수집하는 목적은 비즈니스에 활용하기 위해서입니다. 그래서 수집된 데이터를 우리가 활용할 수 있는 형태로 변환하여 데이터베이스에 저장해야 합니다. 이렇게 데이터를 수집하고, 수집된 데이터를 활용할 수 있는 형태로 변환하여 데이터베이스에 잘 쌓는 과정을 ETL(Extract-Transform-Load) 과정이라고 부릅니다.

우리가 사용자에게 수집한 데이터는 두 가지 종류로 구분됩니다. 사용자가 회원가입, 설문 조사, 리뷰, QnA 등을 통해 직접 제출하는 데이터가 있고, 사용자의 방문, 상품 조회, 구매 등의 행동을 추적하여 얻는 데이터가 있습니다. 우리는 이렇게 사용자로부터 수집한 데이터를 잘 활용하여 비즈니스 성과를 높여야 합니다. 그렇기 때문에 수집된 데이터는 마케터가 활용할 수 있는 형태로 변환하여 접근 가능한 데이터베이스에 적재하는 과정이 필요합니다. 이러한 과정을 ETL 과정이라고 부르며, ETL 과정은 데이터 엔지니어 또는 서버 개발자가 진행합니다. 우리는 ETL 과정을 거쳐 잘 쌓인 데이터를 CRM 마케팅에 활용하면 됩니다. 만약 지금 활용할 수 있는 데이터 중 필요한 데이터가 없는 상황이라면 데이터 엔지니어 또는 서버 개발자와 의논하여 요청할 수 있습니다. '장바구니에 상품을 담은 고객의 구매 전환율을 높이기 위해 고객이 장바구니에 상품을 담은 시점의 데이터 수집이 필요하다'라는 식으로, 요청하는 배경과 필요한 사항을 정리하여 데이터를 관리하는 담당자에게 요청합니다. 다양한 데이터 수집이 필요하다면 다음 장에서 설명할 '데이터 택소노미'를 표로 정리하여 요청할 수 있습니다.

데이터 수집과 저장, ETL 프로세스

우리가 활용하는 데이터는 어디에 저장되어 있을까?

CRM 마케팅에서는 고객 데이터가 정말로 중요합니다. 고객 데이터를 얼마나 효과적으로 수집하고 관리하는지, 그리고 활용할 수 있는지가 CRM 마케팅의 성공 여부를 가르는 핵심적인 요소라고 할 수 있습니다. CRM 마케터는 고객 데이터를 분석하여 인사이트를 얻고, 개인화된 메시지를 발송하기 위해 타깃 조건을 설정하는 등 마케팅 성과 개선을 위해 고객 데이터를 활용할 수 있습니다. 그렇다면, 우리가 활용하는 고객 데이터는 어떻게 저장되고 관리되는 걸까요? 이를 이해하기 위해서는 데이터베이스 관리 시스템(DBMS), 데이터베이스(DB), 그리고 데이터 테이블(Table)의 개념을 알아야 합니다.

데이터베이스 관리 시스템(Database Management System, DBMS)

데이터베이스 관리 시스템은 데이터가 모여있는 데이터베이스를 관리하고 조작할 수 있는 소프트웨어입니다. 회사는 DBMS를 통해 데이터베이스를 관리하여 응용 프로그램들이 데이터베이스를 공유하고, 사용할 수 있는 환경을 제공합니다. 데이터베이스를 구축하는 틀을 제공하고, 효율적으로 데이터를 검색하고 저장하는 기능을 제공합니다. DBMS를 사용하면 특정 데이터베이스에 여러 명이 동시 접근하여 데이터를 조회하고 추출하는 작업이 가능합니다. 대표적인 솔루션으로는 오라클(Oracle), MySQL, MSSQL, MariaDB 등이 있습니다.

데이터베이스(Database)

데이터베이스는 한 마디로 데이터의 집합입니다. 데이터베이스는 일반적으로 테이블(Table) 형태로 구성됩니다. 각 테이블은 열(Column)과 행(Row)으로 구성되며, 엑셀의 표와 유사한 형태입니다. 다양한 데이터의 테이블이 모여 하나의 데이터베이스를 구성합니다. 예를 들어, 회원정보 데이터베이스는 가입 정보, 광고 수신 동의, 회원 등급과 같은 데이터 테이블로 구성될 수 있습니다. 마케팅에 필요한 다양한 종류의 데이터를 체계적으로 수집하고 분석하기 위해서는 데이터베이스의 역할이 중요합니다.

데이터 테이블(Data Table)

데이터베이스를 구성하는 테이블(Table)은 데이터를 체계적으로 저장하고 구조화하는 기본 단위입니다. 테이블은 행(Row)과 열(Column)로 구성되어 있습니다. 열(Column)은 테이블의 수직 선으로, 일반적으로 데이터의 속성을 나타냅니다. 예를 들어 고객 정보 테이블에서는 이름, 이메일, 연락처 등의 고객 정보가 각각 별도의 열로 설정됩니다. 행(Row)은 테이블의 수평 선으로, 개별 레코드(데이터 항목)를 나타냅니다. 예를 들어 고객 정보 테이블에서는 각 고객마다 별도의 행에 그들의 이름, 이메일, 주소 등을 저장합니다.

▼ 데이터 테이블 예시

번호	이름	이메일	연락처
1	짱구	abcde@email.com	010-1234-1234
2	철수	abcde@email.com	010-1234-1234
3	훈이	abcde@email.com	010-1234-1234
4	맹구	abcde@email.com	010-1234-1234
5	유리	abcde@email.com	010-1234-1234

여기서 데이터를 '회원 데이터', '구매 데이터' 등으로 크게 분류하여 관리하게 되고, 우리가 마케팅에서 활용할 수 있는 데이터는 특정 데이터 베이스에 저장된 데이터 테이블에서 찾을 수 있습니다.

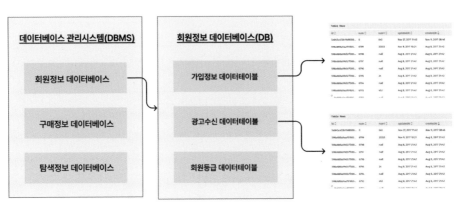

데이터가 저장되는 구조

데이터가 저장되는 구조는 앞의 이미지를 통해 쉽게 이해할 수 있습니다. 데이터베이스 관리 시스템(DBMS)에는 다양한 데이터베이스가 존재합니다. 그리고 한 가지 데이터베이스에는 다양한 데이터 테이블이 존재합니다. 이러한 데이터 저장 구조를 이해한다면 회사가 수집하고 저장하는 데이터에는 어떤 것이 있는지, 그리고 특정 데이터를 활용하기 위해서는 어떤 데이터 테이블을 참고해야 하는지 쉽게 파악할 수 있습니다.

CRM 마케터는 고객과 관련된 데이터 테이블을 잘 볼 줄 알아야 합니다. 회사에서 활용 가능한 다양한 고객 정보들(예: 구매 기록, 방문 기록, 고객 행동 패턴 등)이 각각의 데이터 테이블에 어떻게 저장되는지, 그리고 이들을 어떻게 활용할 수 있는지를 이해하는 것은 CRM 마케팅 전략을 성공적으로 수행하는 데 있어 결정적인 역할을 합니다.

데이터 테이블에 익숙해져야 한다

우리는 마케터입니다. 그래서 데이터가 어떻게 수집되고, 어떻게 저장되는지를 너무 깊게 알 필요는 없습니다. 데이터 수집부터 저장까지의 전체 흐름을 이해하고, 필요한 데이터가 있다면 데이터 엔지니어 또는 서버 개발자에게 잘 요청할 수 있을 정도면 됩니다. 다만, 데이터를 잘 활용하기 위해서 데이터 테이블과는 친해져야 합니다. CRM 마케팅 전략을 수립하기 위해 고객을 분석하거나 메시지 발송을 위해 타깃 고객을 추출하는 작업을 하기 위해 우리가 직접적으로 활용하는 것은 데이터 테이블이기 때문입니다.

앞서 설명한 것처럼 데이터베이스의 테이블(Table)은 '데이터베이스에서 행(가로)과 열(세로)로 짜인 표에 기록된 데이터의 집합'입니다. 데이터가 데이터베이스에 실제로 저장되는 형태이며, 우리가 익숙한 엑셀 화면의 행과 열로 구성된 시트와 동일합니다. 쉽게, 엑셀 프로그램에 표를 만들었을 때의 모양이라고 이해하시면 됩니다. 예를 들어, 회원정보 데이터베이스에는 '가입 정보', '광고 수신 동의', '회원 등급'과 같은 데이터 테이블이 존재할 수 있습니다. 그렇다면, 우리는 광고 수신에 동의한 회원의 가입날짜를 기준으로, 가입한 지 7일 이내 회원에게 광고성 메시지를 적극적으로 보낼 수 있습니다. 또한, 지난 달보다 회원 등급이 떨어진 회원 대상으로 회원등급을 높일 수 있도록 독려하는 메시지를 발송해 볼 수도 있습니다.

더 효과적인 CRM 마케팅 전략을 세우기 위해서는 회사에서 마케팅에 활용할 수 있는 데이터베이스가 무엇인지, 해당 데이터베이스에서 어떤 데이터 테이블을 활용할 수 있는지 파악하는 것이 중요합니다. 이를 통해 활용도가 높은 데이터 테이블을 따로 정리해 두고 필요할 때마다 데이터를 추출해서 CRM 마케팅에 활용할 수 있습니다.

▼ 가입 정보 데이터 테이블 예시

유저 ID	가입 날짜	광고수신 동의여부	가입 방법	이메일	휴대폰 번호
abcde1	2024.01.01	true	카카오	abcd1@gmail.com	010-0000-0000
abcde2	2024.01.01	false	카카오	abcd2@gmail.com	010-0000-0000
abcde3	2024.01.02	true	구글	abcd3@gmail.com	010-0000-0000
abcde4	2024.01.02	false	네이버	abcd4@gmail.com	010-0000-0000
abcde5	2024.01.03	true	구글	abcd5@gmail.com	010-0000-0000

▼ 이벤트 데이터 테이블 예시

유저 ID	이벤트 날짜	이벤트 구분	이벤트 속성
abcde1	2024.01.01	회원가입	{"platform": "모바일앱", "referral": "organic"}
abcde2	2024.01.01	상품구매	{"category": "의류", "amount": 50000, "payment_method": "신용카드"}

유저 ID	이벤트 날짜	이벤트 구분	이벤트 속성
abcde3	2024.01.02	리뷰작성	{"rating": 4, "content_type": "텍스트", "product_id": "PROD123"}
abcde4	2024.01.02	포인트적립	{"points": 1000, "reason": "이벤트 참여"}
abcde5	2024.01.03	쿠폰사용	{"coupon_id": "COUP10", "discount_rate": 10, "applied_to": "전체상품"}

3.2) 데이터 택소노미 이해하기

데이터 택소노미란 무엇인가?

데이터 택소노미 개념

데이터 택소노미는 '데이터 분류 체계'를 지칭합니다. 즉, 데이터를 체계적으로 분류하고 구조화하는 방법을 의미합니다. 이는 데이터를 논리적이고 체계적으로 구성하여 데이터 관리 및 검색을 효율적으로 수행하기 위한 개념입니다. 데이터를 쉽게 찾고 분석하며, 정보를 추출하고 활용하기 위해서는 데이터 택소노미를 사용하는 것이 좋습니다. 데이터 택소노미는 크게 두 가지 과정으로 이루어집니다. 한 가지는 '분류(Classification)' 작업이고, 다른 한 가지는 '표준화(Standardization)' 작업입니다.

분류(Classification) 작업은 관련 있는 데이터를 함께 그룹화하는 것입니다. 예를 들어, 온라인 쇼핑몰에서는 고객들을 나이대별로 분류할 수 있습니다. 이 경우, 고객 정보 데이터베이스에서 '생년월일' 정보를 이용해 20대, 30대, 40대 등으로 나눌 수 있습니다. 또한 '지역' 정보를 바탕으로 고객들을 서울 지역 고객, 부산 지역 고객 등으로 분류할 수도 있습니다.

표준화(Standardization) 작업은 동일한 유형의 데이터가 일관된 형식으로 표현되도록 하는 것입니다. 예를 들어, '성별' 정보가 어떤 경우에는 '남성/여성', 어떤 경우에는 'M/F'로 표기된다면 이를 하나의 표준 형식(예: '남성/여성')으로 정리하는 것입니다. 또, 온라인 쇼핑몰에서 상품 카테고리가 어떤 경우에는 '여성_의류', 어떤 경우에는 '여성복'으로 기록되어 있다면 이를 하나의 표준 형식(예: 여성 의류)로 정리하는 것입니다.

표준화 작업은 다양한 소스에서 수집되는 데이터의 일관성을 유지하고 중복이나 모호함을 제거하여 데이터 관리 및 분석 작업을 용이하게 합니다. 이러한 표준화 작업에는 많은 시간과 노력이 필요하지만, 장기적으로 마케팅 전략과 의사결정에 필요한 정보를 효율적으로 확보할 수 있습니다.

마케팅에서 데이터 택소노미는 매우 중요합니다. 먼저, 마케팅 전략을 세우기 위한 데이터 분석이 더욱 용이해집니다. 체계적인 분류와 일관된 형식으로 저장된 데이터베이스는 마케터가 필요한 정보를 더욱 쉽게 찾아내고, 다양한 관점에서 분석할 수 있게 도와주기 때문입니다. 다음으로, 개인화된 마케팅 전략을 수립하는 데 도움이 됩니다. 각 고객 그룹의 속성 데이터와 행동 데이터를 분석하여 성향과 니즈에 맞춘 적절한 마케팅 전략과 메시지를 도출할 수 있기 때문입니다. 정리하면, 데이터 택소노미는 '활용할 수 있는 데이터를 약속된 규칙을 통해 잘 분류하고 정의하여 정리한 체계 또는 자료나 문서'라고 할 수 있습니다.

▼ 데이터 택소노미의 분류와 표준화

작업	설명	예시
분류(Classification)	관련 있는 데이터를 함께 그룹화합니다. 이는 데이터의 공통 속성이나 특징에 기반하여 이루어집니다.	고객 정보에서 '나이' 속성을 기반으로 20대, 30대, 40대 등으로 나누는 작업입니다.
표준화(Standardization)	동일한 유형의 데이터가 일관된 형식으로 표현되도록 합니다. 이는 데이터 내의 중복이나 모호함을 제거하고 일관성을 유지하는 데 도움이 됩니다.	상품 카테고리가 어떤 경우에는 '여성_의류', 어떤 경우에는 '여성복'로 기록된 것을 하나의 표준 형식(예: '여성 의류')로 정리하는 작업입니다.

데이터 택소노미 예시

데이터 택소노미를 더 쉽게 이해할 수 있도록 함께 예시를 살펴보겠습니다. 온라인 쇼핑몰에서 일하는 마케터라고 가정해 보겠습니다. 온라인 쇼핑몰에서는 고객 데이터와 구매 데이터 등 다양한 데이터가 생성됩니다. 이 데이터를 체계적으로 분류하고 관리하는 것이 바로 '데이터 택소노미'입니다. 다음은 온라인 쇼핑몰의 데이터 택소노미(분류 체계) 예시입니다.

온라인 쇼핑몰 데이터 택소노미 예시

1. **제품 카테고리 분류**: 제품 데이터를 제품 카테고리에 따라 분류합니다. 예를 들어, 의류 카테고리에서는 상의, 하의, 신발, 액세서리 등으로 제품을 분류할 수 있습니다.

2. **고객 세분화**: 고객 데이터를 기반으로 세분화를 수행합니다. 이것은 고객의 성별, 나이, 지역, 구매 이력 등에 따라 고객 그룹을 나누는 것을 의미합니다. 예를 들어, 여성 고객, 남성 고객, 청소년 고객 등으로 분류할 수 있습니다.

3. **주문 및 거래 유형**: 주문 및 거래 데이터를 분류하여 주문 유형(온라인 주문, 매장에서 주문 등)이나 결제 방법(신용 카드, 현금, 전자 지갑 등)에 따라 분류할 수 있습니다.

4. **재고 관리**: 상품의 재고 수량과 관련된 데이터를 분류합니다. 이것은 상품의 재고 상태(재고 있음, 품절, 재입고 예정 등)에 따라 분류됩니다.

5. **마케팅 데이터**: 마케팅 활동과 관련된 데이터를 분류합니다. 이것은 광고 캠페인 데이터, 이메일 마케팅 데이터, 소셜 미디어 마케팅 데이터 등을 포함합니다.

6. **배송 및 배송 추적**: 주문 및 배송 정보를 분류하여 주문 상태(배송 중, 배송 완료, 반환 요청 등)와 배송 위치(배송 주소, 택배사 등)에 따라 분류합니다.

7. **평가 및 리뷰**: 제품에 대한 고객 평가 및 리뷰 데이터를 관리하고 분류합니다. 이것은 별점, 리뷰 내용, 작성자 정보 등을 포함합니다.

이러한 데이터 분류 체계를 구축하면 온라인 쇼핑몰에서 데이터를 효과적으로 관리하고 분석하여 고객에게 더 나은 경험을 제공하고 비즈니스 운영을 최적화할 수 있습니다. 데이터 분류 체계는 CRM 마케터들이 고객 관련 데이터를 효과적으로 활용하는 데 도움이 됩니다.

그렇다면 특정한 마케팅 시나리오를 바탕으로 데이터 택소노미를 활용하는 과정을 살펴보겠습니다.

마케팅 시나리오

당신은 온라인 쇼핑몰에서 근무하는 마케터입니다. 당신이 진행하는 이메일 마케팅 캠페인의 성과 개선이 필요한 상황입니다. 그래서 당신은 고객 데이터를 분석하여 고객 그룹을 분류하고, 각 고객 그룹에 적합한 상품을 추천하고자 합니다.

1. **분류 작업**

   고객 정보 데이터베이스에서 고객 그룹을 나눌 수 있는 기준 데이터를 찾습니다. 다양한 고객 데이터 중 '성별'과 '생년월일' 데이터를 바탕으로 고객을 몇 가지 그룹으로 분류할 수 있다는 생각을 합니다. 이 2가지 데이터를 기준으로 고객 그룹을 '남성 20대', '남성 30대', '여성 20대', '여성 30대'로 분류합니다.

2. **표준화 작업**

   분류 작업을 통해 나눈 고객 그룹에게 적합한 상품을 추천하려고 합니다. 이를 위해 각 고객 그룹이 주로 어떤 카테고리에서 구매하는지 파악이 필요합니다. 고객들의 구매 데이터를 살펴보니 대부분의 여성용 의류 상품은 상품 카테고리가 '여성 의류'로 지정되어 있지만, 일부 상품은 카테고리가 '여성복'으로 지정되어 있음을 발견했습니다. 이에 데이터를 활용하기 용이하도록 '여성용 의류' 상품은 모두 '여성 의류' 카테고리로 표준화하여 지정합니다.

3. **분석**

   데이터를 표준화하여 분석하기 용이한 형태로 만들었다면 마케팅 인사이트를 도출하기 위한 분석에 들어갑니다. 각 고객 그룹별로 적합한 상품을 추천하기 위해서 고객들이 구매하는 카테고리와 상품을 분석합니다. 그 결과 '남성 30대' 그룹은 '디지털 기기' 카테고리에서 주로 구매를 하는 반면, '여성 30대' 그룹은 '여성 의류' 카테고리에서 주로 구매를 하는 것을 확인했습니다. 또한, '남성 20대' 그룹과 '여성 20대' 그룹은 눈에 띄는 구매 패턴을 보이지 않았습니다.

4. **적용**

   분석한 결과를 바탕으로, 이메일 캠페인 성과를 개선하기 위해 '남성 30대' 그룹에는 '베스트 디지털 기기 기획전'을, '여성 30대' 그룹에는 '시즌 여성 의류 기획전'을 활용하기로 했습니다. 그리고 '남성 20대' 그룹과 '여성 20대' 그룹은 '실시간 베스트/인기 상품' 위주로 이메일을 발송하기로 합니다.

위와 같은 방식으로 데이터 택소노미는 마케터가 필요한 데이터를 체계적이고 효과적으로 찾아내고 활용하여 인사이트를 도출하는 데 큰 도움이 됩니다. 우리는 CRM 마케팅에 도움이 되는 데이터 택소노미(데이터 분류 체계)를 가지고 있는 것이 좋습니다. 데이터 택소노미의 분류와 표준화 작업을 통해 우리가 가진 데이터를 CRM 마케팅에 활용하기 좋도록 표 형태로 정리하는 것을 추천합니다. 우리가 수집하고 있는 데이터를 다음 표 이미지처럼 정리해 둔다면 CRM 마케팅 전략을 세우거나 인사이트를 도출할 때 유용하게 활용할 수 있습니다.

▼ 데이터 택소노미 예시

분류	분류 명칭	데이터 예시
제품 카테고리 분류	Product_Category	상의: 티셔츠, 셔츠, 스웨터 하의: 청바지, 슬랙스, 반바지 신발: 운동화, 구두, 샌들 액세사리: 시계, 목걸이, 지갑
고객 세분화	Customer_Segmentation	성별: 남성, 여성 연령대: 10대, 20대, 30대, 40대, 50대 이상 지역: 서울, 경기, 부산 등 직업: 학생, 사무직, 자영업, 전문직 등
주문 및 거래 유형	Order_Transaction_Types	결제 방법: 신용카드, 간편결제, 무통장 입금 등 할부 적용: 일시불, 2개월, 3개월 등
마케팅 데이터	Marketing_Classification	채널 구분: 메타, 네이버, 구글, 이메일 등 캠페인 구분: 캠페인 이름, 광고그룹 이름, 광고 이름 성과 데이터: 노출 수, 도달 수, 클릭 수, 구매 수, 결제금액 등
배송 추적	Delivery_Tracking	주문 상태: 상품 준비, 발송 완료, 배송 중, 배송 완료, 주문 취소 등
평가 및 리뷰	Review_Management	평가 점수: 5점, 4.5점, 5점 등 평가 내용: {평가 내용} 평가 날짜: {평가 날짜}

마케터에게 필요한 이벤트 택소노미

데이터 택소노미 개념을 이해하셨나요? 그렇다면 CRM 마케터에게 정말 중요한 '이벤트 택소노미'를 알아볼 차례입니다. 데이터 택소노미와 이벤트 택소노미는 모두 정보를 체계적으로 분류하고 조직화하는 방법을 의미하지만, 그 적용 대상이 다릅니다. 데이터 택소노미는 회사 전체 데이터에 대한 분류와 표준화라고 한다면, 이벤트 택소노미는 마케팅에서 주로 활용하는 이벤트 데이터에 대한 분류와 표준화라고 이해하면 좋습니다. 데이터 택소노미의 개념을 사용자의 행동과 이벤트 데이터에 적용했다고 생각하면 됩니다.

이벤트는 웹사이트나 앱에서 사용자가 취하는 유의미한 행동을 지칭합니다. 이 중에서도 특히 추적하거나 분석이 필요한 행동들을 이벤트로 정의합니다. 이와 같은 이벤트를 체계적으로 분류하고 일관성 있게 관리하는 것을 이벤트 택소노미라고 부릅니다.

마케팅 데이터 분석은 크게 네 가지 과정으로 진행됩니다. 1) 데이터 설계, 2) 데이터 수집, 3) 데이터 처리, 그리고 4) 데이터 분석입니다. 이 중에서도 가장 첫 단계인 데이터 설계는 어떤 데이터를 수집할지 결정하는 단계로 굉장히 중요합니다. 따라서 서비스에 대한 깊은 이해를 바탕으로 사용자의 주요 행동들이 무엇인지 파악하는 것이 매우 중요합니다. 그리고 그런 행동들을 어떻게 분류하고 기록할지 결정해야 합니다.

예를 들어, 사용자가 상품을 장바구니에 추가하는 경우, 구매로 진행되는 경우 등 다양한 시나리오에 따른 유저의 행동 패턴을 정확하게 파악하려면 체계적인 이벤트 택소노미가 필수적입니다. 결국, 이벤트 택소노미는 마케팅 전략의 성공 여부를 결정짓는 핵심 요소입니다. 웹사이트나 앱에서 발생하는 다양한 사용자 활동을 체계적으로 관리함으로써 우리는 보다 신속하고 정확한 의사결정을 내릴 수 있습니다.

- **데이터 택소노미(Data Taxonomy)**: 데이터 택소노미는 데이터 자체를 분류하고 구조화하는 방식을 의미합니다. 이는 데이터의 유형, 속성, 관계 등에 따라 이루어집니다. 예를 들어, 온라인 쇼핑몰에서 상품 정보를 '의류', '가전제품', '도서' 등으로 분류하고 각 카테고리 내에서 더 세분화된 카테고리(예: 의류 안의 '여성 의류', '남성 의류')로 구조화하는 것이 데이터 택소노미에 해당합니다.

- **이벤트 택소노미(Event Taxonomy)**: 이벤트 택소노미는 사용자의 행동이나 활동(이벤트)을 체계적으로 분류하고 그룹화하는 방식을 말합니다. 이는 주로 웹사이트나 앱에서 사용자의 상호작용 데이터를 추적하

고 분석할 때 사용됩니다. 예를 들어, 사용자가 웹사이트에서 특정 페이지를 방문하거나 구매 버튼을 클릭하는 등의 동작은 각각 다른 이벤트로 분류되며, 이러한 이벤트들은 사전에 정해진 규칙에 따라 체계적으로 관리됩니다.

즉, 데이터 택소노미와 이벤트 택소노미 모두 데이터를 체계적으로 관리하기 위한 방법입니다. 다만, 데이터 택소노미는 보다 일반적인 데이터에 대한 구조와 관련되어 있으며, 이벤트 택소노미는 주로 사용자 상호작용과 같은 이벤트 또는 행동에 초점을 맞춥니다. 우리가 CRM 마케팅을 실행할 때는 고객의 행동 데이터를 기반으로 타기팅을 설정하거나 특정 조건을 기준으로 메시지를 발송하게 됩니다. 때문에 이벤트 택소노미는 CRM 마케팅의 성과를 높일 수 있는 중요한 요소이며, CRM 마케터는 이벤트 택소노미를 이해하고 활용할 수 있어야 합니다.

다음에 이벤트 택소노미 예시를 표로 정리했습니다. 데이터 택소노미 개념을 이해했다면, 이벤트 택소노미는 쉽게 이해할 수 있습니다. CRM 마케터는 회사의 이벤트 택소노미를 잘 설계하고 활용하기 쉽게 표로 정리할 수 있어야 합니다. 이벤트 택소노미를 통해 보다 개인화된 CRM 마케팅 전략을 수립하여 성과를 개선할 수 있기 때문입니다.

▼ 이벤트 택소노미 예시

이벤트 카테고리	이벤트 타입	이벤트명	설명
페이지 방문	홈페이지 방문	Homepage_Visit	사용자가 홈페이지에 접속한 경우
페이지 방문	상품 상세 페이지 방문	Product_Detail_Page_Visit	사용자가 특정 상품의 상세 정보 페이지에 접속한 경우
검색	키워드 검색	Keyword_Search	사용자가 웹사이트 내에서 특정 키워드로 검색을 수행한 경우
장바구니	장바구니 추가	Add_to_Cart	사용자가 상품을 장바구니에 추가한 경우
장바구니	장바구니 삭제	Remove_from_Cart	사용자가 장바구니의 상품을 삭제한 경우
결제	구매 완료	Purchase_Complete	사용자가 결제를 완료하고 구매를 확정 진행한 경우

데이터의 구성: 이벤트와 프로퍼티(속성)

이벤트와 프로퍼티(속성)

CRM(Customer Relationship Management) 마케팅을 그대로 직역하면 고객 관계 관리 마케팅입니다. 기본적으로 CRM 마케팅은 고객과의 상호작용이 중요하며, 이를 정확하게 추적하고 이해할 수 있어야 합니다. CRM 마케팅에서는 상호작용 데이터, 즉 이벤트 데이터를 주로 활용합니다. 이벤트 데이터는 사용자의 행동과 상호작용을 기록한 정보로 구성되며, 이를 분석하여 개인화된 마케팅 전략을 수립하고 성과를 높일 수 있습니다. CRM 마케터가 이벤트 데이터를 잘 이해하고 활용하기 위해서는 '이벤트'와 '프로퍼티'라는 두 가지 개념을 이해할 필요가 있습니다.

먼저, 이벤트(event)란 무엇일까요? 앞서 설명한 것처럼 웹사이트나 앱에서 사용자가 취하는 특정 행동을 가리킵니다. 예를 들어, 사용자가 웹사이트에 로그인하거나 구매하기 버튼을 클릭하거나 상품을 장바구니에 추가하는 등의 동작은 모두 이벤트에 해당합니다. 이런 이벤트들은 사용자의 활동을 추적하고 기록함으로써 그들의 행동 패턴과 선호도를 파악하는 데 중요한 정보를 제공합니다.

다음으로, 프로퍼티(property)란 무엇일까요? 프로퍼티는 각각의 이벤트를 좀 더 세부적으로 설명하는 정보입니다. 예를 들어, '상품을 장바구니에 추가'라는 이벤트가 있다면 장바구니에 추가한 상품의 이름, 가격, 카테고리 등과 같은 추가 정보들이 프로퍼티가 될 수 있습니다. 프로퍼티는 특정 이벤트가 언제, 어디서, 어떻게 발생했는지에 대한 세부 정보를 담고 있습니다. 프로퍼티는 특정 이벤트와 연결되어 해석할 때 좋은 인사이트의 열쇠가 될 수 있습니다.

CRM 마케팅에서 이벤트와 프로퍼티 개념의 이해는 고객 이해를 통한 마케팅 효과 극대화에 필수적인 요소입니다. CRM 마케터가 이벤트와 프로퍼티 개념을 정확하게 이해하고 활용한다면 다음과 같은 가치를 창출할 수 있습니다.

1. **고객 인사이트 도출**: 고객의 행동 패턴과 선호도를 파악하여, 더욱 정교한 고객 인사이트를 도출할 수 있습니다. 이벤트 데이터는 사용자의 행동 및 상호작용을 실시간으로 추적하며, 프로퍼티는 해당 이벤트에 대한 세부 정보를 제공합니다. 이런 데이터 분석을 통해 고객의 관심사, 구매 패턴, 사용자 경험 등에 대한 깊은 이해를 얻을 수 있습니다.

2. **개인화 마케팅 전략 구축**: 분석된 고객 인사이트를 바탕으로 개인화된 메시지나 제안을 만들어 마케팅 응답률 및 전환율을 향상시킬 수 있습니다. 예를 들어, 특정 상품에 대한 클릭률이 높다면 그 상품에 관련된 마케팅 메시지를 보내거나 사용자가 자주 찾는 카테고리와 관련된 새로운 상품 정보나 할인 혜택 등을 알릴 수 있습니다.

3. **서비스 개선**: 반복되는 문제점 혹은 부정적인 사용자 경험의 접점 발견하여 서비스 개선 포인트를 도출할 수 있습니다. 예를 들어, 결제 단계에서 발생하는 이벤트(결제 취소 등)와 프로퍼티(결제 방식, 결제 시도 시간 등) 분석 결과로 결제 프로세스의 복잡성 등 문제점을 파악하고 이에 따른 서비스 개선 방안을 마련할 수 있습니다.

CRM 마케터는 이벤트와 프로퍼티를 통해 '사용자가 어떠한 상황에서 어떻게 반응하는지'(즉, 어떤 이벤트를 발생시켜서 어떻게 서비스를 활용하는지)를 파악할 수 있기 때문에 보다 세밀하고 개인화된 마케팅 전략을 수립할 수 있습니다. 결국 CRM 마케팅에서 이벤트와 프로퍼티는 고객의 행동과 니즈를 이해하고 그에 맞춘 마케팅 전략을 세우는 필수 요소입니다. 이 두 개념을 잘 이해하고 활용함으로써 고객 중심의 효과적인 마케팅 전략을 수립할 수 있습니다.

이벤트 데이터의 구성은 다음 그림으로 쉽게 이해할 수 있습니다. 이벤트는 사용자의 특정한 행동을 의미하며, 프로퍼티(속성)는 해당 이벤트가 가진 세부적인 데이터 항목입니다.

이벤트 데이터는 크게 '이벤트'와 '프로퍼티'로 구성

다음은 일반적으로 많이 사용하는 이벤트와 프로퍼티의 예시입니다. 다음 예시를 통해 우리 회사에서 수집해야 하는 이벤트와 프로퍼티를 정리하고, 개인화된 CRM 마케팅 전략을 구축할 수 있습니다.

▼ 이벤트와 속성(프로퍼티) 예시

이벤트 (Event)	속성 (Property)
상품 조회	조회한 상품의 이름, 카테고리, 가격 등
장바구니 추가	추가된 상품의 이름, 카테고리, 가격, 추가 시간 등
구매 완료	구매한 상품의 이름, 카테고리, 가격, 구매 수량, 결제 방식 등
홈 페이지 방문	방문 시간, 사용자 위치 정보 등
로그인 시도	사용자 아이디, 로그인 시도 시간 등
검색 실행	검색어 내용 및 검색 결과 개수 등
쿠폰 사용	쿠폰 종류 및 할인 금액 등
리뷰 작성	리뷰 내용 및 별점 정보 등
회원가입 완료	가입 경로 및 회원가입 날짜 정보 등
이메일 신청	신청한 이메일 주소 및 신청 날짜 정보 등

▼ 이벤트의 종류와 속성 예시

이벤트 분류(Category)	이벤트명(Event)	속성(Property)
조회 (View)	View_Product	• Product_id • Product_name • Product_desc • Product_price • Product_url
	View_Thumnail	• Product_id • Product_name • Thumnail_num
	View_Review	• Product_id • Product_name • Review_total

이벤트 분류(Category)	이벤트명(Event)	속성(Property)
스크롤 (Scroll)	Scroll_depth	• Page_url • Page_category • Page_slug • Page_url • Scroll_depth
클릭 (click)	Click_Option	• Product_id • Product_name • Product_desc • Product_price • Product_url • Option_id • Option_name • Option_Price
	Click_Add_to_cart	• Product_id • Product_name • Product_desc • Product_price • Product_url • Option_id • Option_name
	Click_Purchase_button	• Product_id • Product_name • Product_desc • Product_price • Product_url • Option_id • Option_name

프로퍼티의 키 값과 변수

프로퍼티(property)는 각각의 이벤트를 좀 더 세부적으로 설명하는 정보라고 했습니다. 사용자가 어떤 페이지를 본다면 해당 페이지의 제목과 설명, url 등의 프로퍼티를 가지는 것이고, 사용자가 상품을 구매한다면 해당 상품의 상품명, 상품ID, 설명, 가격, 할인금액 등의 프로퍼티를 가지는 것입니다. 우리는 이벤트와 프로퍼티를 통해 고객의 행동 데이터를 보다 정확하고 세밀하게 분석할 수 있습니다.

이벤트의 프로퍼티는 '키(Key)'와 '값(Value)'로 구성되어 있습니다.

- **키(Key):** 프로퍼티의 이름을 의미합니다. 예를 들어, '상품명', '가격', '카테고리' 등이 될 수 있습니다. 키는 일종의 변수 이름처럼 작동하여, 어떤 종류의 값을 저장할 것인지를 결정합니다. 웹사이트에서 사용자가 게시글을 작성하는 이벤트가 발생한다면 해당 이벤트에 대한 프로퍼티의 키(Key)들은 '게시글 제목', '게시글 내용', '작성 시간' 등이 될 수 있습니다.

- **값(Value):** 이는 해당 프로퍼티가 가지고 있는 실제 데이터를 의미합니다. 예를 들어, '상품명'이라는 키에 대응하는 값은 '청바지'일 수 있고, '가격'이라는 키에 대응하는 값은 '10,000원'일 수 있습니다. 위에서 언급한 게시글 작성 이벤트에서의 프로퍼티 값을 생각해보면, 만약 사용자가 '삼성 노트북 판매'라는 제목으로 게시글을 작성했다면 '게시글 제목' 키에 대응하는 값은 '삼성 노트북 판매'가 되며, 만약 그 게시글을 오전 10:30분에 작성했다면 '작성 시간' 키에 대응하는 값은 '오전 10:30'과 같이 될 것입니다.

따라서 이벤트가 발생할 때마다 관련된 프로퍼티(즉, 키와 그에 상응하는 값)도 함께 기록됩니다. 각각의 이벤트마다 다양한 형태와 내용의 프로퍼티들을 포함하므로 사용자의 활동 패턴과 선호도 등을 더욱 상세하게 파악할 수 있습니다. 이렇게 각 프로퍼티는 키(Key)와 값(Value)을 가지고 있기 때문에 CRM 마케터는 어떤 이벤트에 어떤 프로퍼티의 속성들이 존재하는지, 그리고 활용할 수 있는지 이해하는 것이 중요합니다.

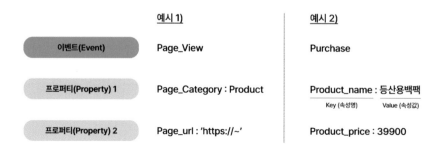

	예시 1)	예시 2)
이벤트(Event)	Page_View	Purchase
프로퍼티(Property) 1	Page_Category : Product	Product_name : 등산용백팩
		Key (속성명) Value (속성값)
프로퍼티(Property) 2	Page_url : 'https://~'	Product_price : 39900

'프로퍼티(property)'는 키와 값으로 구성

온라인 쇼핑몰에서 이루어지는 다양한 이벤트와 그에 따른 프로퍼티의 키와 값에 대해 설명하겠습니다. 특정 사용자가 상품을 클릭하는 이벤트를 발생시켰다면, 해당 이벤트는 '상품명'이라는 프로퍼티의 키(Key)와 '여름신상 원피스'라는 프로퍼티 값(Value)을 가질 수 있습니다. 이런 프로퍼티의 값은 {'상품명' : '여름신상 원피스'} 형태로 데이터베이스에 저장됩니다. 마찬가지로, 특정 사용자가 '상품 결제 완료'라는 이벤트를 발생시켰다면 어떤 프로퍼티를 가질 수 있을까요? 프로퍼티의 키(Key)로는 '구매 상품명', '상품 가격', '결제 방식' 등을 가질 수 있습니다. 각각의 프로퍼티 키(Key)는 '여름신상 원피스', '10,000원', '신용카드' 등의 프로퍼티 값(Value)을 가질 수 있습니다. 이는 데이터베이스에 {'구매 상품명' : '여름신상 원피스'}, {'상품 가격' : 10,000}, {'결제 방식' : '신용카드'}의 형태로 저장됩니다. 다음 표를 통해 추가로 온라인 쇼핑몰에서 발생하는 이벤트와 프로퍼티의 키와 값을 확인할 수 있습니다.

▼ 온라인 쇼핑몰의 이벤트와 프로퍼티 키와 값 예시

이벤트	프로퍼티의 키	프로퍼티의 값
상품 클릭	상품명, 클릭 시간	'여름 신상 원피스', '2024-01-01 12:00'
장바구니 추가	상품명, 가격, 추가 시간	'여름 신상 원피스', '10000', '2024-01-01 12:05'
결제 완료	구매 상품명, 가격, 구매 시간, 결제 방식	'여름 신상 원피스', '10000', '2024-01-01 12:15', '신용카드'
리뷰 작성	작성자 아이디, 리뷰 내용, 별점 , 작성일	"happyshopper123", "원단이 부드럽고 디자인도 예쁘네요.", 5, "2024-01-01"
로그인 시도	사용자 아이디, 로그인 시도 시간	"userid", "2024-01-01 09:30"
회원가입 완료	사용자 아이디, 가입 경로, 회원가입 날짜 정보 등	"userid", "구글 로그인", "2024-01-01"
검색 실행	검색어 내용 및 검색 결과 개수 등	"겨울 부츠", "120개"
쿠폰 사용	"쿠폰 종류 및 할인 금액 등"	"'신규회원 할인 쿠폰", "5000 할인"
이메일 신청	"신청한 이메일 주소 및 신청 날짜 정보 등"	"'user@email.com'", "'2024-01-01'"
배송 시작	"주문 번호, 배송 시작 날짜 등"	"#10001","2024-01-01'"

마케팅에 활용하는 이벤트 택소노미

마케팅 데이터는 궁금증에서 출발

왜 모두가 마케팅을 할 때 데이터가 중요하다고 말할까요? 단순히 데이터만 있다고 해서 마케팅 효과가 좋아지는 것도 아닌데 말입니다. 마케팅에서 데이터가 중요한 이유는 우리가 알고 싶어 하는 질문에 데이터가 답을 해줄 수 있기 때문입니다. 마케팅에는 정답이 없습니다. 그래서 마케팅을 잘하고 마케팅 효과를 높이기 위해서는 문제 상황을 해결하기 위해 다양한 가설을 세우고 검증해 나가야 합니다. 가설을 세우고 검증해 나가며 마케팅 효과를 극대화하기 위해서는 가설의 시작점인 궁금증과 질문이 중요합니다. 수수께끼를 풀 듯이 우리가 궁금해하는 것이 무엇인지 알아내고, 그것을 해결하기 위해 필요한 정보를 찾아내야 합니다. 궁금증에서 시작해서 질문을 구체화하고 답을 찾아 나가는 과정이 바로 마케팅 데이터 분석의 시작입니다.

예를 들어, '우리 상품을 가장 많이 구매하는 고객은 어떤 사람들일까?'라는 질문이 있다면 이에 대답하기 위해 구매 이력, 고객의 성별, 나이, 거주 지역 등과 같은 다양한 데이터가 필요합니다. 이런 데이터 중 고객의 행동을 파악할 수 있는 데이터는 각각의 이벤트와 그에 딸린 프로퍼티로 구성됩니다. 여기서 이벤트는 고객의 행동을 나타내며, 예시로는 상품 구매라는 행동이 있습니다. 그리고 프로퍼티(속성)는 해당 이벤트와 관련된 세부 정보를 나타내며, 예시로는 어떤 상품을 얼마에 구매했는지 등의 정보가 있습니다.

우리가 해결해야 하는 문제 혹은 궁금한 질문이 생겼나요? 마케팅 데이터를 활용해서 효과적인 마케팅 전략을 세우고 싶은가요? 그렇다면 우리가 필요한 데이터를 회사에서 이미 수집하고 있는지, 아니면 추가로 수집해야 하는지 확인해야 합니다. 만약 아직 수집하지 않고 있다면 어떻게 하면 그러한 데이터를 정확하게 수집할 수 있는지 고민해야 합니다. 결국 마케팅 데이터 분석은 우리가 알고 싶어 하는 질문에서 출발하여, 그 질문에 대답할 수 있는 적절한 데이터를 찾아내고 분석하여 인사이트를 도출하는 과정입니다. 이렇게 데이터를 깊게 파나가다 보면 숨겨진 패턴과 인사이트를 발견하게 되고, 이는 곧 마케팅 전략을 세우는 데 큰 도움이 됩니다.

이벤트 택소노미를 작성하기 전에 고민해야 할 4가지

1. 마케팅 성과를 높이기 위해서 무엇이 궁금한지?

2. 궁금한 것을 해결하기 위해서 어떤 데이터가 필요한지?

3. 필요한 데이터를 구성하는 이벤트와 프로퍼티는 무엇인지?

4. 현재 필요한 데이터를 수집하고 있는지? 아니면 수집해야 하는지?

이벤트 데이터 택소노미 작성 방법

데이터 택소노미는 데이터의 구조와 관계를 체계적으로 정리한 것을 말합니다. 데이터 택소노미는 '활용할 수 있는 데이터를 약속된 규칙을 통해 잘 분류하고 정의하여 정리한 체계 또는 자료나 문서'라고 할 수 있습니다. 데이터를 쉽게 찾고 분석하며 정보를 추출하고 활용하기 위해 데이터 택소노미를 작성합니다. 이것은 마치 도서관에서 책을 찾기 위해 책 제목, 저자, 장르 등 다양한 정보를 정리하고 분류하는 것과 비슷합니다. 마케팅 데이터도 이와 같이 체계적으로 수집하고 정리하면 우리가 원하는 정보를 더욱 빠르고 쉽게 찾아낼 수 있습니다.

그렇다면 어떻게 데이터 택소노미를 작성할 수 있을까요? 데이터 택소노미는 데이터의 분류와 표준화가 중요합니다. 어떤 기준으로 데이터를 분류할 것인지, 데이터를 어떤 형식으로 표준화할 것인지를 잘 정해야 합니다. 데이터 택소노미의 목적이 데이터를 체계적으로 수집하고 정리하여 쉽게 활용하기 위함이기 때문입니다. 그래서 데이터 택소노미는 엑셀이나 구글 스프레드시트 또는 협업 솔루션의 표 형태로 관리하는 것이 좋습니다. 데이터 택소노미를 정리한다면 누구나 쉽게 접근하고 이해할 수 있는 표 형태로 작성하는 것을 추천합니다. 데이터 택소노미는 크게 3단계로 작성할 수 있습니다. 여기서는 엑셀의 표 형태로 설명하겠습니다.

1단계: 이벤트 택소노미 열 항목 정하기

엑셀 시트에 데이터 택소노미를 정리하는 표를 만든다고 생각합시다. 먼저, 엑셀의 열 항목에 '이벤트 카테고리', '이벤트명', '설명', '프로퍼티 키(Key)', '프로퍼티 값(Value)'을 입력합니다. 이벤트 데이터를 체계적으로 분류하기 위해서는 카테고리와 이름, 그리고 프로퍼티의 키와 값을 모두 표 형태로 정리하는 것이 유용합니다. 예를 들어, 사용자가 상품을 조회할 때 발생하는 '상품 조회'라는 이벤트가 있습니다. 이벤트 카테고리는

'조회(View)', 이벤트명은 '상품조회(Product_Detail_View)', 설명에는 '사용자가 상품을 조회할 때 발생하는 이벤트', 프로퍼티 키(Key)는 '상품명', 프로퍼티 값(Value)은 '하늘색 청바지'와 같이 정리할 수 있습니다.

▼ 이벤트 택소노미 열 항목 예시

이벤트 카테고리	이벤트명	설명	프로퍼티 키(Key)	프로퍼티 값(Value)

2단계: 이벤트 카테고리, 이벤트명, 설명 입력하기

엑셀 시트에 이벤트 택소노미 작성을 위한 열 항목을 다 입력하셨나요? 그렇다면 우리가 수집하고 있거나 수집이 필요한 이벤트명을 입력할 차례입니다. 우리가 상품을 구매할 때 각각의 상품이 카테고리로 묶이듯이, 각각의 이벤트도 공통된 카테고리를 가집니다. 예를 들어, '조회'라는 이벤트 카테고리에 '페이지 조회', '상품 조회', '마이페이지 조회' 등이 속할 수 있습니다. 효과적인 마케팅 전략을 세우기 위해서 필요한 데이터가 무엇인지를 생각했다면, 그 데이터들을 어떻게 분류할지를 정리하는 단계입니다. 이벤트 카테고리, 이벤트명, 설명은 다음 표와 같이 정리할 수 있습니다.

▼ 이벤트 카테고리, 이벤트명, 설명 입력 예시

이벤트 카테고리	이벤트명	설명	프로퍼티 키(Key)	프로퍼티 값(Value)
조회 (View)	페이지 조회 (Page_View)	사용자가 특정 페이지를 조회할 때 발생		
	상품 조회 (Product_Detail_View)	사용자가 특정 상품 페이지를 조회할 때 발생		
가입 (Signed_Up)	가입(Signed_Up)	신규 사용자의 회원가입 완료 시 발생		
장바구니 (Add_To_Cart)	장바구니 (Add_To_Cart)	사용자가 상품을 장바구니에 추가		
	장바구니 (Delete_From_Cart)	사용자가 상품을 장바구니에서 제거		
구매 (Purchase)	결제 시작 (Initiate_Purchase)	사용자가 결제 단계 진입 시 발생		
	구매 완료 (Purchase_Complete)	사용자가 결제 완료 시 발생		

3단계: 이벤트 프로퍼티(속성) 입력하기

마지막으로 해당 이벤트가 발생할 때 함께 수집될 수 있는 세부 정보인 프로퍼티(예: 상품 이름, 가격)들을 '프로퍼티 키(Key)와 값(Value)'에 입력합니다. 만약 '장바구니 담기' 이벤트가 발생했다면 해당 이벤트에서 함께 보고 싶은 구체적인 정보를 프로퍼티로 지정하고 관리합니다. 사용자가 장바구니에 담은 상품이 무엇인지, 해당 상품의 가격이 얼마인지 등을 알 수 있다면 개인화된 마케팅 전략을 세우는 데 큰 도움이 됩니다. 이벤트별로 우리가 보고 싶은 프로퍼티(속성)가 없을 가능성이 높기 때문에 보고 싶은 모든 항목을 정리하고, 이를 데이터 엔지니어와 같은 개발자와 논의해 봐야 합니다. 다음은 이벤트의 프로퍼티(속성)까지 모두 입력한 표의 예시입니다.

▼ 이벤트 프로퍼티(속성) 입력 예시

이벤트 카테고리	이벤트명	설명	프로퍼티 키(Key)	프로퍼티 값(Value)
조회 (View)	페이지 조회 (Page_View)	사용자가 특정 페이지를 조회할 때 발생	페이지명, 페이지 url	'이벤트페이지', 'https://~'
	상품 조회 (Product_Detail_View)	사용자가 특정 상품 페이지를 조회할 때 발생	상품명, 가격, url	'하늘색 청바지', '₩30000', 'https://~'
가입 (Signed_Up)	가입 시작 (Signup_Start)	신규 사용자의 회원가입 시작 시 발생	가입 방법	'구글계정'
	가입 완료 (Signup_Complete)	신규 사용자의 회원가입 완료 시 발생	유저 아이디, 가입 방법, 가입날짜	'userid', '구글계정', '2024-01-01'
장바구니 (Add_To_Cart)	장바구니 담기 (Add_To_Cart)	사용자가 상품을 장바구니에 추가	상품명, 가격	'하늘색 청바지', '₩30000'
	장바구니 제거 (Delete_From_Cart)	사용자가 상품을 장바구니에서 제거	상품명, 가격	'하늘색 청바지', '₩30000'
구매 (Purchase)	결제 시작 (Initiate_Purchase)	사용자가 결제 단계 진입 시 발생	상품명, 가격	'하늘색 청바지', '₩30000'
	구매 완료 (Purchase_Complete)	사용자가 결제 완료 시 발생	상품명, 가격, 할인, 결제수단	'하늘색 청바지', '₩30000', '₩5000', '신용카드'

이벤트 택소노미를 표 형태로 작성하는 방법을 알아보았습니다. 이렇게 표 형태로 이벤트 데이터를 정리해 두면 CRM 마케팅에 어떤 데이터를 활용할 수 있는지, 어떤 데이터를 추

가로 수집해야 하는지 한눈에 파악할 수 있습니다. 이벤트 택소노미를 통해 수집되는 데이터가 체계적으로 관리될 수 있다면 보다 효과적인 CRM 마케팅 전략을 세울 수 있습니다. 특정 상품을 조회한 회원 대상으로 메시지를 보내거나 특정 카테고리 상품을 2회 이상 장바구니에 담은 회원 대상으로 할인 쿠폰을 지급할 수도 있습니다. 이렇게 구체적이고 개인화된 CRM 마케팅을 설계하기 위해서는 이벤트 택소노미를 잘 정리해 두는 것이 좋습니다.

이벤트 택소노미 활용 방법

이벤트 택소노미를 작성하는 것은 효과적인 CRM 마케팅 전략을 기획하기 위한 첫 단추입니다. 이벤트 택소노미를 잘 활용하면 고객의 행동 패턴을 이해하고, 그에 맞춘 개인화된 CRM 마케팅 전략을 세우는 데 도움을 받을 수 있습니다. 이벤트 택소노미가 없어도 CRM 마케팅을 실행할 수는 있지만 개인화된 마케팅 전략을 세우기는 어렵습니다. 체계적으로 정리된 이벤트 택소노미를 참고한다면 데이터 기반으로 타기팅, 개인화 메시지, 고객 경로 최적화, 재구매 유도 등의 CRM 마케팅 전략을 수립하는 데 큰 도움을 받을 수 있습니다. 따라서 CRM 마케터는 이벤트 택소노미를 정리할 수 있어야 하며, 이를 적극적으로 활용하여 마케팅 전략을 수립할 수 있어야 합니다.

1. 타기팅과 세분화

   이벤트 택소노미를 사용하여 고객들의 행동 패턴과 선호도를 파악할 수 있습니다. 예를 들어, 상품 클릭이라는 이벤트와 관련된 프로퍼티 정보(상품 카테고리, 클릭 시간 등)를 분석하여 어떤 상품에 대한 관심이 높은지, 어느 시간대에 활동이 많은지 등을 알아낼 수 있습니다. 이러한 정보는 고객 세분화에 큰 도움이 되며, 각 세분화된 그룹별로 적절한 타기팅 전략을 수립할 수 있게 합니다. A라는 상품을 장바구니에 담은 고객과 그렇지 않은 고객, 2개 이상의 카테고리 상품을 구매하는 사람과 1개의 카테고리에서만 상품을 구매하는 고객 등으로 타깃을 세분화할 수 있습니다.

2. 개인화된 마케팅 메시지

   이벤트 택소노미를 통해 정리된 데이터를 분석하여 얻은 인사이트를 바탕으로 개인화된 마케팅 메시지나 콘텐츠를 생산할 수 있습니다. 예를 들어, 고객 A가 장바구니 추가라는 이벤트로 여러 번 스포츠 용품을 장바구니에 담았다면 해당 고객에게 스포츠 용품 할인 쿠폰 또는 신규 스포츠 용품 소식 등이 개인화된 메시지를 보내는 것입니다. 우리는 이벤트 택소노미에 정리된 이벤트와 프로퍼티를 기준으로 고객 데이터를 분석하여 CRM 메시지 대상자와 내용을 수월하게 기획할 수 있습니다.

3. 고객 경로 최적화

　이벤트 택소노미는 고객의 전체적인 온라인 행동 경로(유저 접속부터 구매까지의 경로)를 추적하는 데도
활용됩니다. 예를 들어, 어떤 광고 채널에서 유효한 클릭이 발생했으나 결국 구매 행위까지 이어지지 않
았다면 중간에 어떤 이벤트(예: 상품 상세 페이지 조회, 장바구니 추가 등)에서 문제가 발생했는지 파악할
수 있습니다. 이를 통해 해당 경로를 최적화하거나 문제 해결을 위한 개선 전략을 세울 수 있습니다.

4. 재구매 유도

　구매 완료라는 이벤트와 관련된 프로퍼티 정보를 분석하여 고객의 재구매 가능성을 예측하고, 재구매를
유도하는 전략을 세울 수 있습니다. 예를 들어, 고객이 주로 어떤 상품을 구매했는지, 구매후기나 별점은
어땠는지 등의 정보를 통해 다음 구매에 대한 추천 상품이나 할인 쿠폰 등의 개인화된 메시지를 제공하는
것입니다.

CRM 마케팅은 데이터 의존도가 높습니다. 다르게 말하면 데이터를 통해 성과를 극대화하
는 것이 가능합니다. CRM 마케팅에 데이터를 활용하기 위해서는 이벤트 택소노미를 잘
정리할 수 있어야 합니다. 고객의 행동 데이터를 체계적으로 수집하고 관리하는 이벤트 택
소노미를 통해 효과적인 CRM 마케팅 전략을 수립할 수 있습니다. CRM 마케터가 이벤트
택소노미 개념을 이해하고 이를 잘 활용할 수 있다면 개인화된 마케팅 전략을 수립할 때
큰 도움을 받을 수 있습니다. 여러분의 회사에서 마케팅에 활용할 수 있는 데이터를 이벤
트 택소노미로 정리해 보고, 추가로 필요한 이벤트 데이터를 개발자와 논의하여 수집해 보
기를 추천합니다.

3.3 | CRM 자동화 실현 가능한 인프라 구축

CRM 마케팅 인프라: CRM 솔루션

　실제로 CRM이라는 개념이 처음 널리 사용된 것은 최근이 아닙니다. 1990년 후반 공급
이 수요보다 부족했을 때는 많이 생산하여 많이 판매하는 '규모의 경제' 중심이었습니다.
그러나 이제 수요보다 공급이 넘치게 되어 넘치는 공급을 부족한 수요에 맞춰 고객들에
게 판매해야 하는 '고객 중심 경제'로 넘어가게 되었습니다. 그래서 더이상 생산에만 몰두

하는 것이 아닌 고객의 마음을 알고 판매하는 것이 중요해졌습니다. 이와 맞물려 CRM 솔루션인 세일즈포스(Salesforce)가 1999년에 출시되며 인터넷이 널리 보급되던 시기에 SaaS(Software-as-a-Service)라는 새로운 모델을 통해 소프트웨어를 제공하여 값비싼 초기 비용과 유지 관리 비용을 달성하고 시스템 구현 시간을 줄였습니다. 세일즈포스는 인터넷 기반 소프트웨어 도입에 널리 성공했으며 2000년대를 지배했습니다. 그런데 당시만 하더라도 SaaS를 전사적으로 도입하고 직원들을 교육하는 데 적지 않은 돈이 들었고, 마케팅 관점보다는 고객 데이터를 수집하는 IT 기술적인 부분으로 접근했습니다. 그래서 CRM이 현재처럼 대기업뿐만 아니라 스타트업까지 접근할 수 있을 만큼 대중화되지 못했습니다.

그러나 현재는 세일즈포스 외에도 해외 CRM 솔루션인 Braze, Insider, 그리고 국내의 빅인, 디파이너리 등 많은 CRM 솔루션이 2000년대 초반 대비 많으면 약 100배 더 저렴하게 공급되고 있습니다. 심지어 별도의 솔루션 비용이 들지 않는 무료 CRM 솔루션도 있습니다. 또한 기술의 발달로 고객 데이터를 연동하는 것이 훨씬 더 빠르고 쉬워졌기 때문에 상대적으로 자본금이 적은 스타트업도 개인화된 CRM 마케팅 자동화를 구현할 수 있습니다.

CRM 마케팅 자동화를 효과적으로 구현하기 위해서는 먼저 수집할 데이터의 종류를 정하고, 이를 적재하고 활용할 수 있는 적합한 솔루션을 선택하는 것이 중요합니다. CRM 솔루션을 활용하면 고객 데이터를 수집하고, 이 데이터를 기반으로 고객을 그룹화하여 맞춤형 타기팅이 가능합니다. 이러한 타깃 그룹을 바탕으로 캠페인을 실행하고, 캠페인 성과를 분석하여 지속적으로 최적화함으로써 개인화된 CRM 마케팅 시나리오를 자동화할 수 있습니다.

CRM 솔루션을 통한 메시지 자동화는 구매 이력, 행동 데이터, 인구통계학적 정보 등 다양한 데이터를 통합하여 고객을 세분화하고, 이 세분화된 고객에게 맞춤형 캠페인을 실행하는 과정입니다. 실행된 캠페인의 성과 데이터를 분석하고 이를 반영하여 다음 캠페인을 개선하는 선순환 구조가 형성됩니다. 이 과정을 반복하면서 CRM 마케팅 자동화 프로세스가 더욱 정교해지며, 점점 더 개인화된 메시지를 자동으로 제공할 수 있게 됩니다.

CRM 솔루션을 통한 메시지 자동화 프로세스

CRM 솔루션의 데이터 수집부터 실제 캠페인 실행까지의 과정이 담긴 구조도

현재 국내외 다양한 CRM 솔루션이 나와있습니다. 하나씩 살펴보겠습니다.

Braze

CRM 솔루션하면 세일즈포스와 함께 가장 대표적으로 떠오르는 솔루션입니다. Braze는 유저 행동에 따라 세그먼트를 구분, 다양한 채널과 플랫폼에서 개인화된 메시지를 자동으로 발송할 수 있습니다. CRM 솔루션의 핵심 기능은 1) 사용자 그룹화를 통한 개인화 모수 생성과 2) 자동화 시나리오 구현입니다. Braze의 해당 기능에 대해 살펴보겠습니다.

1. 사용자 그룹화를 통한 개인화 모수 생성

    Braze는 Segment Extension을 통해 수집된 이벤트와 이벤트 프로퍼티 등을 활용하여 다양한 타깃을 생성할 수 있습니다. Braze의 Segment Extensions으로 이벤트와 프로퍼티를 다양한 조합으로 설정하여 캠페인 대상을 위한 사용자를 그룹화하고 이를 개인화 캠페인에 활용할 수 있습니다.

Braze의 Segment Extensions 기능

2. 자동화 시나리오

Braze는 Canvas 기능을 통해 고객 여정에 따른 경로마다 최적의 CRM 메시지를 발송합니다. Canvas 기능으로 고객의 행동 경로에 따라 조건을 설정하여 CRM 캠페인을 설정할 수 있으며 Canvas 단위로 성과를 측정할 수 있습니다.

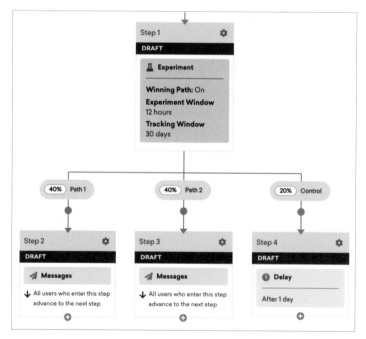

Braze의 Canvas 기능

Braze의 국내 리셀러인 AB180에서는 Braze를 통한 성공 사례와 기능 활용법 등의 다양한 콘텐츠를 제
공합니다.

Braze의 국내 리셀러 AB180 (출처: AB180블로그)

또한 Braze의 또 다른 국내 리셀러인 맥소노미에서도 Braze에서 발행하는 콘텐츠를 번역하여 개인화 마
케팅, 오케스트레이션 등 CRM 마케팅에 필요한 정보와 최신 동향을 제공하고 있습니다.

Braze의 또 다른 국내 리셀러 맥소노미 (출처: 맥소노미 블로그)

세일즈포스(Salesforce)

세일즈포스는 세계적으로 가장 큰 클라우드 기반의 CRM 플랫폼으로 마케팅 솔루션보다
는 고객 데이터 관리를 위한 CRM으로 출발한 솔루션입니다.1999년에 설립되어 현재까지
지속적으로 성장하며 CRM 시장을 선도하고 있습니다. 세일즈포스 또한 고객을 세그먼트에
따라 그룹화하여 자동화된 메시지를 발송하여 CRM 마케팅 솔루션으로 활용 가능합니다.

1. 사용자 그룹화를 통한 개인화 모수 생성

   세일즈포스에는 사용자를 그룹화하는 다양한 방법이 존재합니다. 그중 Marketing Cloud에서는 Data
   extension을 통해 수집된 이벤트와 이벤트 프로퍼티 등을 활용하여 다양한 타깃을 생성할 수 있습니다.

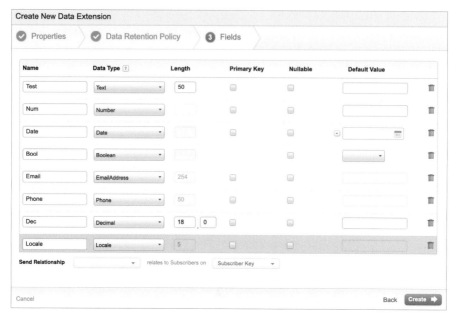

세일즈포스의 Marketing Cloud로 캠페인 대상을 위한 사용자 그룹화

2. 자동화 시나리오

세일즈포스의 Marketing Cloud의 Journey Builder를 통해 고객 여정에 따른 경로마다 최적의 CRM 메
시지를 발송합니다.

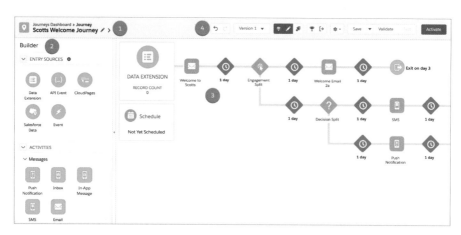

Marketing Cloud의 Journey Builder 기능

세일즈포스 역시 블로그에서 다양한 사용 방법과 성공 사례를 확인할 수 있습니다.

다양한 세일즈포스의 사용 방법과 성공 사례 (출처: 세일즈포스 블로그)

또한 세일즈포스는 Trailhead라는 자체 세일즈포스 교육 플랫폼을 통해 세일즈포스에 대해 교육받을 수 있습니다.

자체 세일즈포스 교육 플랫폼 Trailhead (출처: Trailhead)

빅인

빅인은 주로 중소규모 기업을 대상으로 하는 CRM 솔루션입니다. 국내 솔루션으로, 해외 솔루션 대비 원활한 개발 및 사용 소통이 가능하며 개별로 이벤트 택소노미를 구성하지 않고, 빅인이 자체적으로 가지고 있는 이벤트를 활용하기 때문에 세일즈포스, Braze에 비하여 이벤트 연동이 쉽습니다. 다만 2023년 기준 앱 서비스가 아닌 웹 서비스만 지원하고 있습니다.

빅인은 Braze의 Canvas와 같이 고객 여정에 따라 캠페인을 설정하는 기능은 지원하지 않습니다. 각 캠페인에 빅인에서 설정되어 있는 이벤트와 이벤트 프로퍼티 조건에 맞춰 타깃과 채널을 생성할 수 있습니다.

1. 목표 타깃 설정

빅인의 타깃 설정 기능

2. 캠페인 콘텐츠 설정

   빅인의 블로그를 방문하면 고객의 성공 사례뿐만 아니라 CRM 마케팅에 참고하기 좋은 양질의 콘텐츠를 확인할 수 있습니다. CRM 마케팅을 처음 시작하는 분이라면 빅인의 블로그 콘텐츠를 모두 확인해보는 것을 추천합니다.

CRM 마케팅을 위한 필수 지침서 (2)심화편
우리에게 필요한 고객의 행동을 효과적으로 유도하는 방법에 대하여
2023.02.14 지식 콘텐츠

CRM 마케팅을 위한 필수 지침서 (1)기본편
CRM 마케팅의 주요 지표와 고객 분류 시 주의점에 대하여
2023.02.09 지식 콘텐츠

빅인과 함께하는 디지털 마케팅 마스터 챌린지 제2탄
상품 중심으로 퍼널을 분석하면 보이는 인사이트
2023.01.30 지식 콘텐츠

CRM 마케팅의 기본 개념부터 빅인 솔루션 활용 방법까지 다양한 콘텐츠로 구성된 빅인 블로그 (출처: 빅인 블로그)

디파이너리

디파이너리도 빅인과 같은 국내 솔루션입니다. 디파이너리는 CRM 솔루션이기도 하지만, 동시에 CDP 솔루션이기 때문에 고객의 행동 데이터를 수집 및 분석하고 이를 개인화 마케팅에 활용할 수 있습니다.

> 📄 **CDP란?**
>
> CDP는 'Customer Data Platform'의 약어로, 고객 데이터 플랫폼을 의미합니다. CDP는 기업이 다양한 소스에서 수집한 고객 데이터를 통합, 관리, 분석하는 데 사용되는 소프트웨어 도구입니다.

1. **사용자 그룹화를 통한 개인화 모수 생성**

   디파이너리는 Audience Studio 기능을 활용하여 수집된 이벤트와 이벤트 프로퍼티 등을 활용하여 다양한 타깃을 생성할 수 있습니다.

디파이너리의 Audience Studio 기능

2. **자동화 시나리오**

   디파이너리는 Growth Action 기능을 활용하여 고객 여정에 따른 경로마다 최적의 CRM 메시지를 발송합니다.

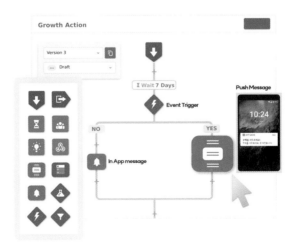

디파이너리의 Growth Action 기능

지금까지 소개한 솔루션 외에도 그루비, 스냅푸시 등 빅인과 같이 맞춤 이벤트를 형성하지는 못하지만 자체 정의된 이벤트로 데이터를 연동하여 다양한 CRM 시나리오를 구현할 수 있는 국내 CRM 솔루션이 존재합니다.

현재 국내에서 사용되는 CRM 솔루션 몇 가지를 소개하고 각 솔루션의 특징을 비교해 보겠습니다.

▼ 국내외 CRM 솔루션 기능 비교

솔루션	가능 도메인	커스텀 이벤트	국내/해외
Braze	앱/웹	가능	해외
Salesforce	앱/웹	가능	해외
빅인	웹	불가	국내
디파이너리	앱/웹	가능	국내
그루비	앱/웹	불가	국내
스냅푸시	웹	불가	국내

솔루션 비용은 보통 MAU(월간 활성사용자 수) 혹은 연동 이벤트 수에 따라 결정되므로 서비스마다 상이할 수 있습니다. 그러나 보통 해외 솔루션보다 국내 솔루션이 더 저렴합니다. 커스텀 이벤트의 경우 이벤트 택소노미를 바탕으로 이벤트와 이벤트 프로퍼티를 구성하여 원하는 대로 이벤트를 구성할 수 있는 것을 뜻합니다. 커스텀 이벤트가 불가능한 빅인, 그루비, 스냅푸시의 경우 주로 쇼핑몰에서 사용하는 페이지뷰, 장바구니 담기, 결제 완료, 회원가입 등의 자체 이벤트가 있습니다. 쇼핑몰 서비스라면 자체 이벤트만으로 CRM 시나리오를 구성하는 데 크게 문제가 되지 않을 수 있습니다.

하지만 모빌리티 서비스 등에서 예를 들어 '회원이 차량을 예약했을 때 알림톡을 보낸다.'와 같은 CRM 액션을 진행하고 싶을 때는 커스텀 이벤트가 필요할 수 있습니다.

"회원이 차량을 예약했을 때 알림톡을 보낸다."

발송 대상: 서비스 회원

이벤트: 차량 예약

메시지 채널: 알림톡

예시의 모빌리티 서비스의 경우 차량 예약이라는 커스텀 이벤트가 있어야 자동화된 알림톡을 발송할 수 있습니다. 이처럼 본인의 서비스가 쇼핑몰이 아니라면 커스텀 이벤트가 가능한 CRM 솔루션을 도입하는 것을 추천합니다. 서비스가 앱인지 웹인지도 솔루션을 선택하는 데 중요한 요소입니다. 자사 서비스가 앱이라면 빅인과 스냅푸시로는 자동화 시나리오 구현이 어렵습니다.

또 하나 크게 나뉘는 것이 국내/해외 서비스입니다. 해외 솔루션은 전 세계적으로 이용하는 것이기 때문에 다양한 정보를 얻을 수 있다는 장점이 있지만, 개발 지원이나 업무 소통이 원활하지 않을 가능성이 국내 솔루션에 비해 크다는 단점이 있습니다. 반면 국내 솔루션은 CRM 솔루션을 지원하는 포지션인 CSM을 통한 원활한 소통이 가능하며, 필요한 기능에 대한 개발 대응도 유연한 편입니다.

다음은 가장 민감한 사안인 가격과 기능에 대한 포지셔닝 맵입니다.

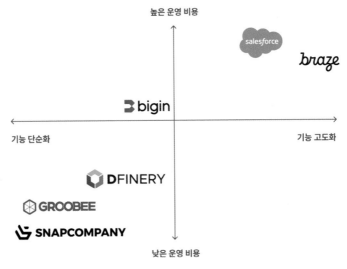

국내외 CRM 솔루션의 특장점을 요약한 포지셔닝 맵

주로 운영 비용이 높을수록 기능이 고도화되어 있습니다. 기능이 고도화될수록 좀 더 세분화된 개인화가 가능하며, 고객 여정에 따른 촘촘한 시나리오 구성이 가능합니다. 또한 AI를 통한 상품 추천이나 발송 시간 설정, AB TEST를 통한 성과 최적화도 가능합니다. 다만 기능이 고도화됨에 따라 그만큼 많은 기능이 있고 마케터가 기능을 다 파악하고 활용하는 데 어려움이 있을 수 있습니다. 구현하려는 CRM 시나리오의 복잡성과 발송하려는 타깃의 개인화 정도에 따라 적절한 솔루션으로 선택해야 합니다.

CRM 솔루션을 결정할 때는 서비스에서 구현해야 하는 이벤트가 무엇이 있는지 택소노미를 통해 정의하고, 사용자 여정에 따라 자동화할 CRM 시나리오를 구현합니다. 그런 다음 솔루션사와의 미팅을 통해 해당 택소노미와 시나리오를 구현할 수 있는지 여부를 확인하고 합리적인 가격 비교 후에 결정하기 바랍니다.

CRM 마케팅 인프라: 채널

어떤 솔루션을 사용할지 결정했다면 각 시나리오에 어떤 채널을 활용할 것인지 결정해야 합니다. CRM 시나리오는 적절한 시기와 적절한 채널을 통해 발송돼야 합니다.

CRM 발송 채널을 다양화할수록 성과가 향상됩니다. 다채널 메시지 발송을 통해 고객이 느끼는 피로도가 줄어들고 다양한 채널로 유입될 수 있는 기회를 놓치지 않을 수 있기 때문입니다. Braze의 2022 Cross-Channel Marketing 보고서에 따르면 이메일 혹은 SMS 등 CRM 메시지를 받은 고객의 참여도는 그렇지 않은 고객보다 179% 높다고 합니다. 여기서 하나의 단일 채널 메시지가 아닌 여러 채널의 메시지를 수신한 고객들은 메시지를 수신하지 않은 고객보다 참여도가 최대 855% 증가한다고 합니다. 성과 향상을 위해서는 각 CRM 시나리오별로 다양한 채널을 활용한 메시지를 설계해야 합니다.

179%   855%

CRM 메시지 받지 않은 고객 ←→ 단일 채널 CRM 메시지 받은 고객   다채널 CRM 메시지 받은 고객

CRM 메시지 수신 여부와 채널 수에 따른 고객 참여도 (출처: Braze)

다양한 채널 CRM 메시지를 보내기 위해 CRM 메시지 발송 채널의 종류와 특성에 대해 알아보겠습니다. 우선 CRM 채널은 온사이트와 오프사이트로 나뉩니다. 온사이트 마케팅은 사용자들이 서비스 내부(on site)에 유입됐을 때 노출되는 마케팅입니다. 오프사이트 마케팅은 서비스 외부(off site)에 있는 사용자들에게 노출되는 마케팅입니다.

온사이트 CRM 채널

인앱/웹 메시지

인앱/웹 메시지는 앱 혹은 웹 내에서 사용자에게 전달되는 메시지를 의미합니다. 사용자가 서비스를 이용하면서 나타나는 팝업, 배너, 알림 등을 통해 특정 정보, 프로모션, 알림 등을 전달하는 것을 말합니다. 인앱/웹 메시지는 다양한 형태로 디자인 및 노출이 가능합니다. 풀스크린, 모달, 스티키 바 등의 형태가 있으며 자세한 내용은 다음과 같습니다.

풀스크린

풀스크린은 모바일 화면 전체를 차지하는 형태의 인앱/웹 메시지를 의미합니다. 넓은 공간을 활용하여 다양한 메시지를 전달할 수 있다는 장점이 있지만, 기존 페이지 전체를 가리는 문제로 인해 사용자 경험에 부정적인 영향을 미칠 수 있습니다. 따라서 지나치게 빈번하게 사용하지 않도록 주의해야 합니다.

풀스크린 예시 화면 (출처: 스타벅스)

모달

모달은 하단, 상단 또는 가운데 화면에 인앱/웹 메시지를 나타내는 방식을 의미합니다. 요즘 가장 빈번하게 사용되는 형태 중 하나이며, 화면에 나타나면서 슬라이드되거나 다양한 액션을 통해 사용자의 주목을 끌어냅니다. 예를 들어, 상세 페이지에서 20% 이상을 스크롤한 경우나 상세 페이지에 진입한 후 1분이 지난 후 등의 조건을 설정하여 사용자가 주로 이탈하는 시점에 맞춰 노출하여 이탈을 예방할 수 있습니다.

모달 예시 화면 (출처: 브랜디/메디큐브/세리박스)

스티키 바

스티키 바는 상단이나 하단에 적은 지면으로 나타낼 수 있습니다. 주로 모달과 풀스크린에 노출되었으나 구매 전환되지 않은 사용자에게 지속적으로 노출시킬 수 있습니다. 이로써 구매를 계속 유도하는 데 도움을 주며, 동시에 한 페이지에서 너무 많은 정보를 제공하여 사용자의 피로도를 높이고 싶지 않을 때 자주 활용됩니다.

스티키 바 예시 화면 (출처: 리얼클래스/메디테라피)

오프사이트 CRM 채널

오프사이트 마케팅은 서비스 외부에 있는 사용자들에게 노출되는 마케팅으로, 이메일, 카카오비즈니스 친구톡/알림톡, 문제 메시지, 앱푸시가 이에 해당합니다.

1. 이메일

이메일 마케팅은 B2C보다는 B2B 마케팅에 주로 활용됩니다. 금액이 매우 저렴하며, 많은 내용을 담을 수 있다는 장점이 있습니다. 다양한 이메일 마케팅의 종류를 알아보겠습니다.

이메일 – 환영 이메일

환영 이메일은 고객이 서비스를 가입하는 것을 환영하여 긍정적인 첫인상을 남길 수 있습니다. 또한 서비스에 가입했지만 아직 전환되지 않은 사용자에게 전환을 유도할 수 있습니다. 하지만 환영 이메일에서 처음부터 제품이나 프로모션 등 직접적인 구매 전환을 유도하는 것보다는 처음 만난 사이에는 자기소개로 시작하듯이 먼저 기업의 정보를 제공하는 것을 추천합니다. 긍정적인 첫인사는 고객과 장기적인 관계를 구축하는 데 더 유리하게 작용할 수 있습니다.

🔖 캐릿에서 주문하신 트렌드 배송이 시작되었습니다.

반가워요, 구독자님!
캐릿 트렌드 레터를 구독해주셔서 감사드립니다.
캐릿은 발 빠른 배송을 위해 늘 최신을 다하겠습니다.

📦 트렌드 배송 관련 정보

☑ 배송일
매주 화요일, 이주의 신선한 트렌드가 배송됩니다.

☑ 배송 품목
요즘 유행하는 거
요즘 친구들이 좋아하는 거
근데 이걸 대체 왜 좋아하는 걸까 궁금했던 거
예를 들어, 이런 거!

우리 팀 막내는 잡무 시키는 걸 진짜 싫어할까?
'토스'가 고객 데이터로 분석한 10대의 경제생활
롯데리아 vs 버거킹! 호평받은 온라인 마케팅 사례

캐릿의 환영 이메일 (출처: 캐릿)

반가워! 너는 언제 오는 거야?
고슴이와 뉴닉 팀은 월화수목금 매일 아침, 꼭 알아야 할 소식을 들고 찾아올 거예요. 읽고 재밌는 레터를 쓱- 읽고 나면 이렇게 외칠지도: "아, 이러다 오늘도 유식하겠는데?"

뉴닉 콘텐츠, 한 숟가락 맛보기 되나요?
여러 가지 골고루 맛보시라고, 뉴닉 데일리 콘텐츠 5개 준비했어요 🍴. 한번 맛보고 나면, 고슴이 오는 날을 목 빠지게 기다리게 될 거예요.
- 전 세계가 걱정 중인 러시아 우크라이나 침공 상황과 신냉전 우려?
- 북한이 ICBM 미사일을 쏜 진짜 이유
- 넷플릭스 '소년심판' 보고 궁금해졌다면? 촉법소년에 대한 (거의) 모든 것 🐷

뉴닉의 환영 이메일 (출처: 뉴닉)

이메일 – 뉴스레터

일반적으로 우리는 다음 그림과 같이 뉴스레터 이메일 구독을 통해 자사몰에서 리드를 수집하여 고객들에게 뉴스레터를 전송합니다. 이를 통해 고객들은 서비스에서 제공하는 고품질 콘텐츠를 받아볼 수 있습니다. 기업은 지속적으로 품질 높은 콘텐츠를 제공함으로써 사용자에게 긍정적인 이미지를 조성하고 브랜딩 효과를 얻을 수 있습니다.

업무에 당장 써먹을 수 있는 요즘 트렌드가 궁금하다면?

Your email address   [트렌드 레터 구독]

✅ 개인정보 수집 및 이용과 광고성 정보 수신 동의

캐릿의 이메일 수집 배너 (출처: 캐릿)

뉴스레터 이메일은 마케팅 목적을 달성하기 위해 고객이 원하는 정보를 알기 쉽게 전달해야 합니다. 뉴스레터 이메일의 목적은 크게 두 가지입니다.

1) 유료 멤버십 구독 전환 유도

뉴스레터를 통해 서비스가 제공하는 정보에 대해 짧게 안내합니다. 사용자가 더 양질의 콘텐츠를 누리기 위해서는 유료 멤버십으로 전환해야 합니다. 다음은 뉴스레터 이메일 마케팅을 통한 유료 구독 전환을 유도하는 서비스입니다.

캐릿

다양한 트렌드를 발빠르게 알려주며, 멤버십 구독을 유도하기 위해 뉴스레터를 활용하고 있습니다.

- https://www.careet.net/

캐릿의 뉴스레터 (출처: 캐릿)

아웃스탠딩

IT 뉴스에 대한 정보를 제공하며, 멤버십 구독을 유도하기 위해 뉴스레터를 활용합니다.

- https://outstanding.kr/

아웃스탠딩의 뉴스레터 (출처: 아웃스탠딩)

2) B2B 고객 리드 수집

뉴스레터를 통해 기업은 자사의 서비스와 관련된 활동들을 소개합니다. 이를 통해 고객들은 기업의 서비스에 대한 흥미를 느껴 서비스 가입을 위해 개인 정보(휴대폰 번호, 기업 이메일 등)를 제공하게 됩니다. 이렇게 수집된 정보는 기업의 B2B 상품에 대한 추가 영업을 위한 리드로 활용됩니다. B2B 고객 리드를 수집하기 위한 이메일 뉴스레터를 소개합니다.

모바일 인덱스

- https://www.mobileindex.com/home

모바일인덱스의 뉴스레터 (출처: 모바일인덱스)

빅인

- https://bigin.io/

빅인의 뉴스레터 (출처: 빅인)

이메일 – 상품 안내/프로모션 이메일

상품 안내 및 프로모션 이메일은 제품이나 서비스의 소개, 특징, 혜택 혹은 할인, 이벤트 등의 프로모션 정보를 사용자에게 전달합니다. 프로모션 이메일은 사용자에게 다양한 특별 혜택을 제공하여 소비자의 관심을 끌어 최종적으로 구매 전환을 일으키는 것을 목표로 합니다.

■ 랄프로렌 U.S.A의 프로모션 이메일

랄프로렌 U.S.A의 프로모션 이메일에서는 'Access this special offer only through this email'이라는 문구를 통해 이메일을 통해서만 받을 수 있는 특별 혜택이라는 것을 강조합니다. 'Recommended for You'에서 과거에 사용자가 조회한 상품 등 행동 기반 데이터를 활용하여 고객이 관심을 가질 만한 상품을 맞춤 추천해줍니다.

랄프로렌의 프로모션 이메일 (출처: 랄프로렌)

■ 알리익스프레스의 상품 안내 이메일

알리익스프레스의 상품 안내 이메일은 다양한 상품과 [지금 쇼핑하기]라는 CTA 버튼을 통해 클릭을 유도합니다.

알리익스프레스의 상품 안내 이메일 (출처: 알리익스프레스)

이외에도 브랜드 스토리, 후원 유도, 재참여 유도 등 다양한 목적과 형태로 이메일을 발송할 수 있습니다.

2. 카카오비즈니스 친구톡

친구톡은 카카오톡 플러스 친구에게만 보낼 수 있는 광고성 메시지 채널입니다.

카카오 비즈니스 사이트 친구톡 안내 문구

기업 마케팅을 위한 타기팅 메시지 친구톡을 말합니다. 기업의 CRM, 커머스, 물류 시스템과 연동하여 타깃 고객에게 개인화된 마케팅 메시지를 발송해보세요. 효율적인 메시지 발송으로 마케팅 효과를 극대화할 수 있습니다.

친구톡의 장점

1. **다양한 템플릿**

   친구톡에서 제공하는 템플릿을 통해 디자인과 문구를 다양하게 구성할 수 있습니다.

2. **개인화 메시지 발송**

   그룹으로 나누어 개인화 타기팅 메시지를 발송할 수 있습니다.

3. **신뢰감 형성**

   카카오톡을 통해 발송되기 때문에 고객들이 메시지 수신에 대해 신뢰감을 느낍니다.

위와 같은 많은 장점이 있는 친구톡의 한계점은 사용자가 서비스의 카카오톡 플러스 친구여야만 발송할 수 있다는 점입니다. 이러한 한계를 극복하고, 친구톡 발송 모수를 확보하기 위해서 많은 기업은 간편 로그인 방법인 '카카오 싱크'를 도입하고 있습니다.

■ **카카오 싱크란?**

서비스의 복잡한 회원가입 절차를, 카카오 간편가입 창을 통해 한 번에 빠르게 가입 가능하도록 하는 서비스입니다.

카카오 간편 가입 창 (출처: 카카오비즈니스)

카카오 싱크를 통해 가입하면 가입과 동시에 '[선택] 마케팅 활용 및 광고성 정보 수신 동의'에 동의할 경우 바로 카카오 플러스 채널 친구에 추가되기 때문에 메시지 발송 모수 확보에 용이합니다.

또한 카카오 싱크를 통해 고객의 다양한 데이터를 수집하여 개인화 마케팅에 활용할 수 있습니다.

3. 카카오비즈니스 알림톡

카카오 알림톡은 친구톡과 달리 카카오톡 채널을 추가하지 않은 사용자에게도 보낼 수 있는 정보성 메시지를 제공합니다. 다만 알림톡의 경우 정보성 메시지이기 때문에 카카오톡 측에서 템플릿 검수를 요청한 후 검수를 통과한 템플릿에 한하여만 발송할 수 있습니다.

[알림톡] 정보성 메시지란?

정보통신망법 안내서에 '영리 목적 광고성 정보의 예외'에 해당하는 메시지

[친구톡] 광고성 메시지란?

전송자가 경제적 이득을 취할 목적으로 전송하는 1)전송자에 관한 정보, 2)전송자가 제공할 재화나 서비스에 관한 정보

– 광고 표시/전송자의 연락처 표시/수신 거부 의사 표시를 쉽게 할 수 있는 조치 및 방법 표시 등 의무사항 표시

알림톡을 통해 주로 발송하는 메시지

1. 회원가입 혜택 만료 안내

   알림톡은 쿠폰 등 광고성 메시지를 포함할 수 없지만, 회원가입 혜택과 같이 고객의 직접적인 행동으로 제공된 보상에 대한 만료성 메시지는 발송이 가능합니다. 회원가입 혜택 만료 메시지를 발송하여 고객의 첫 구매를 유도할 수 있습니다.

메디큐브의 쿠폰 안내 알림톡 (출처: 메디큐브의 카카오 채널)

2. 주문 완료, 배송 완료, 방문 예약 완료 안내

사용자들은 본인의 행동에 대한 안내 메시지를 받기를 원합니다. 주문 및 배송, 예약 정보를 알림톡으로 발송하여 고객의 서비스 이용 만족도를 높일 수 있습니다.

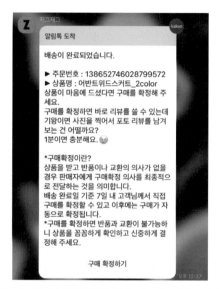

지그재그의 배송 완료 알림톡 (출처: 지그재그 카카오 채널)

3. 리뷰 작성 유도

질 좋고 다양한 리뷰는 고객의 구매 전환 과정에 큰 영향을 미칩니다. 배송 완료 후 리뷰 작성 알림톡으로 리뷰 작성을 유도하고, 고객이 리뷰 작성을 완료했을 때 혜택을 제공하여 재구매를 유도할 수 있습니다.

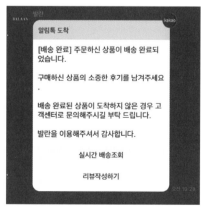

발란의 리뷰 작성 유도 알림톡 (출처: 발란 카카오 채널)

4. 마일리지 소멸 안내

고객들은 마일리지를 현금성 혜택으로 여깁니다. 사용자들은 추가 혜택을 받는 것보다 본인이 이미 소유하고 있는 것에 대한 손실을 느꼈을 때 더 강하게 반응합니다. 보유하고 있는 마일리지가 소멸되기 전 사용을 안내하여 재구매를 유도할 수 있습니다.

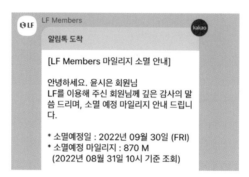

LF멤버스의 마일리지 소멸 안내 알림톡 (출처: LF멤버스 카카오 채널)

5. 재입고 안내

상품 품절로 인해 이탈된 고객을 다시 구매 유도하는 장치로 상품 재입고 안내를 활용할 수 있습니다.

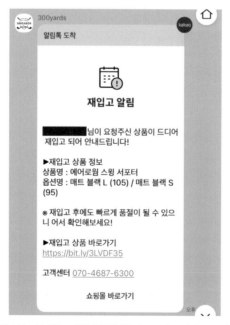

3000야드의 재입고 알림 알림톡 (출처: 3000야드 카카오 채널)

6. 만족도 조사 안내

서비스의 방향성 결정을 위하여 고객들의 목소리가 필요할 때가 있습니다. 만족도 조사 알림톡을 통해 고객들의 설문조사를 유도할 수 있습니다. 주의해야 할 점은 만족도 조사 시 제공받는 혜택이 자사몰 마일리지나 쿠폰 등, 자사몰 내에서만 이용 가능한 혜택이라면 알림톡으로 발송할 수 없습니다. 영화 티켓이나 기프트콘 등 자사몰 외 서비스에서도 이용 가능한 혜택이라면 알림톡을 통해 발송할 수 있습니다.

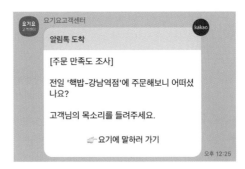

요기요의 만족도 조사 알림톡 (출처: 요기요 카카오 채널)

7. 휴면 전환 메시지

고객의 이탈을 막기 위해 휴면 전환 메시지를 발송할 수 있습니다. 계정이 휴면 전환되면 개인정보를 활용할 수 없기 때문에 CRM 마케팅 활동이 제한적입니다. 고객이 휴면으로 전환하기 전에 알림톡을 보내 방지할 수 있습니다.

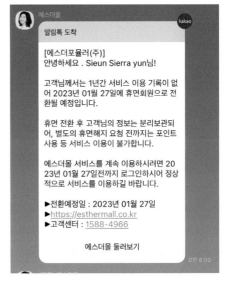

에스더몰의 휴면 전환 알림톡 (출처: 에스더몰 카카오 채널)

알림톡의 장점

1. 많은 모수 확보 가능

광고성 메시지 수신에 동의하지 않은 사용자에게도 메시지를 전달할 수 있기 때문에 더 많은 발송 모수를 확보할 수 있습니다.

2. 브랜딩 가능

친구톡만큼 화려하진 않지만 알림톡에도 다양한 템플릿이 있습니다. 통일된 알림톡 디자인을 통해 일관된 브랜드 메시지를 전달할 수 있습니다.

다양한 알림톡의 예 (출처: 배달의민족 선물하기 카카오 채널)

배달의 민족 특유의 귀여운 일러스트를 알림톡에 삽입하여 브랜드 이미지를 사용자에게 인지시키는 데 알림톡 템플릿을 활용했습니다.

3. 저렴한 비용

발송 업체에 따라 상이하지만, 알림톡이 친구톡과 문자에 비해 금액이 저렴하기 때문에 광고비 절감 효과가 있습니다.

문자(SMS, LMS) 사용료

건수	SMS	LMS
1,000건 이하	18원	39원
5,000건 이하	17원	38원
10,000건 이하	16원	37원
15,000건 이하	15원	36원
20,000건 이하	14원	35원
20,000건 초과	13원	34원

(건당가격, 부가세 별도)

SMS (90 Byte) / LMS (2000 Byte)

친구톡 · 알림톡(등,하원) 사용료

건수	알림톡(카카오톡)	친구톡(카카오톡)
1,000건 이하	14원	26원
5,000건 이하	13원	25원
10,000건 이하	12원	24원
20,000건 이하	11원	23원
20,000건 초과	10원	22원

(건당가격, 부가세 별도)

등, 하원 메시지는 알림톡 전송이 가능합니다.
친구톡은 1,000자까지 전송이 가능합니다.
알림톡, 친구톡은 카카오톡 비지니스 채널이 개설되어 있어야 합니다

메시지 종류에 따른 사용료 비교 표 (출처: 에이맨 시스템)

4. 문자 메시지

문자 메시지는 광고성, 정보성 메시지 모두 발송할 수 있습니다. 문자 메시지가 포함하고 있는 데이터와 문장 길이에 따라 종류가 나뉩니다.

SMS(Short Message Service)

최대 80byte까지 입력 가능한 일반적으로 사용하는 짧은 문자 메시지입니다. 길이가 짧기 때문에 발송 비용이 합리적이라는 장점이 있습니다.

LMS(Long Message Service)

SMS 메시지보다 길되 멀티미디어가 추가되지 않은 문자 메시지입니다. 최대 2,000byte까지 입력 가능합니다.

MMS(Multimedia Message Service)

사진, 음악, 동영상 등 멀티미디어가 추가된 문자 메시지를 의미합니다.

5. 앱푸시

앱푸시는 모바일 애플리케이션에서 고객에게 정보성 혹은 광고성 앱푸시 동의를 받은 사용자를 대상으로 발송할 수 있는 CRM 채널입니다. 앱푸시를 발송하여 사용자에게 정보를 제공하거나 광고성 메시지로 잠재고객의 참여와 최종적으로 전환까지 유도하는 것이 목적입니다. 앱푸시 발송 비용은 무료로 마케팅 비용을 들이지 않고 고객의 재방문을 유도할 수 있는 채널입니다. 다만 앱푸시는 휘발성이 강한 채널이기 때문에 사용자의 반응을 이끌어 내기 위해서는 개인화 전략이 필수적입니다.

앱푸시 개인화 사례 몇 가지를 소개하겠습니다.

1. 이름 기반 개인화

    사용자의 이름을 앱푸시에 포함하여 클릭률을 상승시킬 수 있습니다.

이름 기반 개인화 메시지 예시 (출처: 에이블리)

2. 지역/위치 기반 개인화

사용자의 지역/위치에 기반한 개인화 메시지를 발송할 수 있습니다.

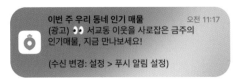

지역/위치 기반 개인화 메시지 예시 (출처: 당근마켓)

3. 언어 기반 개인화

사용자가 디바이스에 설정한 언어에 맞춰서 개인화 메시지를 발송할 수 있습니다.

언어 기반 개인화 메시지 예시 (출처: NIKE RUN CLUB)

4. 날씨 기반 개인화

기후 API와 연동하면, 특별한 날씨에 맞춤 개인화 메시지를 보낼 수 있습니다.

날씨 기반 개인화 메시지 예시 (출처: 29CM)

5. 행동 기반 개인화

사용자의 앱 사용 행동을 기반으로 메시지를 발송하여 추가 행동을 유도할 수 있습니다.

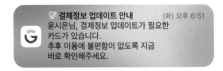

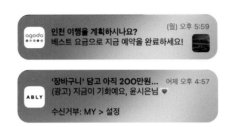

행동 기반 개인화 메시지 예시 (출처: 그린카/아고다/에이블리)

앱푸시는 언제 보내는 것이 좋을까?

앤드류 챈이 조사한 바에 의하면 일반적으로 오후 6시에서 8시의 푸시 클릭률이 높은 것을 확인할 수 있습니다. 그러나 이것은 평균적인 결과일 뿐 서비스의 사용자마다 다른 특성을 가지고 있습니다. 예를 들어, 직장인들이 많이 이용하는 서비스는 주로 출근 시간, 점심시간, 퇴근 시간에 오픈율이 높습니다. 하지만 주부가 주로 이용하는 서비스는 아이들을 유치원에 보낸 이후의 시간이 오픈율이 높습니다. 그리고 도매 자영업자들이 많이 이용하는 서비스는 새벽 경매가 끝난 시간이 오픈율이 높습니다. 그러므로 사용자의 행동 데이터와 인구통계학적 데이터 등을 바탕으로 사용자들이 언제 모바일을 많이 이용하는지 파악하는 것이 가장 중요합니다.

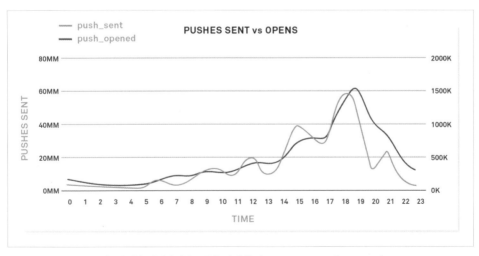

앱푸시 발송 시간에 따른 오픈율 차이 (출처: Andrew Chen 및 Leanplum)

나에게도
CRM 마케팅
사수가 생겼다

사용자 구매 여정 따른
퍼널 구축

여러분은 주말 데이트에 입을 원피스를 구매해야 한다면 어떤 과정으로 구매하시나요? 첫째, 원하는 스타일의 원피스를 결정하기 위해 인스타그램이나 유튜브에서 다양한 원피스 코디를 검색합니다. 그리고 봄철에 어울리는 쉬폰 원피스를 찾아 구매 결정을 내리게 됩니다. 그 다음으로는 네이버나 지그재그와 같은 플랫폼에서 '쉬폰 원피스'를 검색하여 마음에 드는 제품들을 찜하거나 바로 네이버 페이를 통해 결제할 수 있습니다. 마침내 마음에 드는 원피스를 구매하고 실제로 착용해보고 리뷰를 작성할 수도 있습니다. 이렇게 소비자가 구매를 결정하고 실행하기까지의 과정을 '사용자 구매 여정(User Purchase Journey)'이라고 합니다.

사용자 구매 여정은 고객이 제품이나 서비스를 탐색하고 구매하기까지의 과정을 단계적으로 이해하고 분석하는 것을 의미합니다. 이는 잠재고객이 실제로 구매까지 이어지는 고객 경로를 파악하는 데 중요한 역할을 합니다.

> 고객 경로는 고객이 어떻게 해서 제품이나 서비스에 대한 무지 상태로부터
> 높은 인지, 관심, 구매, 재구매, 그리고 심지어 입소문으로 이동하는지를 보여준다.
> - 필립 코틀러 마켓 4.0-

4.1) 사용자 구매 여정, 5A

필립 코틀러의 마켓 4.0에서는 사용자 구매 여정을 5A라는 5단계로 나눠 설명합니다.

필립 코틀러의 사용자 구매 여정 5A

주말에 입을 데이트 룩을 구매하는 과정을 5A에 맞춰 설명해보겠습니다.

인지: 주말 데이트가 생겼다. 그날 입을 옷이 필요하다.

호감: 인스타그램에 코디를 검색해보니 쉬폰 원피스가 끌린다.

질문: 네이버, 지그재그 등에서 쉬폰 원피스를 검색하고 마음에 드는 것에 찜해 놓는다.

행동: 마음에 드는 원피스를 결제한다.

옹호: 원피스를 입고 만족스러운 데이트를 마치고 추천 리뷰를 작성한다.

사용자 구매 여정을 활용하면 복잡한 구매 과정을 체계적으로 분석할 수 있습니다. 예시로 제시한 사용자 구매 여정은 사용자를 획득하기 이전의 단계까지 포함하고 있습니다. CRM 은 이미 획득한 고객을 대상으로 하기 때문에 획득 이후 단계로 구성하기 위해 이미 쉬폰 원피스 온라인 광고를 보고 클릭해서 들어온 사용자의 구매 여정으로 가정해보겠습니다.

가정 상황 – 온라인 광고 클릭하여 유입됨

인지 – 홈페이지에서 원피스를 구경하다가 회원가입을 하고 마케팅 수신동의에 체크한다.

경험/탐색 – 상품 상세 페이지를 구경하다가 이탈하거나 첫 구매한다.

구매 – 구매 과정에서 장바구니에 쉬폰 원피스에 어울리는 구두를 추가한다.

재구매 – 구매 완료 후 다시 홈페이지에 접속하여 다른 상품을 추가 구매한다.

추천 – 배송 완료 후 마음에 들어 리뷰를 작성한다.

각 여정을 분석할 수 있도록 사용자의 행동으로 치환하여 사용자 구매 여정을 만들어보겠습니다.

인지 – 회원가입/마케팅 수신동의

경험/탐색 – 상품 페이지 이탈/첫 구매

구매 – 크로스셀링

재구매 – 재구매

추천 – 추천 리뷰 작성

실제로 모든 사용자의 구매 과정이 구매 완료까지 순조롭게 진행되지는 않습니다. 종종 사용자는 웹사이트에서 제품을 살펴보거나 장바구니에 넣은 후 결국 구매하지 않고 사이트를 떠나는 경우가 많습니다. 실제로, 인지 단계에서 추천 단계로 이동하는 과정에서 사용자 수가 감소하는 것이 일반적입니다.

구매 여정에 따른 퍼널

CRM 마케팅은 이렇게 사용자의 구매 여정에서 이탈하는 지점에 CRM 시나리오를 구성하여 이탈을 막고 다음 단계로 전환을 유도하여 최종적으로 사용자의 가치를 향상시키는 역할을 합니다. 그렇다면 각 사용자 구매 여정 단계에서 어떤 CRM 시나리오가 구성돼야 효과적으로 고객의 가치를 향상시킬 수 있을까요?

4.2 | 퍼널별 시나리오 설계

CRM 퍼널은 고객의 구매 여정을 단계별로 나누어, 각 단계에서 적절한 CRM 캠페인을 적용해 개입하는 전략입니다. 이를 통해 고객이 보다 개인화된 경험을 할 수 있도록 돕고, 각 단계에서 중요한 성과 지표를 개선하는 데 중점을 둡니다.

인지 단계는 고객이 브랜드를 처음 알게 되는 시점으로, 회원가입을 유도하고 마케팅 동의도 함께 얻어 1st-party 데이터를 확보하는 것이 목표입니다. 이 단계에서의 핵심은 고객에게 초기 참여를 이끌어 내는 것입니다.

경험/탐색 단계에서는 고객이 상품이나 서비스를 탐색하며 처음으로 구매로 이어지도록 유도하는 단계입니다. 이탈 가능성이 높은 만큼, 이탈을 방지하고 전환을 촉진하는 캠페인이 중요합니다.

구매 단계는 고객이 실제로 구매를 결정하는 단계로, 이때 업셀링과 크로스셀링을 통해 구매 금액을 극대화할 수 있습니다. 추가적인 혜택을 제공해 더 많은 참여를 이끌어내는 것이 관건입니다.

재구매 단계에서는 고객이 다시 구매하도록 유도하는데, 휴면 고객을 활성화하고 재구매율을 높이는 데 중점을 둡니다. 지속적인 관계 형성을 통해 고객의 재방문을 유도하는 단계입니다.

추천 단계는 고객이 브랜드에 만족하여 타인에게 추천하도록 장려하는 시점입니다. 리뷰 작성이나 추천을 통해 자연스럽게 브랜드의 홍보 효과를 극대화할 수 있습니다.

이처럼 고객의 구매 여정에 맞춰 각 단계에서 개인화된 캠페인을 실행함으로써 전반적인 CRM 성과를 향상시킬 수 있으며, 다음 그림에서 이를 한눈에 확인할 수 있습니다.

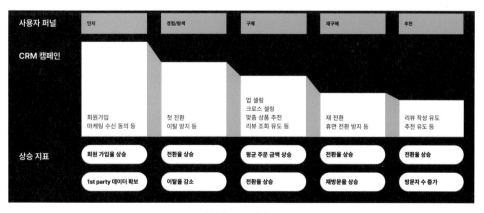

퍼널별 CRM 시나리오

이제 각 구매 여정 단계를 예시와 함께 상세히 설명하겠습니다.

인지

인지 단계는 상품에 대한 정보가 없는 단계로, 고객이 온라인 쇼핑몰의 광고를 보고 해당 웹사이트를 방문합니다. 상품 카테고리를 살펴보고 인기 상품 목록을 확인하며, 상품들의 가격과 특징을 비교하고 탐색합니다. 인지 단계는 브랜드에 대한 충성도와 구매 의사가 가장 낮은 단계이기 때문에 이탈 위험성이 가장 큰 단계이기도 합니다. 그래서 고객이 이탈했음에도 다시 한번 CRM 마케팅 액션을 취할 수 있도록 고객에게 다시 닿을 수 있는 연결고리를 만들어 둬야 하는 단계입니다. 이를 위해 고객의 데이터를 수집하고자 회원가입을 유도합니다. 브랜드에 대한 충성도가 없는 상태의 고객에게 아무런 보상 없이 회원가입 하기를 기대하기는 어렵기 때문에 다양한 회원가입 혜택을 제공하는 것이 필요합니다. 회원가입 유도뿐만 아니라 광고성 메시지를 보내려면 필수적으로 마케팅 수신 동의도 함께 유도해야 합니다.

그렇다면 사용자들은 언제 기꺼이 광고성 메시지를 받는 데 동의할까요?

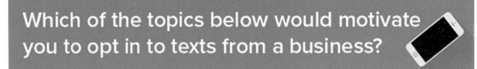

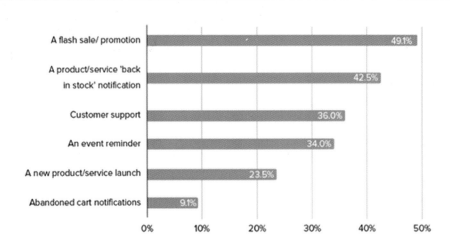

사용자는 언제 기꺼이 광고 메시지를 받는 데 동의할까? (출처: bloggingwizard)

사용자는 자신의 행동에 대한 보상을 받을 수 있을 때 기꺼이 문자 마케팅 수신을 동의합니다. 위 그래프를 보면 사용자의 49.1%는 한정 세일이나 프로모션이 기업의 문자 메시지를 수신하도록 동기를 부여한다고 합니다. 사용자들이 기꺼이 데이터를 제공하도록 설계하고 사용자가 원하는 보상을 꾸준히 제공하는 것이 CRM 마케터에게 주어진 과제입니다.

인지 단계에서 고객의 데이터 수집과 활용을 위한 채널 확보를 목표로 하는 몇 가지 CRM 시나리오와 예시를 소개하겠습니다.

회원가입 시나리오

회원가입을 하면 즉시 누릴 수 있는 혜택에 대한 내용을 모달과 버튼 배너를 통해 사용자에게 전하고 회원가입을 유도한 캠페인입니다.

회원가입 시나리오 (출처: 여신티켓/젝시믹스)

마케팅 수신 동의 시나리오

마케팅 수신 동의를 하면 적립금 제공 혜택에 대한 내용을 인앱 모달을 통해 사용자에게 전하고 마케팅 수신 동의를 유도하는 캠페인입니다.

마케팅 수신 동의 시나리오 (출처: 이프두)

카카오 채널 추가 시나리오

국내에서 카카오 친구톡은 SMS보다 훨씬 강력한 CRM 마케팅 채널입니다. 카카오 친구톡을 발송하려면 사용자의 카카오 채널 추가가 필수입니다.

카카오 채널 추가 시나리오 (출처: 크몽/지그재그/메디큐브/쏘카)

카카오톡 채널을 추가하면 쿠폰팩 제공 혜택에 대한 내용을 인앱 모달을 통해 사용자에게 전하고 카카오톡 채널 추가를 유도할 수 있습니다. 또한 정보성 메시지인 알림톡에 [채널 추가] 버튼을 넣어 카카오톡 플러스 친구 추가라는 추가 행동을 유도한 캠페인입니다.

이렇게 수집한 고객 데이터를 기반으로 개인화 CRM 시나리오를 제작하여 이탈한 사용자를 다시 방문하게 할 수 있습니다. 예를 들어 고객이 생년월일 데이터 수집에 동의하고 카카오톡 채널을 추가하거나 SMS 수신 동의를 했을 경우 고객의 생일에 생일 고객 전용 쿠폰을 카카오 친구톡을 통해 발송할 수 있습니다.

생일 쿠폰 시나리오

- **획득 데이터**: 생년월일
- **동의 발송 채널**: SMS
- **제공 혜택**: 생일 혜택
- **CRM 시나리오**: 고객 생일 당일 생일 고객 전용 쿠폰 혜택이 담긴 SMS로 발송한다.

나이키닷컴
[Web발신]
(광고) [나이키] 8월 생일 축하 쿠폰 발급 안내

이번 달 생일을 축하합니다!

멤버 여러분의 생일을 기념하여 생일 축하 쿠폰을 드립니다.

- 생일 축하 쿠폰: 10% 할인 혜택
(2024년 9월 5일 23:59 만료)

※ 생일 쿠폰 확인 방법: 프로필 > 멤버 리워드 > 생일 축하 10% 쿠폰 확인

- 나이키 앱에서 생일 쿠폰 확인하기:
https://go.nike.com/b0aki1XrrnB

* 생일 쿠폰 유의사항: https://go.nike.com/RDKt7OJBilt

▶ 나이키앱 신제품 보러가기:
https://go.nike.com/-LF0e5ym1SP

무료수신거부 080-810-0167

생일 쿠폰 시나리오 (출처: 나이키닷컴)

경험/탐색

고객이 웹사이트의 상품 페이지를 방문하여 상세한 상품 정보를 살펴보고, 상품에 대한 리뷰와 평가를 확인합니다. 이때, 관심 있는 상품들을 장바구니에 담아놓고, 다양한 상품들을 비교하며 탐색합니다. 고객이 상품에 대해 어느 정도 인지는 했지만 구매할 정도까지 구매 의사가 있지 않아 이탈할 수 있습니다. 이때 첫 구매라면, 구매에 대한 장벽을 낮추기 위한 첫 구매 캠페인을 진행할 수 있습니다. 혹은 장바구니에 담아 놓거나 상품 상세 페이지를 반복적으로 방문했음에도 구매하지 않았다면 이탈 방지 캠페인을 진행할 수 있습니다.

첫 구매의 경우 브랜드의 상품을 구매해본 경험이 없기 때문에 낮은 충성도를 갖고 있어 상대적으로 높은 구매 장벽을 갖고 있습니다. 이때 구매에 대한 심리적 장벽을 낮춰주는 첫 구매 이벤트 등을 진행합니다.

첫 구매 시나리오

첫 구매 시나리오 (출처: 컬리)

첫 구매 이벤트인 컬리의 100원 프로모션입니다. 회원 가입하고 첫 구매만을 한정 지어 특정 기간 동안 최소 주문 금액 기준을 충족할 시 컬리의 인기 상품을 100원에 구매할 수 있는 이벤트입니다. 한정 기간 동안 진행되는 것이기 때문에 사용자로 하여금 희소성 편향을 느끼게 해 지금 사지 않으면 손해라는 기분을 들게 하여 심리적 구매 장벽을 낮춥니다. 그리고 인기상품을 저렴하게 구매했다는 만족감까지 제공하여 브랜드에 대한 충성도를 높입니다. 또한 이벤트 상품이 인기상품 위주이기 때문에 구매만족도가 높을 가능성이 크므로 사용자가 상품을 받았을 때 '아하 모먼트'를 느끼며 재구매할 가능성도 높아집니다.

이탈 방지 시나리오

장바구니 혹은 페이지 조회 등 자사몰에 유입된 후 특정 행동을 했으나, 구매하지 않고 이탈한 사용자를 대상으로 재방문을 유도하는 캠페인입니다.

관심상품

특정 상품의 상세 페이지를 여러 번 조회했으나, 구매하지 않은 사용자에게 구매 전환을 유도하는 캠페인입니다. 실제로 사용자가 반복적으로 방문한 상세 페이지의 상품명을 개인화하여 텍스트에 추가하면 클릭률을 높일 수 있습니다. 또한 '망설이면 품절'이라는 희소성 편향 멘트를 추가합니다.

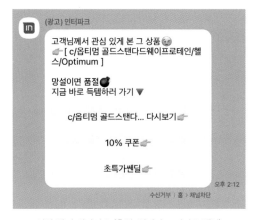

이탈 방지 시나리오 (출처: 인터파크 카카오 채널)

장바구니 리마인드

장바구니에 상품을 담았으나 구매하지 않은 사용자에게 구매 전환을 유도하는 캠페인입니다. 온사이트 팝업 이미지에 장바구니 이미지를 삽입하여 사용자가 장바구니 쿠폰이라는 것을 직관적으로 알게 하는 것도 클릭률을 높이는 좋은 요소입니다.

장바구니 리마인드 (출처: 채널톡 블로그)

구매

고객이 장바구니에 담겨있던 상품들을 결제하여 구매를 완료합니다. 결제 정보를 입력하고 결제 확인 메시지를 받으면서 구매가 성공적으로 완료됩니다. 장바구니, 결제 정보 페이지는 고객당 구매 단가를 높이는 데 가장 효과적인 페이지입니다. 장바구니에서 크로스셀링을 유도하고 결제 정보 페이지에서 추가로 필요한 상품을 추가하여 업그레이드하는 업셀링을 유도할 수 있습니다. 업셀링과 크로스셀링에 대해서는 뒤에서 좀 더 상세히 다룰 예정입니다.

크로스셀링 시나리오

1. 네이버 항공권을 구매한 사용자에게 호텔 할인 쿠폰을 지급하여 크로스셀링을 유도하는 캠페인입니다.

크로스 셀링 시나리오 (출처: 네이버 항공권)

2. 직전에 구매 완료한 사용자에게 할인 쿠폰을 제공하여 추가 제품 구매를 유도하는 캠페인입니다.

크로스 셀링 시나리오 (출처: 브랜디)

재구매

이전에 구매한 상품을 다 사용한 고객이 같은 상품을 재구매합니다. 고객은 웹사이트를 방문하여 해당 상품을 찾아보고, 이전에 구매한 상품과 비교하여 다시 구매를 결정합니다. 생수 등 생필품 등은 비교적 구매 주기가 명확하기 때문에 고객의 과거 구매 내역을 분석하여 주기에 맞춘 구매 유도 메시지를 발송할 수 있습니다. 또한 휴면 고객으로의 전환을 막기 위해 고객의 재방문을 유도하기도 합니다.

재구매 시나리오

첫 구매를 완료한 사용자에게 추가 혜택을 제공하여 재구매를 유도하는 시나리오입니다.

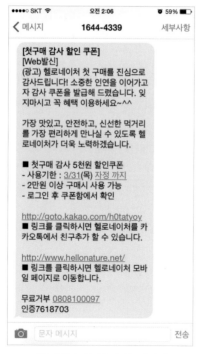

재구매 시나리오 (출처: 헬로네이처)

휴면 전환 방지 시나리오

휴면 전환을 방지하기 위해서 휴면 전환 예정 고객에게 메시지를 발송합니다.

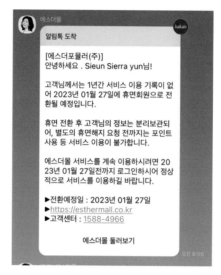

휴면 방지 시나리오 (출처: 에스더몰 카카오 채널)

추천

구매한 상품에 만족한 고객이 웹사이트에서 해당 상품에 대한 리뷰를 작성하고, 친구나 가족에게 해당 상품 혹은 서비스를 추천합니다. 다른 사람의 추천은 고객으로 하여금 강력한 구매 동기가 될 수 있습니다. 추천을 통해 새로운 고객들이 상품을 탐색하고, 인지 단계로 진입할 수 있습니다.

리뷰 작성 유도 시나리오

상품 배송이 완료됐을 때 리뷰 작성 요청 메시지를 발송합니다. 서비스에 유입하여 리뷰 작성을 완료하면 혜택을 제공하여 꾸준한 리뷰 작성을 유도합니다.

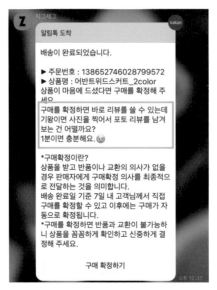

리뷰 작성 유도 시나리오 (출처: 지그재그)

추천 유도 시나리오

신규 사용자 획득을 위해 기존 사용자들이 친구 추천을 통해 신규 사용자를 유입하면 리워드를 제공하는 시나리오입니다.

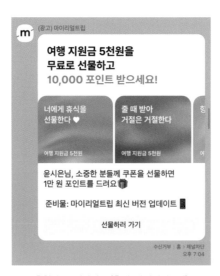

추천 유도 시나리오 (출처: 마이리얼트립)

서비스에 따라 사용자 구매 여정은 다양한 형태로 나올 수 있습니다. 앞에서 소개한 다양한 CRM 시나리오를 각 퍼널의 이탈 지점별로 적절하게 구성하여 사용자의 이탈을 방지하면 고객의 가치를 상승시킬 수 있습니다.

4.3 사용자 구매 여정에 따른 퍼널별 CRM 시나리오

사용자 구매 여정에 따른 퍼널

퍼널 속 CRM 시나리오는 각 단계를 유기적으로 연결하여 고객 여정에 맞춘 맞춤형 캠페인을 자동으로 실행할 수 있도록 구성됩니다. 퍼널은 인지, 경험/탐색, 구매, 재구매, 추천의 다섯 가지 주요 단계로 나뉩니다. 각 단계는 고객의 행동과 요구에 따라 적절한 CRM 캠페인을 실행하도록 설계되어 있으며, 다음 단계로 자연스럽게 이어질 수 있도록 합니다.

각 퍼널의 유기적인 흐름을 플로 차트로 구성해보면 좀 더 쉽게 이해할 수 있습니다.

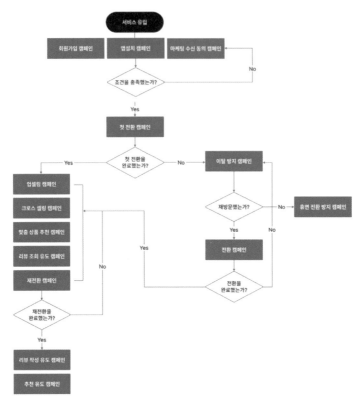

사용자 구매 여정 퍼널 플로 차트

플로 차트로 사용자 구매 여정 퍼널을 구성해보면 각 단계에서의 세부적인 CRM 캠페인의 흐름을 시각적으로 확인할 수 있습니다. 예를 들어, 고객이 첫 전환을 완료했을 경우에는 업셀링, 크로스셀링, 맞춤 상품 추천 등의 추가 캠페인이 실행됩니다. 첫 전환이 이루어지지 않았을 경우, 이탈 방지 캠페인을 통해 고객을 다시 유입시키고 재방문을 유도하는 프로세스가 진행됩니다.

각 단계에서 캠페인이 성공적으로 완료되면 다음 단계로 넘어가며, 이렇게 유기적으로 연결된 CRM 시나리오가 고객 여정 전반에 걸쳐 작동합니다. 이를 통해 각 퍼널 단계에 맞는 캠페인을 실행하여 고객에게 적시에 맞춤형 메시지를 전달함으로써 CRM 마케팅의 전반적인 성과를 향상시킬 수 있습니다.

이처럼 퍼널 단계별로 적절한 CRM 시나리오를 구성하고 다양한 채널을 통해 적합한 타깃에게 개인화된 메시지를 발송하는 것이 성공적인 CRM 마케팅의 핵심입니다.

Chapter **05**

[CRM 시나리오] DB 수집 연계 CRM 마케팅

5.1 CRM 마케팅 리드(Lead) 이해하기

CRM 마케팅의 모수(母數)란?

CRM 마케팅에서는 '모수(母數)'라는 말을 많이 사용합니다. 모수란 통계에서 주로 사용하는 용어로 모집단(population)의 수를 의미합니다. 통계에서 모집단(Population)은 관측 대상이 되는 전체 집단이고, 표본(Sample)은 모집단에서 일부분을 떼어낸 집단을 의미합니다. CRM 마케팅에서는 종종 통계에서 사용하는 용어를 사용하며, 모수 또한 통계의 모집단과 동일한 의미로 사용됩니다. 그래서 CRM 마케팅에서 말하는 모수는 CRM 마케팅 전체 대상자를 지칭합니다. 일반적으로 IT 환경에서 CRM 마케팅은 우리 서비스에 가입한 회원을 대상으로 진행합니다. 따라서 CRM 마케팅의 모수는 전체 회원 가입자를 지칭합니다. 일부 지표를 보수적으로 보는 회사에서는 CRM 마케팅의 모수를 마케팅 수신 동의한 회원 가입자를 지칭하기도 합니다.

CRM 마케팅 모수의 규모에 따라 CRM 마케팅 효과가 달라집니다. CRM 마케팅을 실행할 대상자의 수에 따라 CRM 마케팅의 임팩트와 한계가 달라질 수밖에 없습니다. 그래서 CRM 마케팅을 할 때 CRM 마케팅 모수를 파악하고 관리하는 것이 중요합니다. '우리 회사는 CRM 마케팅 메시지를 보낼 수 있는 전체 대상자를 얼마나 확보하고 있는가? 이 대상자들은 증가하고 있는가, 아니면 감소하고 있는가?'를 생각해보는 것입니다.

CRM 마케팅 모수가 무엇인지 정확히 이해하기 위해서는 우리가 보유한 회원정보 또는 회원가입 유저를 단계별로 쪼개보는 것이 좋습니다. 가장 먼저, CRM 마케팅의 기본 대상은 회원가입 유저입니다. 거기에 더해 회원가입을 하지는 않았지만 CRM 메시지를 보낼 수 있는 '미가입&DB제출' 유저가 있습니다. 이벤트 또는 기타 방법으로 메시지를 보낼 수 있는 개인정보를 수집한 대상자입니다. 회원가입 유저와 미가입&고객정보 제출 유저를 '광고 수신 동의' 기준으로 쪼개보면 광고 수신 동의 유저와 광고 수신 미동의 유저로 나뉩니다. 그리고 광고 수신 동의 유저를 다시 한번 '전환 가능성'을 기준으로 쪼개보면 전환 가능성이 높은 유저와 전환 가능성이 낮은 유저로 나뉩니다.

- 1단계 분류: 전체 회원가입 유저 + 미가입&고객정보(DB) 유저

- 2단계 분류: 광고 수신 동의 유저 + 광고 수신 미동의 유저

- 3단계 분류: 광고 수신 동의 유저(전환 가능성 높은 유저/전환 가능성 낮은 유저) + 광고 수신 미동의 유저

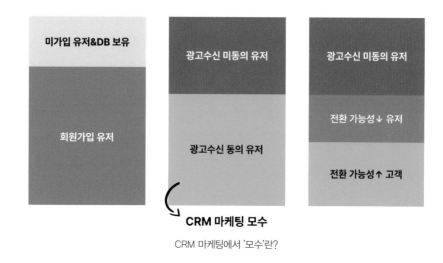

CRM 마케팅에서 '모수'란?

CRM 마케팅의 리드(Lead) 이해하기

CRM 마케팅의 리드란 무엇인가?

CRM 마케팅의 '리드(Lead)'는 한 마디로, 잠재 고객을 의미합니다. 우리 회사의 제품이나 서비스에 관심을 보이는 잠재 고객을 의미합니다. 이러한 리드는 아직 구매하지는 않았지만 우리가 제공하는 제품이나 서비스에 관심을 보인 사람들로, 구매할 가능성이 있는 잠재 고객입니다. 예를 들어, 회사의 웹사이트를 방문하여 정보를 요청하거나 상품 설명 페이지를 여러 번 조회하거나 이메일 뉴스레터에 가입하는 등의 행동은 모두 리드가 될 가능성이 있는 사람들의 행동입니다.

이렇게 제품이나 서비스에 관심을 보인 사람들 중에서 '나'의 정보를 일정 수준으로 제공한 사람을 '리드(Lead)'라고 부릅니다. 일정 수준의 정보란, 이름, 이메일, 휴대폰번호, 회사, 직무, 직책 등이 될 수 있습니다. 우리 회사의 제품이나 서비스에 대한 관심을 넘어 자신의 정보를 제출하여 CRM 마케팅이 가능한 사람들을 리드라고 부를 수 있습니다. CRM 마케

팅 시스템을 통해 이러한 리드를 확보하는 것이 중요합니다. 단순히 이름과 연락처 정보만 알고 있는 것이 아니라 그들의 프로필, 관심사, 구매 가능성 등을 다양한 차원에서 확보해야만 가치 있는 리드라고 할 수 있습니다. 리드(Lead)는 CRM 마케팅을 통해 구매로 전환시키기 용이한 잠재 고객이므로, 이러한 리드 수집은 CRM 마케팅의 시작이며 중요한 마케팅 활동입니다. 우리가 보유한 리드는 관심사, 구매 가능성, 프로필 퀄리티 등에 따라 세부적으로 분류될 수도 있습니다. 프로필 정보를 기반으로 '대기업 재직자'와 '중소기업 재직자'로 분류될 수도 있고, 관심 행동에 따라 '구매 가능성 높음'과 '구매 가능성 낮음'으로 분류될 수도 있습니다. 효과적인 CRM 마케팅을 위해서는 확보한 데이터를 바탕으로 리드를 분류하여 관리하는 것이 좋습니다.

리드를 분류하는 3가지 이유

CRM 마케팅에서 리드는 우리 회사의 제품이나 서비스에 관심을 보이며 잠재적으로 구매까지 연결될 수 있는 사람이라고 했습니다. 이러한 리드는 분류하여 관리하는 것이 효과적입니다. 잠재 고객의 상황과 니즈는 다양하기 때문에 각각의 특성과 요구사항에 맞춘 개별적인 접근이 필요합니다. 리드를 분류해야 하는 3가지 이유를 살펴보겠습니다.

1. 리드의 다양한 특성

    우리 제품이나 서비스에 관심이 있거나 구매를 고려하는 리드는 개인적인 특성과 성향, 그리고 구매 경로 등에 따라 차이가 있습니다. 예를 들어, 어떤 사람은 시장에 존재하는 다양한 회사의 서비스를 조사하는 단계이며 아직까지 구매를 고려하지 않을 수 있습니다. 반면 다른 사람은 이미 우리 회사의 서비스를 구매하기 직전으로 추가적인 혜택이 궁금한 단계일 수 있습니다. 이러한 차이를 무시하고 모든 리드에게 동일한 마케팅 전략을 적용하는 것은 비효율적이며 마케팅 성과를 떨어뜨릴 수 있습니다. 따라서 각 리드의 행동 패턴, 관심사, 성향 등 다양한 정보를 기반으로 리드 분류 작업을 진행하여 각기 다른 특징과 요구사항을 충족시킬 수 있는 방식으로 접근해야 합니다.

2. 맞춤형 전략

    맞춤형 전략이란 각 리드 그룹의 특성과 요구사항에 딱 맞는 마케팅 메시지와 서비스를 제공하는 것입니다. 예를 들어, 이 서비스가 우리 회사에 필요한 서비스인지에 대한 정보를 탐색하는 리드 그룹이라면 해당 회사와 유사한 회사들의 케이스 스터디를 제공해 줄 수 있습니다. 또한, 도입 기간과 비용으로 인해 구매를 망설이는 리드 그룹이라면 세일즈 콜을 통해 고민하는 문제를 파악하고 해결할 수 있도록 추가적인 지원이나 혜택을 제공할 수 있습니다. 리드 그룹을 특성에 따라 분류해 놓으면 맞춤형 전략을 세우고 관리하기 쉽습니다. 각각의 리드 그룹에 대한 맞춤형 전략을 통해 리드와 효과적으로 상호 작용할 수 있으며, 결과적으로 리드의 최종 전환율을 높일 수 있습니다.

3. 자원(리소스) 최적화

언제나 회사의 자원은 한정적입니다. 특히 돈을 쓰는 마케팅 부서는 한정된 자원 내에서 최대의 효과를 내야 합니다. 이런 관점에서 리드 분류는 매우 중요한 작업입니다. 예를 들어, 고가의 프리미엄 제품을 판매하는 회사에서는 높은 구매력을 가진 리드에게 집중하는 전략이 필요합니다. 구매력이 낮은 리드에 우리의 리소스를 투입하더라도 이들이 구매로 연결될 가능성은 희박하기 때문입니다. 우리는 보유한 리드를 특정한 기준으로 분류하여 가장 가치 있는 리드에 집중함으로써 리소스를 최적화할 수 있습니다.

리드 분류는 고객의 다양성, 맞춤형 전략, 그리고 자원 최적화라는 3가지 이유로 CRM 마케팅에서는 중요한 작업입니다. 각 리드 그룹의 특성과 요구사항을 고려하여 맞춤형 마케팅 전략을 세우고 제한된 자원을 효율적으로 활용함으로써 마케팅 성과를 극대화할 수 있습니다. 따라서 CRM 마케터는 리드를 올바르게 분류하여 각 리드 그룹별로 충분한 분석과 시간을 투자하여 비즈니스의 성장에 도움이 되는 마케팅 결과를 얻을 수 있습니다.

리드 분류 예시

리드 분류는 일반 소비자를 대상으로 제품이나 서비스를 제공하는 B2C 회사보다는 기업 대상으로 제품이나 서비스를 제공하는 B2B 회사에서 많이 사용합니다. B2B 회사는 B2C 회사에 비해 잠재 고객의 수가 굉장히 적으며, 각각의 잠재고객에 대한 기대 수익이 굉장히 크기 때문입니다. B2C 회사는 한 명, 한 명의 소비자에게 마케팅을 하기보다는 대체로 대중(Mass)을 대상으로 마케팅을 진행합니다. 반면에 B2B 회사는 각각의 리드가 소중하며, 소규모의 리드 또는 리드 그룹별로 마케팅을 진행합니다. 그리고 B2B 회사의 제품이나 서비스는 고관여 제품으로 소비자의 구매 고려 기간이 긴 편이지만, B2C 회사는 소비자의 구매 고려 기간이 길지 않은 편입니다.

B2B SaaS 브랜드의 CRM 마케팅 리드 분류 예시

1. 기업 규모에 따른 분류
   - **대기업 고객**: 연간 매출이 1,000억 원 이상인 대기업 리드
   - **중소기업 고객**: 연간 매출이 10억 달러 미만인 중소기업 리드

2. 업종별 분류

- **IT 서비스 업체**: 소프트웨어 개발, 웹 호스팅, 클라우드 컴퓨팅과 관련된 IT 서비스 업체 리드
- **금융 서비스 업체**: 은행, 금융 서비스, 보험회사 등 금융 업계 리드

3. 지역별 분류

- **수도권 지역**: 서울, 경기, 인천의 리드
- **지방 지역**: 서울, 경기, 인천 지역을 제외한 지역의 리드

4. 구매 의도에 따른 분류

- **시연 요청 리드**: 제품 데모나 시연 요청을 한 리드
- **구독 문의 리드**: 가격 및 요금에 관한 문의를 한 리드

5. 직책에 따른 분류

- **실무자**: 의사결정권이 없는 리드
- **의사결정권자**: 대표, 경영진, 팀장 등 의사결정권이 있는 리드

B2C 커머스 브랜드의 CRM 마케팅 리드 분류 예시

1. 방문 횟수에 따른 분류

- **최초 방문**: 특정 기간 동안 1회 방문한 리드
- **재방문**: 특정 기간 동안 2회 이상 방문한 리드

2. 관심사 및 선호도에 따른 분할

- **카테고리 관심사**: 특정 제품 카테고리에 관심이 있는 리드 (예: 의류, 가전제품, 화장품 등)
- **브랜드 선호도**: 특정 브랜드에 대한 선호가 있는 리드

3. 구매 행동에 따른 분류

- **장바구니 담기**: 상품을 장바구니에 담았지만 결제하지 않은 리드
- **구매 버튼 클릭**: 구매 버튼을 클릭한 리드

4. 검색 행동에 따른 분류

- **검색 이력**: 검색 이력이 있는 리드

- **검색 키워드**: 특정 키워드를 검색한 리드 (예: 여성 원피스, 남자 바지 등)

5. 획득 경로에 따른 분류

- **자연 유입**: 검색엔진을 통해 획득한 고객
- **광고 유입**: SNS 광고를 통해 획득한 고객

리드 분류는 B2B와 B2C 회사에서 각각 다르게 적용되며, 그 차이는 고객의 수와 기대 수익, 그리고 구매 고려 기간 등에 의해 결정됩니다. B2B 회사는 리드가 소중하므로 소규모의 리드 또는 리드 그룹별로 마케팅을 진행하며, 이들의 제품이나 서비스는 대체로 고관여 제품입니다. 반면에 B2C 회사는 대중을 대상으로 마케팅을 진행하며, 구매 고려 기간이 상대적으로 짧습니다. 이러한 특성에 따라서 B2B SaaS 브랜드에서는 기업 규모, 업종, 지역, 구매 의도 및 직책 등 다양한 요인을 통해 리드를 분류합니다. 한편 B2C 커머스 브랜드에서는 방문 횟수, 관심사 및 선호도, 구매 행동과 검색 행동, 그리고 획득 경로 등을 기준으로 리드를 분류합니다. 이처럼 각기 다른 분류 방법은 해당 회사의 비즈니스 모델과 고객의 특성에 따라 다르게 적용돼야 합니다.

▼ B2B 채용 솔루션 서비스 예시

리드 분할 수준 1	리드 분할 수준 2	리드 분할 수준 3
웹사이트 방문	웹사이트 방문	방문 횟수/방문 페이지
	신청 페이시 소회	조회 횟수
	블로그 콘텐츠 조회	조회 횟수
기업 규모	대기업	연간 매출액 규모
	중소기업	연간 매출액 규모
업종	금융 서비스	직책
	IT 서비스	직책
구매 의도	시연 요청	시연 방법
	가격 문의	가격 문의 채널
고객 관심사	채용 솔루션	현재 사용 중인 솔루션
	인재 검색	현재 사용 중인 솔루션

5.2 | CRM 마케팅 '리드 스코어링(Lead Scoring)'

리드 스코어링이란?

리드 스코어링(Lead Scoring)은 CRM 마케팅에서 사용되는 중요한 전략적 도구입니다. 이 작업은 각 리드(잠재 고객)의 중요도를 책정하고 전환율을 높이기 위해 잠재 고객의 프로필 정보와 행동 데이터를 분석하여 고객마다 점수를 매기는 작업입니다.

CRM 마케터는 잠재 고객의 프로필 정보와 행동 데이터를 종합적으로 평가하여 각 리드에게 적합한 점수를 할당합니다. 이를 통해 CRM 마케터는 가장 구매 가능성이 높거나 고객 가치가 높은 리드에 집중할 수 있습니다. 또한 점수를 부여한 리드에 맞춘 개인화된 마케팅을 제공하여 최종 전환율을 높일 수 있습니다. 리드에 점수를 부여할 때는 연령, 성별, 지역 등의 프로필 정보와 웹사이트 방문 빈도, 페이지 조회 수, 구매 이력 등의 행동 데이터를 활용할 수 있습니다.

채용 솔루션을 제공하는 B2B SaaS 회사를 예시로 살펴보겠습니다. 이 회사는 대기업과 중소기업을 대상으로 서비스를 제공하고 있습니다. 회사 입장에서는 채용 예산과 채용 인원이 많은 대기업이 더 중요한 리드로 보일 수 있습니다. 그래서 대기업 리드에 중소기업 리드보다 더 높은 점수를 부여할 수 있습니다. 또한, 리드 중 서비스의 시연 요청을 한 경우 구매 의도가 높은 리드라고 판단하여 추가적인 점수를 부여할 수 있습니다. 이러한 방식으로 스코어링된 결과에 따라 CRM 마케터는 가장 높은 점수를 받은 리드들과 우선적으로 상호작용하고 맞춤형 콘텐츠와 제안을 제공함으로써 최종 전환율을 높일 수 있습니다.

리드 스코어링은 전환율 최적화와 자원 효율화에 도움이 됩니다. 우리 회사의 제품이나 서비스에 관심도가 높거나 행동 패턴이 유사한 리드 그룹에 집중함으로써 맞춤형 CRM 마케팅을 통해 전환율을 개선할 수 있습니다. 그리고 한정된 자원 내에서 점수가 높은(가치 있는) 리드 그룹을 우선적으로 타기팅함으로써 자원(리소스)을 효율적으로 사용할 수 있습니다. 정리하면, 리드 스코어링은 각 리드의 프로필과 행동 데이터를 바탕으로 점수를 부여하여 중요한 리드와 그렇지 않은 리드로 분류하는 방법입니다. 이를 통해 각 리드의 중

요도를 정확히 판단하고, 그에 따라 개인화된 마케팅 전략을 펼쳐 전환율을 높이는 데 큰
도움이 됩니다. 또한, 가치가 높은 리드 위주로 효율적인 자원 분배가 가능합니다.

리드 스코어링이 필요한 이유

리드 스코어링은 특히 B2B 회사에서 매우 중요합니다. B2B 회사는 일반적으로 B2C 회사
에 비해 고객의 수가 적지만, 각 고객이 가져다주는 가치와 장기적인 거래 가능성이 더 큽
니다. 따라서 각 리드의 가치를 정확하게 평가하고 우선순위를 결정하는 것이 매우 중요합
니다. B2B 회사는 리드 스코어링을 통해 마케팅과 세일즈 팀이 가장 유망한 리드에 집중
하여 개인화된 마케팅 전략을 통해 최종 전환율을 높일 수 있습니다. 또한 이는 한정된 자
원을 최대한 효율적으로 활용하여 ROI(Return On Investment)를 극대화하는 데 도움이
됩니다.

1. 리드의 가치 평가와 우선순위 결정

   모든 리드가 동일한 가치를 갖지는 않습니다. 어떤 리드는 구매에 더 가깝고, 어떤 리드는 그렇지 않을 수
   있습니다. 또한, 어떤 리드는 장기적인 가치가 크고, 어떤 리드는 가치가 낮을 수 있습니다. 리드 스코어링
   을 통해 각각의 리드가 얼마나 가치 있는지 판단하고 각 리드의 우선순위를 결정할 수 있습니다.

2. 전환율 향상

   점수가 높은 리드들은 우리가 원하는 행동으로 이어질 가능성이 높습니다. 모든 리드의 전환율을 신경쓰
   며 자원을 낭비하는 것이 아니라, 전환 가능성이 높은 리드들에게 마케팅 자원을 집중함으로써 보다 개인
   화된 마케팅 전략을 통해 전환율을 높일 수 있습니다.

3. 자원 활용 최적화 및 ROI 극대화

   리드의 우선순위를 결정하여 한정된 자원을 효율적으로 활용할 수 있습니다. 점수를 통해 어떤 리드가 유
   망한 리드인지 파악할 수 있습니다. 마케팅팀은 이런 유망한 리드 위주로 자원을 활용하여 ROI(Return
   On Investment)를 극대화할 수 있습니다.

4. 세일즈와 마케팅 협업 촉진

   세일즈팀과 마케팅팀 간 리드 스코어링 기준을 설정하고 공유함으로써 두 부서 간의 유기적인 협업이 가
   능합니다. 각 리드의 전환 가능성과 함께 어떤 리드부터 세일즈를 해야 효과적인지 합의할 수 있습니다.
   리드 스코어링은 두 팀 간의 커뮤니케이션을 개선하고 목표 달성에 대한 합의를 도모하게 도와줍니다.

리드 스코어링 예시

앞서 설명한 것처럼 '리드 스코어링'은 유망한 리드를 분류하고, 이들에게 자원을 집중하여 개인화된 마케팅을 제공할 수 있도록 도와줍니다. 이를 통해 고가치 리드의 전환율을 높이고, 효율적인 자원 투자를 통한 ROI 극대화가 가능합니다. 리드 스코어링은 특히 B2B 서비스를 제공하는 회사에서 중요하게 사용되는 개념입니다. 이번에는 리드 스코어링이 어떻게 활용이 되는지 예시를 통해 살펴보겠습니다.

가상의 시나리오: B2B SaaS 스타트업 '톡투게더'

기업 대상으로 기업의 내부 직원들이 협업을 위해 사용하는 메신저(사내 메신저)를 제공하는 B2B SaaS 스타트업 '톡투게더'라는 회사가 있습니다. 지난 2년간 톡투게더는 80%의 높은 고객 리텐션(서비스 유지 비율)을 보이고 있습니다. 그래서 기존 기업 고객을 대상으로 하는 마케팅보다는 신규 기업 고객을 확보하기 위한 마케팅에 힘을 쏟고 있습니다. 신규 기업 고객을 확보하기 위한 웹사이트의 마케팅 퍼널/고객 여정은 다음과 같습니다.

- 메인 페이지〉 서비스 소개 페이지〉 도입 성공 사례〉 가격 페이지〉 도입 문의하기

지수는 톡투게더에서 근무하는 3년차 마케팅 담당자입니다. 그녀는 회사 웹사이트에 방문하는 모든 사람이 서비스를 바로 신청하지 않는다는 것을 알고 있습니다. 그래서 지수는 리드 스코어링이라는 방법을 사용하기로 했습니다. 지수는 홈페이지에 방문한 모든 리드를 대상으로 각각의 리드가 어느 정도로 서비스 신청에 가까운지 점수를 매기기로 결정했습니다.

- **메인 페이지 방문**: 처음으로 고객이 톡투게더 회사의 메인 페이지에 들어오면 지수는 이 고객을 리드로 분류하고 10점을 부여합니다.

- **서비스 소개 페이지 방문**: 만약 리드가 '서비스 소개' 페이지까지 넘어간다면 이제 그들은 톡투게더와 같은 서비스를 찾고 있다고 판단할 수 있으므로 추가로 20점을 부여합니다.

- **도입 성공 사례 페이지 방문**: 다음으로, '도입 성공 사례' 페이지까지 넘어온다면 그들은 톡투게더 서비스 도입을 고려하고 있다고 볼 수 있으므로 추가로 30점을 부여합니다.

- **가격 페이지 방문**: 만약 리드가 가격 정보까지 확인했다면 진지하게 서비스 도입을 고려하고 있다고 보아 추가로 40점을 부여합니다.

- **도입 문의하기 클릭**: 마지막으로, [도입 문의하기] 버튼을 클릭하는 행동은 가장 직접적인 전환 행동이므로 최종적으로 50점을 부여하여 총합 점수를 완성합니다.

지수가 설정한 점수 기준으로 보면 각 리드가 얻게 될 점수는 최소 10점에서 최대 150점까지입니다. 이렇게 각 단계별 접속과 활동에 따른 점수 부여(리드 스코어)를 통해 지수는 어떤 리드에 우선순위를 두고 집중해야 할지 판단할 수 있게 되었습니다. 이제 지수는 점수가 높은 리드들에 집중하여 개인화된 마케팅 전략을 세우고, 그들이 서비스를 도입하도록 유도할 수 있습니다. 다음 표를 참고하여 이러한 기준으로 각각의 리드에 점수를 부여한 예시를 확인해 볼 수 있습니다.

▼ 톡투게더의 리드 스코어링 예시 표

마케팅 퍼널 단계	리드 A	리드 B	리드 C	리드 D	리드 E
메인 페이지 방문 (10점)	O	O	O	O	O
서비스 소개 페이지 방문 (20점)	O	O	O	–	–
도입 성공 사례 페이지 방문 (30점)	–	O	O	O	–
가격 페이지 방문 (40점)	–	O	–	O	–
도입 문의하기 클릭 (50점)	–	O	–	O	–
총 점수	30	150	60	130	10

비즈니스 모델에 따른 리드 스코어링 활용 예시

1. 온라인 교육 플랫폼

리드 스코어링을 활용하여 학습 관심이 높은 리드를 식별할 수 있습니다. 예를 들어, 특정 강의 페이지를 여러 번 방문한 리드에게는 50점, 무료 강좌에 등록한 리드에게는 추가로 30점을 부여합니다. 이렇게 점수가 높은 리드들에게 우선적으로 신규 강의 정보나 개인화된 학습 계획을 제공하여 지속적인 서비스 이용을 유도할 수 있습니다.

2. 소프트웨어 서비스 제공 업체

웹사이트 방문 기록과 데모 신청 여부를 고려하여 리드 스코어링을 진행합니다. 예를 들면, 웹사이트 방문만 한 리드에게는 10점, 데모 신청한 리드에게는 추가로 40점을 부여하고 이들에게 맞춤형 제품 소개 자료나 실제 성공 사례 등의 정보를 제공하여 서비스 도입의사 결정을 도울 수 있습니다.

3. 전자 상거래 플랫폼

상품 카테고리 검색 및 장바구니 담기 등으로 리드 스코어링을 활용할 수 있습니다. 예시로는 특정 카테고리 상품 검색만 한 고객에게는 20점, 장바구니까지 담았으나 구매 행동까지 이어지지 않은 고객에게는 추가로 30점을 부여하고 해당 상품 관련 할인 혜택을 제공하여 구매를 독려할 수 있습니다.

4. 온라인 여행 예약 플랫폼

접속과 검색 패턴 등의 데이터를 바탕으로 점수화가 가능합니다. 예를 들어, 목적지 검색만 한 경우엔 20점, 일정까지 설정해본 경우엔 추가적으로 30점, 그리고 본인의 이메일로 가격 변경 알림을 설정한 경우에는 추가로 50점을 부여할 수 있습니다. 이렇게 분류한 상위 리드 그룹에게 개인화된 여행 정보와 할인 특가 등을 제공하여 실제 예약으로 이어질 수 있도록 유도할 수 있습니다.

5. 소셜 미디어 광고 플랫폼

리드의 광고 클릭 횟수와 상호작용 빈도를 바탕으로 점수를 매깁니다. 예를 들어, 광고를 클릭만 한 리드에게는 10점, 광고에 좋아요나 댓글을 남긴 리드에게는 추가로 20점, 공유까지 한 리드에게는 추가로 30점을 부여합니다. 그리고 광고와의 상호작용 활동이 많은 리드에게는 특별한 프로모션 혜택이나 사은품 등을 제공하여 지속적으로 서비스를 이용하도록 유도할 수 있습니다.

6. 온라인 음악 스트리밍 서비스

사용자의 음악 장르 및 아티스트 선호도 등의 데이터를 바탕으로 리드를 점수화합니다. 예컨대, 자주 듣는 장르나 아티스트가 명확한 사용자에게는 30점을 부여하고, 새롭게 발견한 아티스트를 계속해서 듣는 사용자에게는 추가로 20점을 부여합니다. 또한 추천곡 리스트에서 곡을 자주 저장하는 사용자에게는 추가로 50점을 부여합니다. 이렇게 리드에게 부여된 점수를 바탕으로 관련된 음악 추천이나 할인 멤버십 등의 마케팅 전략을 적용하여 지속적인 서비스 이용을 유도할 수 있습니다.

7. 온라인 건강 및 피트니스 플랫폼

리드의 운동 관심사와 운동 레벨, 그리고 서비스 이용 패턴 등을 고려하여 리드를 분류하고 점수를 매깁니다. 예를 들어, 신규 가입자가 초기 무료 수업을 신청하면 20점, 일정 기간 내 지속적으로 운동하는 경우 추가로 30점, 그리고 유료 프로그램이나 제품 구매 행동이 있는 경우 추가로 50점을 부여합니다. 이런 방식으로 점수가 높은 리드들에 대해서 개인화된 프로그램 소개나 회원 혜택 제공 등의 마케팅 전략으로 신규 구독자 확보와 구독 유지를 도모할 수 있습니다.

'리드 스코어링'은 잠재 고객인 리드의 프로필과 행동 데이터를 바탕으로 전환 가능성을 예측할 수 있는 점수를 부여하는 방법입니다. 이러한 리드 스코어링을 활용하여 CRM 마케터는 집중해야 할 리드 그룹을 파악하고, 이들에게 한정된 자원을 효율적으로 투입하여 최종 전환율을 높일 수 있습니다. 다음 표를 참고하여 각 리드별 프로필 점수와 행동 점수를 바탕으로 리드를 분류하고 점수를 부여할 수 있습니다. 또한, 이를 통해 각 리드의 전환율을 높일 수 있는 CRM 마케팅 전략을 세우고 실행할 수 있습니다.

▼ 리드 스코어링 예시 표

고객 정보	행동 점수	프로필 점수	리드 분류	CRM 마케팅
고객 1	5	–	가격 페이지 조회	웹사이트에서 추가 정보 요청 유도 팝업 메시지 표시
고객 2	10	–	데모 신청	무료 데모 일정 예약 및 제품 데모 자료 공유
고객 3	3	–	웹사이트 방문	채용 관련 블로그 구독 유도 및 관련 블로그 글 이메일 발송
고객 4	7	–	데모 신청 버튼 클릭	데모 신청 안내 및 지원 혜택 전달

고객 정보	행동 점수	프로필 점수	리드 분류	CRM 마케팅
고객 5	–	10	대기업	대기업 채용 솔루션 사용 사례 및 업무 효율성 정보 제공
고객 6	–	5	중소기업	중소기업용 가격 채널 및 채용 팁 및 리소스 공유
고객 7	–	6	IT 서비스	IT 업계 인재 획득 전략 웨비나 초대 및 채용 관련 콘텐츠 공유
고객 8	–	8	금융 서비스	금융 서비스 업계 채용 동향 웨비나 초대 및 업계 리포트 다운로드

5.3 CRM 마케팅 '리드 너처링(Lead Nurturing)'

리드의 구매 가망성

마케팅의 핵심 목표 중 하나는 보유하고 있는 리드 중 가능한 한 많은 리드를 실제 고객으로 전환시키는 것입니다. 하지만 리드를 고객으로 전환시키는 과정은 쉽지만은 않습니다. 왜냐하면 모든 리드가 동일한 구매 가능성이 있는 게 아니기 때문입니다. 예를 들어, 어떤 사람은 방금 회사의 존재를 알게 된 초기 단계의 리드일 수 있고, 다른 사람은 이미 제품에 대해 많이 알고 있어 구매 결정을 내릴 준비가 된 상태인 성숙한 리드일 수 있습니다.

전 세계적으로 2,000만 명 이상 사용하고 있는 협업 툴 노션(Notion)의 예시를 들어보겠습니다. 노션은 2020년 이반 자오(Ivan Zhao)가 설립한, 샌프란시스코에 본사를 둔 협업 SaaS이며, 업무 생산성을 높이는 프로젝트 및 기록 관리 솔루션입니다. 노션에 관심을 가지고 있는 '영희'와 '철수'라는 가상의 리드를 알아보겠습니다.

첫 번째 리드인 영희는 오늘 자기계발 유튜브를 시청하다가 노션이라는 서비스를 알게 됐습니다. 영희는 검색을 통해 노션 웹사이트에 접속하여 둘러보면서 '괜찮다'라는 생각을 했습니다. 하지만 아직 노션을 어떻게 사용하는지, 노션이 자신의 업무에 어떻게 도움이 될 수 있는지 확실히 파악하지 못했습니다. 이러한 지수는 구매 가망성이 낮은 초기 단계 리드로 분류될 수 있습니다. 이런 리드들은 기본적인 제품 정보와 사용 방법 등을 알려주며 신뢰를 쌓아나가야 합니다. 따라서 '노션'의 CRM 마케터가 지수에게 제공해야 하는 것은 제품 가이드, 실제 사용 케이스, 사용자 후기, 무료 체험 등이 될 수 있습니다.

반면 두 번째 리드인 철수는 직장 동료의 추천으로 이미 일주일 전부터 노션에 대한 정보를 찾아보며 다른 협업 도구와 비교하고 있었습니다. 일주일 간 얻은 정보를 바탕으로 기존에 사용하던 프로젝트 관리 서비스 대신 자신에게 노션이 더욱 생산성을 높여줄 것이라고 판단했습니다. 이러한 철수는 제품 이해도가 높고, 다른 서비스와 비교 판단까지 끝내고 구매 결정을 내릴 준비가 된 성숙한 리드입니다. 구매 가능성이 매우 높은 리드에 속한다고 볼 수 있습니다. 이런 경우, 노션의 CRM 마케터는 직접적인 구매 유도 전략으로 접근해야 합니다. 이미 구매를 고민하고 있는 철수에게는 할인 코드 제공, 프리미엄 기능 소개, 심화 사용법 강좌 등의 액션을 취할 수 있습니다.

이처럼 모든 리드는 동일한 구매 가망성을 가지지 않습니다. 각각의 리드는 서로 다른 상황과 구매 단계에서 출발하기 때문에 마케팅 전략 역시 다르게 접근해야 합니다. 우리 회사의 제품이나 서비스를 처음 알게 된 초기 단계의 리드에게는 제품 정보와 성공 케이스를 보여주고, 제품을 잘 알고 있는 성숙한 리드에게는 할인 혜택이나 추가적인 서비스를 제공하는 것입니다. 앞에서 설명한 '리드 스코어링(Lead Scoring)'에서 설명했듯이 리드 각각의 구매 가망성은 매우 다를 수 있습니다. 따라서 CRM 마케터는 구매 가망성이 낮은 리드의 구매 가망성을 높여 최종 구매까지 연결할 수 있는 효과적인 마케팅 전략이 필요합니다.

우리가 보유한 리드 각각의 상황과 단계가 다르기 때문에 가장 적합한 방식으로 접근하여 모든 종류의 리드를 최종 고객으로 만들어 나갈 수 있어야 합니다. 따라서 구매 가망성이 낮은 리드를 구매로 이끌기 위한 구체적인 마케팅 전략이 필요하며, 이러한 과정에서 '리드 너처링' 개념을 활용할 수 있습니다.

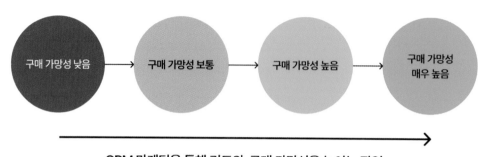

CRM 마케팅을 통해 리드의 <u>구매 가망성을 높이는 작업</u>

리드의 구매 가망성 도식화

리드 너처링이란?

'리드 너처링(Lead Nurturing)'은 CRM 마케팅의 중요한 전략 중 하나로, 구매 가망성이 낮은 리드를 전략적으로 관리하여 구매 가망성을 높이는 과정입니다. 모든 리드가 동시에 구매 단계로 진입하면 좋겠지만, 실제로 그럴 가능성은 희박합니다. 앞에서 살펴봤듯이 각 리드는 서로 다른 구매 단계에 위치하며, 그에 따라 제품과 서비스에 대한 이해도와 구매 가망성에서 차이를 보입니다. 따라서 CRM 마케터는 리드 간 구매 가망성의 차이를 인식하고, 구매 가망성이 낮은 리드를 구매로 이끌 수 있는 마케팅 전략을 활용할 수 있어야 합니다.

리드 너처링이란 서로 다른 구매 단계에 위치한 각 리드를 점차적으로 구매 단계로 이끌어가는 전략입니다. '너처링(Nurturing)'이라는 단어의 뜻이 양육인 것처럼, 구매 가망성이 낮은 리드가 구매로 이어질 수 있도록 '양육'하는 과정이라고 이해할 수 있습니다. 리드 너처링 전략을 활용할 때 리드를 구매 가망성에 따라 '콜드 리드(Cold Lead)'부터 '핫 리드(Hot Lead)'로 분류합니다. 콜드 리드는 우리 제품이나 서비스를 접했지만 아직까지 관심이 없는 단계의 리드입니다. 반대로 핫 리드는 우리 제품이나 서비스를 잘 이해하고 있고, 구매를 고려하고 있는 단계의 리드입니다. 리드 너처링은 콜드 리드를 핫 리드로 변화시키는 과정을 포함하며, 제품이나 서비스에 대한 정보 제공부터 신뢰 구축, 관계 형성까지 다양한 CRM 마케팅 활동을 진행합니다.

예를 들면, 웹사이트 방문 후 뉴스레터를 구독한 콜드 리드에게 제품 정보와 기업 소식 등 기본적인 정보를 주기적으로 보내줍니다. 시간이 지나면서 해당 리드의 반응과 행동(예: 이메일 클릭률, 사이트 방문 수) 등을 분석하여 관심 분야와 성향에 맞춘 콘텐츠 및 서비스를 추가로 소개합니다. 최종적으로, 할인 코드나 특별 프로모션 등의 판매 자극 요소를 통해 핫 리드로 전환시킬 수 있습니다. 이렇게 핫 단계로 접어든 리드는 구매 가망성이 가장 높은 구매 직전 단계에 위치합니다.

가상의 B2B 인사관리 서비스를 제공하는 'HR나라'라는 회사의 사례를 통해 리드 너처링 과정을 더 자세히 살펴보겠습니다.

가상의 시나리오: HR나라

기업 대상으로 임직원의 근태관리, 성과평가 등의 인사관리 서비스를 제공하는 'HR나라'라는 가상의 회사가 있습니다. HR나라는 인사관리 서비스 특성상 전환 비용이 높기 때문에 서비스를 사용하기 시작하면 다른 서비스로 변경하기 어렵다는 특징을 가지고 있습니다. 과거에 쌓인 인사관리 데이터를 다른 서비스로 옮기기가 어렵고, 새로운 서비스를 도입하면 임직원 대상 교육 비용이 많이 발생하기 때문입니다. 따라서 HR나라의 마케터가 집중해야 하는 것은 신규 고객사 확보입니다.

HR나라는 리드(잠재 고객)를 확보하기 위해 웹세미나를 정기적으로 개최하고 있습니다. 정기 웹세미나는 직원 동기부여, 성과평가, 채용관리 등 인사 담당자들이 관심을 가질 만한 주제로 진행되며, 무료 등록을 통해 다수의 리드를 확보하는 전략을 사용하고 있습니다. 잠재 고객들은 인사관리와 관련된 정보를 얻기 위해 자신의 개인정보를 제출하고 무료 웹세미나에 등록합니다. 이렇게 확보한 리드는 우리 제품이나 서비스에 대한 관심보다는 인사관리에 대한 정보에 관심을 가지고 웹 세미나를 신청한 콜드 리드에 속하게 됩니다.

지난 번 진행된 '성공적인 동료 평가'를 주제로 한 무료 웹세미나에 '수민'이라는 300명 규모 회사의 HR매니저가 이름과 회사 메일 주소를 제출하고 참여했습니다. 수민은 HR나라라는 회사나 그들이 제공하는 서비스에 관심이 없으며, 단지 인사관리와 관련된 정보를 얻기 위해 웹세미나에 참여했습니다. HR나라의 CRM 마케터는 수민이라는 콜드 리드를 핫 리드로 전환시키기 위해 여러 단계의 마케팅 커뮤니케이션을 시작해야 합니다.

우선 HR나라의 CRM 마케터는 수민에게 인사관리 최신 트렌드와 팁, 외국 사례 등 유익한 내용을 담은 뉴스레터를 일주일에 한 번 발송합니다. 인사관리 정보와 함께 뉴스레터의 중간 중간에 HR나라 서비스에 대한 정보를 자연스럽게 녹여서 보냅니다. 그 후, 수민의 콘텐츠 반응도(이메일 클릭률 등)와 웹사이트 방문 기록 등을 분석하여 그녀가 관심을 가질 만한 주제를 좁히기 시작합니다. 분석 결과, 수민은 인사관리 분야 중에서 특히 성과평가에 관심이 많은 것을 확인할 수 있었습니다. 그래서 HR나라 CRM 마케터는 성과평가와 관련된 깊이 있는 정보를 담은 PDF 자료를 만들어서 수민에게 다운로드 받을 수 있는 메시지를 보냈습니다. 이 PDF 자료에는 성과평가 기능을 제공하는 5가지 인사관리 서비스의 비교 자료와 함께 HR나라의 성과평가 기능에 대한 구체적인 정보를 담아서 회사의 서비스에 대한 관심을 유도했습니다. 또한, PDF 자료 마지막 장과 PDF 다운로드를 유도하는 이메일에 서비스의 [데모 시연 요청] 버튼을 추가했습니다. HR 담당자 수민은 성과 평가에 대한 관심이 많았기 때문에 HR나라에서 보낸 PDF 자료를 다운로드 받고 바로 내용을 확인했습니다. 그리고 평소에 고민하던 성과 평가에 대한 내용이 잘 정리되어 있으며 체계적으로 성과평가를 관리할 수 있는 HR나라 서비스에 대한 관심이 생겼습니다. 그래서 PDF 마지막 장에 있는 [데모 시연 요청] 버튼을 통해 데모 시연을 요청했습니다.

무료 웹세미나를 신청할 당시 수민은 콜드 리드였습니다. 하지만 HR나라의 리드 너처링 과정으로 인해 데모 시연까지 신청하는 핫 리드로 변했습니다. 처음에는 서비스에 대한 관심도 없었지만, 이제는 서비스에 관한 관심은 물론 도입을 검토하기 위해 데모 시연까지 신청하게 된 것입니다. 이 단계에서는 HR나라의 CRM 마케터 또는 영업 담당자가 HR 매니저 수민에게 데모 시연을 제공하면서 개인화된 프로모션을 제공하여 직접적인 계약을 유도할 수 있습니다. 데모 시연과 함께 맞춤형 프로모션 혜택을 제공받은 수민은 경영진과의 논의 끝에 HR나라의 인사관리 서비스를 도입하기로 결정했습니다.

가상의 브랜드 HR나라의 사례를 통해 리드 너처링을 구체적으로 알아봤습니다. 리드 너처링은 기본적으로 리드의 구매 가망성을 높이는 전략입니다. 우리가 확보한 리드의 구매 가망성은 각기 다름을 인식하고, 각 리드를 점차적으로 구매 단계로 이끌어가는 전략적인 방법입니다.

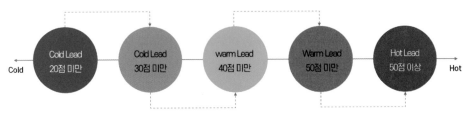

리드 너처링(Lead Nurturing) - 콜드 리드와 핫 리드

이제 다음 주제인 '리드 너처링 활용 예시'에 대해 알아보겠습니다. 사례를 통해 비즈니스 모델별로 어떻게 리드 너처링 전략이 활용될 수 있는지 살펴보겠습니다.

리드 너처링 활용 예시

리드 너처링이 무엇인지 감을 잡으셨나요? 요약하면, 우리 회사가 확보한 리드를 최종 구매 단계까지 전환시키기 위해 리드와의 긍정적인 상호작용을 지속하는 것입니다. CRM 마케팅에서 중요한 리드 너처링 전략을 잘 활용하기 위해서는 다음의 4가지 요소를 고려해야 합니다.

1. 개인화: 리드의 특성과 관심에 따른 맞춤형 콘텐츠와 제안 제공

2. 분석과 측정: 리드의 행동을 정량화하고 개선하기 위한 데이터 분석

3. 지속적인 상호 작용: 리드가 최종 전환되기까지 지속적인 상호작용 유지

4. 다양한 채널 활용: 리드 대상으로 다양한 온라인 및 오프라인 채널 활용

성공적인 리드 너처링 전략을 위해서는 리드의 행동과 니즈를 이해하고, 지속적인 상호작용을 통한 고객 관계 강화가 필요합니다. 개인화된 접근 방식은 더 많은 리드의 참여와 반응을 유도할 수 있습니다. 이렇게 반응한 리드의 행동 데이터를 분석하여 가장 효과적인 마케팅 메시지와 채널을 발견할 수 있습니다. 콜드 리드에서 핫 리드로 전환되기까지는 일정한 시간이 필요하기 때문에 지속적인 상호작용이 중요합니다. 이러한 상호작용은 하나의 채널보다는 리드를 둘러싼 다양한 채널을 활용하는 것이 효과적입니다.

이미 수많은 회사에서 CRM 마케팅 전략으로 리드 너처링을 활용하고 있습니다. 리드 너처링은 다양한 산업에서 활용되며, 각 기업의 특성에 따라 다르게 적용됩니다.

CRM 마케팅 전략의 중요한 부분인 리드 너처링 활용 방법을 가상의 B2B 웨비나 개최 서비스, 콘텐츠 구독 서비스, 프리미엄 가구 브랜드의 사례를 통해 설명하겠습니다.

1. B2B 웨비나 개최 서비스 – '웨비나프로'

'웨비나프로'는 기업이 웹세미나를 개설하고 참여자를 모으고 진행 과정을 관리할 수 있는 서비스를 제공하는 브랜드입니다. 웨비나프로는 '성공적인 웨비나의 3요소'라는 주제로 무료 웨비나를 개최하여 콜드 리드를 확보합니다. 이후 콜드 리드 대상으로 웨비나와 관련된 유용한 정보를 주2회 이메일로 제공합니다. 이 과정에서 리드는 웨비나프로에 대한 신뢰도가 쌓이며, 웨비나프로 서비스에 대한 관심을 가지기 시작합니다. 회사에서 웨비나를 진행할 계획이 생긴 기업들은 웨비나프로의 기능과 비용을 찾아보기 시작합니다. 그중 일부 리드는 웨비나프로 팀에서 제공하는 교육 영상을 시청합니다. 이렇게 교육 영상을 시청한 리드 대상으로 웨비나프로에서 1:1 상담 제안과 프리미엄 서비스 소개, 프로모션 혜택 등을 제안하며 구매 결정을 유도합니다.

- '성공적인 웨비나의 3요소'를 주제로 무료 웨비나 개최를 통한 콜드 리드 확보
- 콜드 리드 대상으로 웨비나와 관련된 유용한 정보를 주2회 이메일로 제공
- 콜드 리드 중 일부는 웨비나 진행 계획이 생겨 '웨비나프로' 기능과 비용 탐색
- 탐색한 리드 중 일부는 교육영상 시청
- 교육영상 시청한 리드 대상으로 1:1 상담, 프리미엄 서비스 소개, 프로모션 혜택 등을 제안하며 구매 결정 유도

2. 콘텐츠 구독 서비스 – '리딩클럽'

'리딩클럽'은 검증된 독서 인플루언서의 독서노트와 리뷰 콘텐츠를 제공하는 구독 서비스입니다. 리딩클럽은 잠재 고객의 이메일 주소를 수집하기 위해 최신 도서 정보와 작가 인터뷰, 요약된 독서노트 등의 무료 콘텐츠를 제공합니다. 이렇게 확보한 콜드 리드 대상으로, 리드의 독서 성향과 관심 주제에 맞춘 도서 추천 리스트와 리뷰 콘텐츠를 지속적으로 제공하여 신뢰를 확보합니다. 다만, 무료로 제공하는 콘텐츠에는 요약된 리뷰 콘텐츠만을 제공하며, 다양한 관점의 독서노트를 제공하지는 않습니다. 이렇게 이메일을 구독하고 있

는 콜드 리드 중 일부는 관심있는 책을 발견합니다. 리딩클럽은 이렇게 콜드 리드가 관심이 생긴 한 권의 책에 한해 유료 콘텐츠로 제공하는 전체 독서노트 콘텐츠를 공개합니다. 전체 독서노트 콘텐츠를 읽은 리드는 핫 리드 단계로 전환됩니다. 리딩클럽은 이런 핫 리드를 대상으로, 프리미엄 멤버십 제안, 할인 코드 제공, 실제 사용자 인터뷰 등의 제안을 통해 최종 구독자로의 전환을 유도합니다.

- 최신 도서 정보와 작가 인터뷰, 요약된 독서노트 등의 무료 콘텐츠 세공을 통한 콜드 리드 확보
- 콜드 리드에게 독서 성향과 관심 주제에 맞춘 도서 추천 리스트와 리뷰 콘텐츠를 지속적으로 제공
- 콜드 리드에게 관심이 생긴 한 권의 책에 한하여 유료 콘텐츠로 제공하는 전체 독서노트를 무료로 공개
- 콜드 리드 중 일부 리드는 무료로 제공된 전체 독서노트를 소비하며 서비스의 가치를 느끼고 다른 콘텐츠에도 관심을 가지는 핫 리드로 전환
- 핫 리드에게 멤버십 제안, 할인 코드 제공, 실제 사용자 인터뷰 등의 제안을 통해 최종 구독자로 전환 유도

3. 프리미엄 가구 브랜드 – '네이처우드'

'네이처우드'는 고급스러운 자연 친화적인 가구를 판매하는 온라인 브랜드입니다. 네이처우드는 사이트 방문자들에게 이메일 주소를 남기면 추천 가구 정보, 인테리어 팁 등의 유용한 정보를 제공한다고 알립니다. 가구 관련 정보를 원하는 잠재 고객은 자신의 이메일 주소를 남기며 '콜드 리드'로 전환됩니다. '네이처우드'는 '콜드 리드' 대상으로 추천 가구 정보, 인테리어 팁, 그리고 할인 이벤트 등에 대한 정보를 지속적으로 제공하며 신뢰도를 쌓아나갑니다. 이 과정에서 사용자들이 반응하는 가구 정보, 할인 이벤트 등과 웹사이트 검색 기록 등의 데이터를 분석하여 리드별 개인화된 마케팅 이메일을 발송합니다. 이런 마케팅 이메일에 반응하는 리드는 핫 리드로 전환됩니다. 이들에게는 특별 프로모션, VIP 프로그램 등을 제공하여 최종적으로 구매를 유도합니다.

- 추천 가구 정보, 인테리어 팁 등의 유용한 정보를 제공하여 콜드 리드 확보
- 콜드 리드에게 가구 정보, 인테리어 팁, 그리고 할인 이벤트 등에 대한 정보를 지속적으로 제공
- 리드의 행동 데이터를 분석하여 개인화된 마케팅(광고) 이메일 발송

- 마케팅 이메일에 반응한 리드는 핫 리드로 전환

- 핫 리드에게 특별 프로모션, VIP 프로그램 등의 제안을 통해 최종 구매 결정 유도

리드 너처링은 CRM 마케팅의 핵심적인 전략입니다. 각 기업의 상황과 목표에 따라 맞춤화된 리드 너처링 전략을 개발하고 실행함으로써 잠재 고객들과의 관계를 체계적으로 관리하고, 그들을 최종 고객으로 전환시키는 데 큰 도움이 됩니다. 이러한 접근 방식은 위에서 설명한 가상의 기업 웨비나프로, 리딩클럽, 네이처우드의 예시처럼 다양한 산업에서 활용될 수 있습니다.

각 기업의 비즈니스 모델, 타깃 고객, 제품 또는 서비스 특성 등에 따라 리드 너처링 전략은 달라져야 합니다. 이렇게 맞춤화된 리드 너처링 전략을 통해 각기 다른 위치에 있는 리드를 대상으로 적절한 시기에 적절한 메시지를 제공함으로써 구매 결정을 유도할 수 있습니다.

리드의 단계별 구분: Lead-MQL-SQL-Customer

우리는 앞서 리드를 고객으로 전환시키는 과정을 이해하기 위해 '콜드 리드'와 '핫 리드'의 개념을 사용했습니다. 잠재 고객의 관심도와 구매 의사에 따른 분류로, 콜드 리드는 이제 막 기업과 접촉하여 아직 관심과 구매 의사가 낮은 상태의 리드를 나타내고, 핫 리드는 이미 제품이나 서비스에 대한 관심이 확실하고 구매 의사가 높은 리드라고 했습니다. 이렇게 콜드 리드와 핫 리드로 분류하는 방법도 있지만, 세일즈가 중요한 기업에서는 'MQL(Marketing Qualified Lead)', 'SQL(Sales Qualified Lead)'이라는 개념을 사용하기도 합니다.

최종 구매 전환에 세일즈가 중요한 기업, 마케팅팀과 세일즈팀의 협업이 중요한 기업에서는 리드가 고객으로 전환되는 단계를 Lead, MQL, SQL, 그리고 Customer로 구분합니다. MQL은 마케팅팀에 의해 식별된 잠재적인 구매자로서 제품에 대한 관심이 확인된 경우를 말합니다. SQL은 판매팀에서 직접 팔로업할 만큼 충분한 가능성을 가진 MQL을 나타냅니다. 마지막으로 Customer는 최종적으로 제품 혹은 서비스 구매 결정을 내린 사람들입니다.

- **Lead**: 이 단계의 리드는 기업이 처음 접촉한 잠재 고객을 의미합니다. 이들은 기업의 제품이나 서비스에 관심이 있을 수도 있고 아닐 수도 있습니다. 예를 들어 웹사이트 방문자나 이메일 구독자, 무료 웹세미나 참가자 등이 여기에 해당됩니다.

- **MQL(Marketing Qualified Lead)**: MQL은 마케팅팀이 자사 제품 혹은 서비스에 대해 관심을 보인 잠재 고객으로 판단하는 리드를 의미합니다. 이들은 다양한 마케팅 캠페인을 통해 얻어진 데이터 분석 결과를 바탕으로 선별됩니다. 예를 들어, 회사 뉴스레터 구독자 중에서 자주 콘텐츠를 클릭하거나 특정 제품 페이지를 여러 번 방문하는 사용자 등이 여기에 해당됩니다.

- **SQL(Sales Qualified Lead)**: SQL은 판매 가능성이 높다고 판단되어 판매 팀에게 전달된 MQL입니다. 이들은 일반적으로 구매 결정을 내리기 직전의 상태로 볼 수 있으며, 개인화된 접근 및 팔로업이 필요합니다. 예를 들어, 웹세미나에 참석한 사용자 중 데모 시연을 요청한 사용자가 여기에 해당합니다.

- **Customer**: 최종적으로 SQL 단계의 리드가 제품 혹은 서비스 구매 결정을 내린 경우 Customer라고 부릅니다.

리드 전환 단계 구분은 기업이 고객의 구매 여정을 이해하고, 각 고객에게 가장 효과적인 마케팅 메시지와 전략을 제공하는 데 있어 중요합니다. 각 리드가 현재 어떤 단계에 위치하고 있는지를 파악함으로써 마케팅 및 세일즈 팀은 그들의 요구와 관심사에 가장 잘 맞는 정보와 솔루션을 제공할 수 있습니다. 하지만 이러한 전환 단계는 고정적인 것이 아닙니다. 고객의 요구나 상황은 시간과 함께 변하기 때문에 기업은 계속해서 리드의 상태를 모니터링하고 적절히 대응해야 합니다. 또한 이러한 리드의 전환 단계 구분은 CRM 시스템 내에서 잘 정의되고 관리돼야 하며, 모든 팀원들이 이를 이해하고 일관된 방식으로 활용해야 효과적입니다.

5.4) 리드 수집과 연계 CRM 마케팅 사례

지금까지 리드(Lead)에 대해 이해하고, 리드를 구매까지 이끌 수 있는 리드 스코어링과 리드 너처링에 대해 알아봤습니다. 비즈니스가 지속적으로 성장하기 위해서는 더 많은 리드를 확보하고, 확보한 리드를 고객으로 전환시킬 수 있는 마케팅 전략이 필요합니다. 마지막으로 실제 기업에서 어떤 방식으로 리드를 확보하고, 그들을 고객으로 전환시키는 CRM 마케팅 전략을 적용하는지 살펴볼 차례입니다.

잠재 고객의 정보를 확보하는 마케팅을 DB(Database) 수집 마케팅이라고 부릅니다. 이렇게 DB가 확보된 사용자를 '리드(Lead)'라고 지칭하는 것입니다. 많은 기업이 DB 수집 마케팅을 진행하고 있으며, 이렇게 수집한 고객 정보를 바탕으로 최종 구매 전환 단계까지 이끌어내는 CRM 마케팅을 진행하고 있습니다. 고객 정보 수집은 다양한 방법으로 이루어질 수 있습니다. 예를 들어, 웹사이트 방문자에게 뉴스레터 구독 신청을 받을 수도 있고, 무료 자료집을 신청 받을 수도 있습니다. 또, 무료 웨비나 신청이나 추첨 이벤트 응모를 통해서도 고객 정보를 수집할 수 있습니다.

이렇게 수집된 고객 정보는 CRM 시스템을 통해 관리되며, 각 잠재고객에게 적절한 커뮤니케이션과 서비스를 제공하는 데 사용됩니다. 일부 고객은 맞춤형 상품 추천에 반응할 것이고, 다른 고객은 할인 프로모션 정보에 반응할 것입니다. CRM 마케터는 각 잠재고객의 특성과 니즈를 파악하고 이해하며, 맞춤형 마케팅 전략을 수립할 수 있습니다. 잠재 고객 정보를 수집하고, 이들의 프로필 정보와 행동 데이터를 분석하여 맞춤형 마케팅 전략을 수립하는 과정에서 앞서 배운 '리드 스코어링'과 '리드 너처링' 전략을 활용하게 됩니다.

수집된 고객 정보(DB)와 연계된 CRM 마케팅 전략은 실제로 많은 브랜드에서 실행되고 있습니다. 고객 정보를 수집하면 끝나는 것이 아니라, 수집된 고객 정보를 바탕으로 어떻게 그들을 구매로 전환시킬 수 있을지가 중요합니다. 실제 기업들의 사례를 바탕으로 어떻게 잠재 고객 정보를 확보하는지, 그리고 확보한 고객 정보를 활용하여 어떻게 CRM 마케팅 전략을 세우는지 알아보도록 하겠습니다.

이메일 뉴스레터

미디어 스타트업 '뉴닉(NEWNEEK)' 사례

고슴도치 캐릭터인 '고슴이'로 유명한 '뉴닉(NEWNEEK)'은 23년 10월 기준 약 57만 명의 뉴스레터 구독자를 보유하고 있는 한국의 미디어 스타트업입니다. '우리가 시간이 없지, 세상이 안 궁금하냐!'라는 마케팅 카피를 앞세워 10분 내외로 읽을 수 있는 짧은 기사 여러 개를 이메일로 보내주고 있습니다. 어려운 주제나 뉴스기사를 친구가 말하듯 쉬운 용어로 친절하게 설명하는 것이 큰 인기를 끌어 빠르게 뉴스레터 구독자를 확보했습니다.

뉴닉은 뉴스레터 구독자를 대상으로 유료 광고를 제공하는 수익모델과 모바일앱에서 유료 콘텐츠를 판매하는 수익모델을 가지고 있습니다. 또한, 온라인 굿즈 판매 수익모델도 가지고 있습니다. 그래서 뉴닉의 무료 뉴스레터를 구독하는 사람들은 유료 콘텐츠와 굿즈의 잠재고객임과 동시에 유료 광고의 고객이 됩니다.

뉴닉은 무료 뉴스레터 구독을 통해 잠재 고객을 확보합니다. 뉴스레터를 구독할 때 이메일 주소와 닉네임 정보를 수집합니다. 이렇게 확보한 이메일 주소로 월요일부터 금요일까지 주5회 뉴스레터를 발송합니다. 이 뉴스레터에는 다양한 카테고리의 세상 소식이 담겨 있고, 종종 광고 콘텐츠도 담겨 있습니다. 또한, 모바일앱 설치 유도와 유료 콘텐츠를 홍보하며 구매 전환을 유도하기도 합니다. 그리고 웹사이트와 뉴스레터에 종종 굿즈 판매를 홍보하기도 합니다.

이메일 뉴스레터를 주력으로 하는 콘텐츠 회사들은 DB 수집 연계 CRM 마케팅의 대표적인 사례입니다. 이메일 자체가 CRM 마케팅 채널이기도 하고, 무료 뉴스레터를 통해 확보한 잠재 고객에게 정기적으로 이메일을 발송하기 때문입니다. 뉴닉의 경우, 무료 뉴스레터 구독을 통해 잠재 고객의 이메일 주소와 닉네임 정보를 수집합니다. 이렇게 수집한 이메일 주소로 세상 소식을 담은 양질의 뉴스레터를 지속적으로 발송하여 구독자의 신뢰도를 쌓아나갑니다. 이 과정에서 뉴스레터 구독자 대상으로 다른 브랜드와 광고 콘텐츠를 만들어 발송하여 수익을 얻습니다. 또한, 뉴스레터 지면에 모바일앱 설치 유도와 유료 콘텐츠에 대한 홍보를 통해 유료 고객으로의 전환을 유도합니다.

뉴닉(NEWNEEK)의 DB 수집과 CRM 마케팅 연계 흐름

- 세상 소식을 쉽게 전하는 무료 뉴스레터로 잠재 고객 정보 확보
- 무료 뉴스레터 구독자 대상으로 양질의 콘텐츠 제공
- 무료 뉴스레터 구독자 대상으로 다른 브랜드의 광고 콘텐츠 제작 후 발송
- 뉴스레터 지면에 모바일앱 설치와 유료 콘텐츠 구매 유도
- 모바일앱 설치자 대상으로 유료 콘텐츠 구매 유도

뉴닉 웹사이트 이메일 구독 배너 (출처: 뉴닉)

뉴닉 뉴스레터 구독 시 발송되는 웰컴 이메일 (출처: 뉴닉)

비즈니스 뉴스레터 회사 '모닝 브루(Morning Brew)' 사례

'뉴스레터계의 아이돌'이라는 별명을 가진 '모닝 브루(Morning Brew)'는 2015년 창업 후 2020년에 '비즈니스 인사이더(Business Insider)'에 약 800억 원에 인수된 뉴스레터 서비스 회사입니다. '우리는 보다 읽기 즐거운 경제 뉴스'라는 목표 아래 활동하는 모닝 브루(Morning Brew)는 23년 기준 400만 명이 넘는 뉴스레터 구독자를 보유하고 있는 미디어 회사입니다. 젊은 프로페셔널 독자를 위한 버티컬 뉴스레터를 지향하며, 비즈니스, 경제, 금융, 기술 및 문화가 뉴스레터 주제를 구성합니다. 그리고 각각의 주제에 대한 버티컬 뉴스레터를 함께 운영합니다. 모닝 브루는 뉴스레터 구독자들에게 카페인을 섭취하듯이 매일 아침 이메일 뉴스레터를 접하게 합니다.

모닝 브루의 주요 수익모델은 뉴스레터에 삽입된 광고 수익입니다. 모닝 브루의 구독자 대상으로 제품이나 서비스를 홍보하고 싶은 기업들은 모닝 브루에 광고 비용을 지불하고 뉴스레터 지면에 광고를 노출합니다. 또한, 모닝 브루는 전문가들을 위한 교육 플랫폼도 운영하고 있습니다. 모닝 브루는 뉴닉과 마찬가지로 무료 뉴스레터 구독자가 고객이 되는 구조입니다. 뉴스레터 구독자가 많고, 이들의 데이터가 구체적일수록 더 많은 기업이 모닝 브루에 광고를 맡기게 되기 때문입니다. 그래서 모닝 브루는 매일 무료로 받아볼 수 있는 뉴스레터를 제공하며 잠재 고객의 이메일을 확보합니다. 추가로, 뉴스레터를 구독하게 되면 모닝 브루 커뮤니티에 가입하라는 제안과 함께 이름, 직업, 거주지, 관심사 등에 대한 구체적인 정보를 요청합니다. 이렇게 확보한 고객 정보를 바탕으로 맞춤화된 콘텐츠를 제공하며, 파트너사의 광고에 적합한 타깃을 설정할 수 있습니다.

모닝 브루도 뉴스레터가 주력 서비스로, 이메일 뉴스레터를 통한 DB 수집과 연계 CRM 마케팅이 모두 진행됩니다. 잠재 고객의 정보(예: 이메일 주소)를 뉴스레터 구독을 통해 수집하고, 이들에게 양질의 경제 뉴스를 제공하여 잠재 고객의 신뢰와 충성도를 높이고 있습니다. 구독자들의 높아진 충성도는 파트너사의 광고 반응도를 높이고, 교육 프로그램에 참여할 가능성을 높여줍니다.

모닝 브루의 DB 수집과 CRM 마케팅 연계 흐름

- 읽기 즐거운 경제 뉴스를 전하는 무료 뉴스레터로 잠재 고객 정보 확보

- 무료 뉴스레터 구독자 대상으로 양질의 콘텐츠 제공

- 무료 뉴스레터 구독자 대상으로 다른 브랜드의 광고 콘텐츠 제작 후 발송

- 뉴스레터 지면에 버티컬 뉴스레터 구독 유도 (예: Marketing Brew)

- 뉴스레터 지면에 비즈니스 교육 프로그램 제안

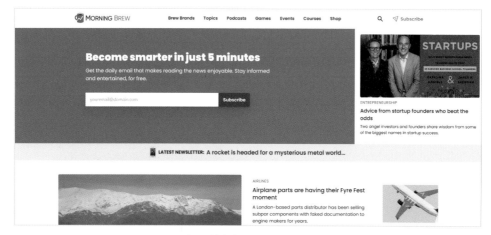

모닝브루 웹사이트 뉴스레터 구독 배너

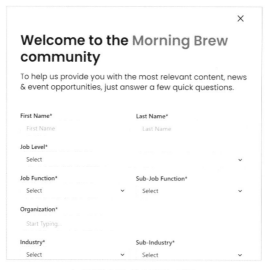

뉴스레터 구독 시 수집하는 정보

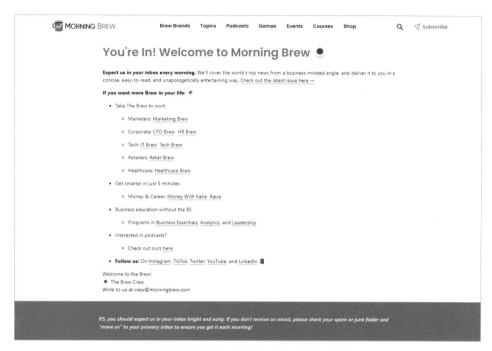

뉴스레터 구독 완료 시 연결되는 웰컴 메시지 페이지

무료 자료/정보 제공

마케팅 솔루션&컨설팅 서비스 'AB180' 사례

데이터 기반의 마케팅 솔루션을 제공하는 'AB180'은 다양한 업계의 클라이언트들에게 앰플리튜드와 브레이즈, 에어브릿지와 같은 마케팅 솔루션 도입을 컨설팅하고 교육하는 한국의 스타트업입니다. AB180은 마케팅 솔루션 도입이 필요한 클라이언트를 확보하기 위해 블로그 글을 발행하고, 웹세미나를 개최하며, '노스 스타 플레이북'과 같은 무료 자료집을 제공합니다. 특히, 웹세미나와 무료 자료집을 통해 잠재 고객의 정보를 수집하고, 이들을 대상으로 '리드 너처링' 과정을 거치며 지속적으로 잠재 고객과의 관계를 구축합니다.

AB180은 잠재 고객 정보를 수집하기 위해 잠재 고객들이 관심을 가질 만한 주제로 양질의 무료 자료집을 제작합니다. '노스 스타 플레이북'과 같은 플레이북 형태의 자료집부터 다양한 회사의 성공 케이스를 담은 자료집 등을 제작하여 무료로 배포합니다. 잠재 고객들은 이러한 무료 자료집을 다운로드 받기 위해서 자신들의 개인 정보를 제공해야 합니다. 보통 이름, 회사명, 직책, 휴대폰 번호, 회사 이메일 주소 등의 정보를 제출하게 됩니다. 이렇게 수집된 잠재 고객의 데이터는 CRM 시스템에 저장되어 분석 및 활용됩니다. 이런 잠재 고객들에게는 최신 마케팅 트렌드와 유용한 팁 등의 정보성 뉴스레터를 제공할 수도 있고, 무료 웨비나 개최를 알리고 신청을 받을 수도 있습니다. AB180은 확보한 잠재 고객들의 정보를 활용하여 이들이 자사에서 제공하는 마케팅 솔루션에 관심이 생기게 만들고 도입에 대한 니즈가 생길 수 있도록 적절한 CRM 마케팅 전략을 활용합니다.

> AB180의 DB 수집과 CRM 마케팅 연계 흐름
>
> - '노스 스타 플레이북' 등 무료 자료집 제공을 통한 잠재 고객 정보 확보
>
> - 수집된 잠재 고객 정보를 CRM 시스템에 저장 및 분석
>
> - 정기적인 뉴스레터 발송을 통한 신뢰성 확보와 관계 유지
>
> - 무료 웨비나 개최 참여 유도를 통한 관심도 증대
>
> - 프로모션 혜택과 솔루션 도입 성공사례 인터뷰 콘텐츠를 통한 도입 문의 유도

통합 인사관리 플랫폼 'flex' 사례

'flex'는 다양한 규모의 기업을 대상으로 근태, 급여, 연차, 계약 등을 효율적으로 관리할 수 있는 통합 인사관리 플랫폼을 제공하는 한국 스타트업입니다. flex는 잠재 고객을 확보하기 위해 유료 광고, 무료 체험 제공, 블로그 콘텐츠 발행, 무료 웹세미나 등을 적극적으로 진행하고 있습니다. 특히, 인사 담당자들이 관심을 가질만한 주제로 무료 정기적인 웹세미나를 개최하여 잠재 고객을 확보하고 있습니다. 목표 설정, 미팅 가이드, 채용 전략, 인사관리 제도 등에 대한 웹세미나를 무료로 개최하여 다수의 인사 담당자 리드를 확보하는 전략을 사용합니다.

flex는 잠재 고객이 무료 웹세미나를 신청할 때 몇 가지 리드를 분류할 수 있는 정보를 수집합니다. 이름, 회사, 직무와 직책, 회사 규모와 같은 정보를 통해 새롭게 확보한 리드를 분류하고 관리합니다. flex는 무료 웹세미나를 신청한 잠재 고객들의 이메일로 웹세미나의

홍보와 HR 관련 양질의 콘텐츠를 제공합니다. 이렇게 웹세미나와 콘텐츠를 통해 flex와 잠재 고객 간에 신뢰도가 형성되며, 잠재 고객은 flex의 서비스에 관심을 가지게 됩니다. 서비스에 관심을 가지기 시작한 잠재 고객 대상으로는 고객사 인터뷰와 서비스 기능 소개 등의 콘텐츠를 통해 잠재 고객의 관심도를 높여 데모 시연 또는 무료 체험을 유도합니다. 데모 시연을 요청했거나 무료 체험을 신청한 잠재 고객들은 구매 가망성이 높은 단계로 전환되며, 이 시점부터는 전담 세일즈 매니저가 붙어서 1:1상담, 온보딩 지원, 서비스 교육, 프로모션 제공 등을 통해 최종 도입을 유도합니다.

flex의 DB 수집과 CRM 마케팅 연계 흐름

- HR 관련 무료 웹세미나 제공을 통한 잠재 고객 정보 확보

- 수집된 잠재 고객 정보를 CRM 시스템에 저장 및 분석

- 회사 규모, 직책 등에 따라 리드 분류 후 정기적인 콘텐츠 제공

- 서비스에 관심을 보인 잠재 고객을 대상으로 고객 인터뷰와 기능 소개 콘텐츠 제공

- 구매 의도가 생긴 잠재 고객 대상으로 데모 시연 요청 또는 무료 체험 신청으로 전환 유도

- 데모 시연 요청 또는 무료 체험 신청 잠재 고객 대상으로 1:1 상담, 온보딩 지원, 프로모션 제공 등을 통해 최종 도입 유도

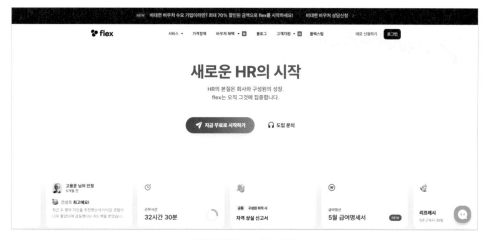

플렉스 웹사이트 메인 페이지

플렉스 웨비나 모집 페이지

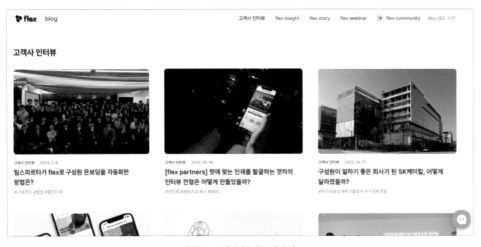

플렉스 고객사 인터뷰 페이지

알림 신청/추첨 이벤트

라이브커머스 플랫폼 '그립(Grip)' 사례

'그립(Grip)'은 수많은 셀러와 실시간 소통하며 최저가 쇼핑을 경험할 수 있는 라이브커머스 플랫폼입니다. 그립(Grip)은 일반적인 커머스 플랫폼과 유사하게 잠재 고객을 확보하기 위해 유료 광고와 바이럴에 집중했습니다. 이런 그립(Grip)이 21년 하반기에 첫 브랜딩 캠페인을 진행합니다. 그리고 이 브랜딩 캠페인 오픈과 함께 대규모 프로모션을 진행했습니다. 이 프로모션에서 그립은 최대한 많은 잠재 고객을 확보하기 위해 '알림 신청' 이벤트를 주요한 전략으로 가져갔습니다. 3주 동안 진행된 프로모션은 매주 새로운 콘셉트의 프로모션 내용과 혜택이 공개됐고, 오픈 소식을 먼저 받을 수 있는 것이 '알림 신청'이었습니다. 잠재 고객이 '알림 신청' 이벤트에 참여하면 추첨을 통해 경품을 제공하는 방식이었습니다.

'알림 신청' 이벤트를 통해 수많은 잠재 고객의 휴대폰 번호를 수집했으며, 수집 시 마케팅 수신 동의를 함께 요청했습니다. 프로모션 기간 동안 이렇게 수집한 잠재 고객의 연락처를 활용하여 앱 설치 유도, 가입 유도, 첫 구매 유도 등 '리드(Lead)'를 '고객(Customer)'으로 전환시키기 위한 다양한 CRM 마케팅 전략을 활용했습니다.

먼저, 매주 신규 프로모션 오픈 시 알림 신청한 잠재 고객을 대상으로 오픈 소식을 알렸으며, 경품 추첨 이벤트의 결과를 확인하라는 메시지를 보내서 플랫폼으로 유입을 유도했습니다. 이 과정에서 잠재 고객들은 앱을 설치하고, 앱을 설치한 잠재 고객 대상으로는 신규 가입 혜택을 안내하며 가입을 유도하는 CRM 메시지를 발송했습니다. 그리고 잠재 고객에서 신규 가입자로 전환된 사용자 대상으로는 첫 구매 혜택과 라이브 방송 추천 콘텐츠를 통해 첫 구매를 유도했습니다. 이렇게 B2B 회사가 아니라 B2C 회사에서도 잠재 고객 정보를 수집하고, 그들을 대상으로 CRM 마케팅을 통해 최종 구매를 유도하는 전략을 활용할 수 있습니다.

> 그립(Grip)의 DB 수집과 CRM 마케팅 연계 흐름
>
> - 프로모션 기간 동안 알림 신청 이벤트를 통해 잠재 고객 정보 확보
> - 프로모션 기간 동안 알림 신청한 잠재 고객 대상으로 적극적인 CRM 마케팅 진행

- 알림 신청 잠재 고객에게 프로모션 오픈을 알리며 앱 설치 유도

- 앱 설치한 잠재 고객 대상으로 신규 가입 혜택을 제공하여 가입 전환 유도

- 회원가입 전환된 잠재 고객 대상으로 첫 구매 혜택과 라이브 방송 추천을 통해 첫 구매 전환 유도

지금까지 각기 다른 회사의 DB 수집 연계 CRM 마케팅 사례를 살펴봤습니다. 이번 챕터에서 배운 '리드 분류', '리드 스코어링', '리드 너처링'의 개념을 실제로 어떻게 활용하는지 실제 회사들의 사례를 통해 엿볼 수 있었습니다. CRM 마케팅에서는 리드라는 개념이 정말 중요하며, 회사가 확보한 리드를 최대한 많이 최종 전환시키는 것이 주요 목표입니다.

CRM 마케터는 잠재 고객이 자신의 정보를 우리 회사에 제출하여 리드가 된 시점부터 최종 구매 전환까지의 과정을 단계별로 설계할 수 있어야 합니다. 우리 제품과 서비스에 관심이 없는 '콜드 리드' 단계부터 제품과 서비스에 대한 구매 의도가 높은 '핫 리드'까지 최종 구매 전환을 일으킬 수 있는 CRM 마케팅 전략을 세워야 합니다. 이를 위해 리드 스코어링과 리드 너처링의 개념을 명확히 이해하고, 실제 기업들의 사례를 참고하여 우리 회사에 적합한 DB 수집 연계 CRM 마케팅을 세울 수 있기를 바랍니다.

CRM 모수 분류	리드 분류	리드 스코어링	리드 너처링
우리 브랜드 CRM 모수의 광고수신동의/ 구매 가망성	우리 브랜드에 맞게 리드 카테고라이징	프로필/행동 요소에 따른 기준 설정과 점수 매기기	리드의 구매 가망성을 높이기 위한 단계별 맞춤 CRM

DB 수집 연계 CRM 마케팅 순서

[CRM 시나리오] 회원가입/온보딩

6.1 회원가입 유저의 중요성

회원가입 유저가 왜 중요할까?

CRM 마케팅은 주로 서비스에 가입한 사용자들을 대상으로 실행되는 전략입니다. 이런 맥락에서 회원가입 유저는 CRM 마케팅의 핵심 요소로 작용합니다. 이 절에서는 CRM 마케팅의 관점에서 회원가입 유저의 중요성에 대해 설명하려고 합니다.

회원가입 유저란, 특정 서비스나 제품에 대한 관심을 바탕으로 자신의 정보를 제공하고 가입한 사용자들을 의미합니다. 이러한 회원가입 유저들은 비즈니스 성장과 발전에 필수적이며, CRM 마케팅 전략의 잠재력을 실현하는 중추적인 역할을 수행합니다. 그렇다면 왜 회원가입 유저가 이처럼 중요한지 세 가지 주요 이유를 살펴보겠습니다.

첫째, 회원가입 유저를 대상으로 직접적인 CRM 마케팅 메시지를 전송할 수 있습니다. 사용자들이 회원가입 과정에서 제공하는 정보를 통해 잠재 고객의 연락처(예: 이메일 주소나 휴대폰 번호)를 확보하게 됩니다. 이 정보로 인해 새롭게 가입한 사용자에게 첫 구매 추천 상품이나 프로모션 혜택 등의 메시지를 직접 보낼 수 있습니다.

둘째, 신규 고객을 확보하는 비용이 점점 비싸지기 때문입니다. 〈하버드 비즈니스 리뷰 (Harvard Business Review)〉에서도 언급했듯이, 신규 고객 한 명을 얻는 데는 기존 고객 하나를 유지하는 비용의 5~25배가 듭니다. 이미 회원으로 등록된 사람들은 우리 제품이나 서비스에 대해 알고 있고, 관심을 가지고 있다고 판단할 수 있습니다. 우리 제품이나 서비스를 전혀 모르는 사용자들에게 유료 광고를 통해 구매를 설득하는 것보다 회원가입한 유저를 대상으로 CRM 메시지를 통해 구매를 유도하는 것이 더 저렴한 방법입니다.

셋째, 개인화된 마케팅 전략 구축을 위해서는 회원 정보가 필수입니다. 사용자가 회원가입 시 입력하는 정보(예: 성별, 연령대, 관심사 등)를 활용해 개인화된 마케팅 메시지를 생성할 수 있습니다. 특정 연령대와 성별 그룹이 선호할 만한 제품 추천 메시지를 전송하면 해당 그룹에서 더 큰 반응과 구매율 증가를 기대할 수 있습니다.

CRM 마케팅은 일반적으로 회원가입한 사용자 대상으로 진행됩니다. 사용자의 회원가입은 CRM 마케팅에서 활용 가능한 고객 정보 확보의 시작점이며, 직접적인 메시지의 전달을 가능하게 합니다. 따라서 회원가입 유저는 CRM 마케팅의 잠재력을 실현하는 중요한 요소로 작용하며, 그들의 수는 CRM 마케팅의 도달 범위와 영향력을 대변합니다. 결론적으로 말하면, 회원가입 유저는 CRM 마케팅에서 매우 중요한 위치를 차지합니다.

회원가입 유저의 임팩트

회원가입 유저 수에 따라 CRM 마케팅의 임팩트는 상당한 차이를 보입니다. CRM 마케팅의 임팩트는 CRM 마케팅 활동을 발생시킬 수 있는 기대 매출입니다. 간단하게 말해, 회원가입 유저 수가 많으면 그만큼 CRM 마케팅을 통해 발생시킬 수 있는 매출이 높을 수 있습니다.

예를 들어, 온라인 쇼핑몰 A사와 B사를 비교해보겠습니다. A사는 10만 명의 회원을 가지고 있고, B사는 1만 명의 회원을 가지고 있습니다. 이런 경우 CRM 마케팅 측면에서 동일한 혜택의 프로모션 메시지를 회원 대상으로 보냈을 때, A사에서 얻는 매출이 B사보다 훨씬 더 클 확률이 높습니다. 프로모션 메시지를 통해 회원 중 5%가 구매로 이어진다고 했을 때, A사는 5,000명(100,000×5%)이 구매로 이어지고 B사는 500명(10,000×5%)이 구매로 이어집니다. 이렇게 회원 가입자 수에 따라 CRM 마케팅의 임팩트는 확연히 달라질 수 있습니다.

회원가입 유저 수는 CRM 마케팅의 단기적인 임팩트뿐만 아니라 장기적인 임팩트를 가져옵니다. 이는 CRM 마케팅이 고객과의 지속적인 상호작용을 통해 매출을 발생시키기 때문입니다. 따라서 시간이 지남에 따라 회원가입 유저 수가 많은 기업과 그렇지 않은 기업 간의 CRM 마케팅 임팩트 차이는 점점 커질 수 있습니다. 장기적인 임팩트에 영향을 주는 3가지 이유를 살펴보겠습니다.

첫째, 매출 기회의 확장입니다.

회원가입 유저 수가 많아질수록 사용자 한 명당 제공할 수 있는 제품 또는 서비스의 판매 기회도 함께 증가합니다. 위에서 언급한 온라인 쇼핑몰 A사와 B사의 예시를 다시 생각해 보면, 동일한 CRM 프로모션 메시지를 전송했을 때 A사는 B사에 비해 10배의 구매자를 획득했습니다. 이러한 패턴은 앞으로 진행될 모든 프로모션에서도 동일하게 나타날 것입니다. 따라서 회원가입 유저 수가 증가함에 따라 장기적인 매출 기회도 함께 확장됩니다.

둘째, 실험 및 최적화 작업에 필요한 데이터 양이 증가합니다.

CRM 마케팅의 효과와 서비스 개선을 위해서는 A/B 테스트 등 다양한 실험을 진행합니다. 회원가입 유저가 많을수록 최적화를 위한 실험 기회가 많아지고, 실험을 통해 얻을 수 있는 데이터도 많아집니다. 만약 '신규 가입자는 얼마의 할인율에 가장 반응할까'라는 실험을 진행한다면 A사는 B사보다 훨씬 더 빠른 시간 내에 통계적으로 유의미한 결과를 얻을 수 있습니다.

셋째, 회원가입 유저 수는 기업의 기초 체력을 강화하는 데 중요한 역할을 합니다.

회원가입 유저 수가 많다는 것은 그만큼의 매출 기회를 의미하며, 이는 안정적인 사업 운영으로 이어집니다. 이렇게 축적된 기초 체력은 새로운 고객 확보에 필요한 자본력을 제공합니다. 때문에 회원가입 유저 수가 많은 회사는 그렇지 않은 회사보다 더 큰 비용을 새로운 고객 확보에 투자할 수 있습니다. 예를 들어, 위의 A사는 B사보다 더 많은 회원을 보유하고 있으므로, 그만큼 더 강력한 기초 체력을 갖추고 있다고 할 수 있습니다. 따라서 A사는 B사에 비해 새로운 고객 확보에 더 큰 비용을 투자할 수 있는 여력이 있습니다.

결국, 회원가입 유저는 CRM 마케팅의 성공을 좌우하는 중요한 요소입니다. 그들은 매출 기회의 확장, 데이터 기반 실험 및 최적화, 그리고 사업의 안정성과 확장 가능성 등에 결정적인 영향을 미칩니다. 따라서 기업은 지속적으로 신규 고객을 유치해야 하며, 이 과정에서 회원가입 유저 수를 증가시키는 것이 필수입니다. 다음으로는 지속적으로 신규 회원가입 유저를 확보해야 하는 이유에 대해 알아보겠습니다.

지속적으로 신규 회원가입 유저를 확보해야 하는 이유

CRM 마케팅의 주요 타깃은 '회원 정보를 가진 사용자'로, 크게 미구매자와 구매자로 나눌 수 있습니다. 예를 들어, 우리 회사가 10,000명의 회원을 보유하고 있고, 그중 30%인 3,000명이 구매했다고 가정해봅시다. 그렇다면 나머지 7,000명은 아직 미구매 상태입니다.

만약 추가적인 신규 회원 확보 없이 미구매자 7,000명 대상으로 CRM 마케팅을 계속 진행한다면 어떻게 될까요? 처음 3개월 동안 CRM 마케팅을 통해 추가로 2,000명이 구매하게 됐습니다. 그래서 기존 7,000명의 미구매자 중 5,000명이 미구매 상태로 남았습니다. 그럼 미구매자 5,000명을 대상으로 3개월 동안 CRM 마케팅을 진행한다면 다시 2,000명의 구매자를 만들 수 있을까요? 그럴 가능성은 굉장히 낮습니다. 왜냐하면 제품에 대한 관심이 높고 구매 의사가 있는 사람들은 초기에 이미 구매자로 전환됐기 때문입니다. 여전히 미구매 상태로 남은 회원들은 '구매 가능성이 낮은 회원'이라고 볼 수 있으며, CRM 마케팅을 지속하게 된다면 점점 더 구매 가능성이 낮은 회원만 남게 될 것입니다.

따라서 한정된 타깃 모수(회원)를 대상으로 한 CRM 마케팅의 효과는 시간이 지남에 따라 점차 감소합니다. 이러한 문제를 해결하기 위해서는 신규 회원 확보가 필수입니다. 즉, 장기적으로 CRM 마케팅 효과를 유지하고 개선하기 위해서는 지속적으로 신규 회원을 확보해야 합니다. 이를 위해 CRM 마케팅은 신규 사용자 유입을 담당하는 Paid 마케팅 등과 협력하여 CRM 타깃 모수를 늘리는 전략이 필요합니다.

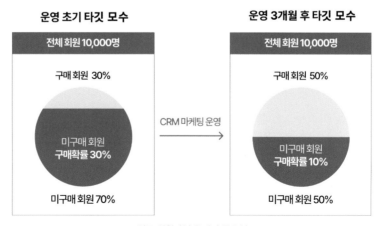

신규 회원가입 유저의 중요성

CRM 마케팅을 운영하면 기존 회원들 중 구매 가능성이 높은 회원들이 구매로 연결됩니다. 시간이 지나면 구매 가능성이 낮은 회원들만 남게 되어 점점 효과가 줄어들게 됩니다.

회원가입 유저의 '양(Quantity)'과 '질(Quality)'

앞서 CRM 마케팅에서 회원가입 유저는 중요하며, 장기적인 관점에서 새로운 회원가입 유저를 확보하는 것이 CRM 마케팅의 중요한 과제라고 말했습니다. 이렇게 CRM 마케팅에 중요한 회원가입 유저를 우리는 '양(Quantity)'과 '질(Quality)'의 관점에서 바라볼 수 있습니다. 이 두 요소는 서로 다른 측면을 보여주며, 각각은 CRM 마케팅 전략의 성공에 중요한 역할을 합니다.

먼저, 회원가입 유저의 양은 CRM 마케팅의 발송 모수와 직결됩니다. '얼마나 많은 사용자를 가입시켰는가?'라는 질문에 대한 답이기도 합니다. 예를 들어, 1만 명의 회원을 보유한 기업은 CRM 메시지를 발송할 때 최대 1만 명 대상으로 발송할 수 있으며, 1천 명의 회원을 보유한 기업이라면 최대 1천 명 대상으로 메시지를 발송할 수 있습니다.

이러한 회원가입 유저의 양은 CRM 마케팅을 통한 매출 기회를 확장하는 데 크게 기여합니다. 또한, 회원가입 유저의 양이 많으면 많을수록 A/B 테스트와 같은 실험 및 최적화 작업의 결과를 빠르게 확보할 수 있습니다. 따라서 우리는 회원가입 유저의 양이 많을수록 좋다는 것은 쉽게 이해할 수 있습니다.

그러나 단지 회원가입자 수만을 증가시키는 것으로는 부족합니다. 회원가입 유저의 양만큼이나 중요한 것이 바로 회원가입 유저의 질입니다. 이것은 '어떤 종류의 사용자들이 가입했는지', 즉 '얼마나 구매 가능성이 높은 사용자들을 확보했는지'와 관련된 문제입니다. 우리 제품이나 서비스에 관심이 없는 사용자를 많이 데려와서 단순히 회원가입 유저의 숫자만 늘리는 것은 비즈니스 성장에 도움이 되지 않습니다.

온라인 쇼핑몰 A와 B를 예로 들어 비교해 보겠습니다. 온라인 쇼핑몰 A는 회원 가입자 수가 10,000명이며 그중 제품에 관심이 있는 회원은 30%인 3,000명입니다. 반면, 온라인 쇼핑몰 B는 회원 가입자 수가 6,000명으로 A에 비해 적지만, 제품에 관심이 있는 회원은

80%인 4,800명입니다. 이런 경우 회원 수는 적지만 '질(Quality)'을 고려했을 때 쇼핑몰 B의 CRM 마케팅 효과가 더 좋을 수 있습니다. 실제로 제품에 관심을 가진, 설득하기 쉬운 회원이 A에 비해 더 많기 때문입니다.

결과적으로, 우리는 성공적인 CRM 마케팅을 위해서 회원가입 유저의 양과 질을 모두 고려해야 합니다. 즉, 많은 수의 회원을 확보해야 하며, 그 과정에서 우리 제품이나 서비스에 관심을 가지고 구매 가능성이 높은 회원 위주로 확보할 수 있어야 합니다. 그렇다면, 회원 가입자 수를 증대하기 위한 방법과 회원 가입자의 품질을 증대하기 위한 방법에는 어떤 것들이 있을까요? 회원 가입자 수와 품질을 증대할 수 있는 방법을 각각 알아보겠습니다.

회원 가입자 수(Quantity) 증대를 위한 방법

1. 외부 광고를 통한 유입자 증대

이 방법은 다양한 광고 플랫폼(예: Google AdWords, Facebook Ads 등)을 이용하여 회원가입 페이지로 직접적인 트래픽을 유도하는 것입니다. 예를 들어, 인스타그램과 같은 SNS에 유료 광고를 게재하여 잠재 고객을 웹사이트의 회원가입 페이지로 유도할 수 있습니다.

2. 회원가입 혜택을 통한 전환율 개선

웹사이트의 신규 방문자 대상으로 신규가입 혜택을 제공하여 회원가입을 적극적으로 유도할 수 있습니다. 예를 들어 신규가입자 대상으로 '첫 구매시 10% 할인'이나 '회원가입 시 바로 1,000 포인트 지급'과 같은 혜택을 제공한다면 신규 방문자들의 회원가입 전환율이 높아질 것입니다.

3. 적극적인 회원가입 버튼 노출

웹사이트 내에서 적극적으로 회원가입 버튼이나 회원가입에 관련된 메시지를 노출함으로써 사용자의 가입 의사결정을 유도하는 방법입니다. 예를 들어 웹사이트 상단 메뉴바나 팝업 창 등에 '지금 가입하고 혜택 받기!'와 같은 메시지와 함께 가장 눈에 잘 띄는 위치에 [회원가입] 버튼을 배치할 수 있습니다.

4. 서비스 이용 시 회원가입 강제

일부 서비스에서는 서비스 전체 혹은 일부 기능을 이용하기 위해서는 반드시 회원가입하도록 설정합니다. 예를 들어, 앱을 실행하면 반드시 회원가입을 해야 둘러볼 수 있다거나 커뮤니티의 글을 읽기 위해서는 로그인이 필요한 경우입니다.

5. 친구 초대 등의 바이럴 프로그램

기존 회원들이 주변 지인들에게 서비스를 공유하게끔 하여 신규 사용자를 확보하는 방법입니다. 예를 들어, '친구를 초대하면 당신과 친구 모두에게 5,000원 쿠폰을 지급합니다'와 같은 프로그램은 기존 회원들이 자발적으로 신규 회원을 모집하는 데 도움을 줍니다. 이 방법은 기존 회원들의 활동을 통해 신규 사용자를 유입시키는 '바이럴 마케팅'의 한 형태입니다.

회원가입자 품질(Quality) 증대를 위한 방법

1. 외부 광고 메시지의 정확성

광고 메시지는 타깃 고객을 명확히 선정하고 그들에게 맞춤화된 내용을 전달해야 합니다. 우리 제품이나 서비스가 필요한 사람들이 반응할 수 있는 메시지를 노출시켜 구매 가능성이 높은 사용자를 확보해야 합니다. 예를 들어, 우리 제품이나 서비스를 필요로 하는 특정 연령대, 관심사, 지역 등의 사용자를 특정하여 광고 메시지를 기획하고 노출시켜 관심도가 높은 회원을 확보할 수 있습니다.

2. 과도한 혜택 제공 피하기 (체리피킹 방지)

체리피커란 '혜택만 챙기는' 사용자를 의미합니다. 과도한 혜택을 제공하면 단기적으로 회원가입은 증가할 수 있으나, 이런 혜택을 받은 대다수 회원들은 지속적인 구매로 이어지지 않을 가능성이 높습니다. 예를 들어, 신규가입 시 추첨을 통해 경품을 제공하는 이벤트를 진행할 경우 우리 제품이나 서비스보다는 경품에 관심이 있어서 가입하는 사용자가 많을 것입니다. 또한, 파격적인 첫 구매 혜택을 받고 구매한 고객은 이후 혜택 없이 구매할 가능성이 낮을 것입니다.

3. 고품질에 대한 기준 마련 (지표)

회원 가입자 중에서 어떤 사람들이 '고객 가치'가 높은 사람인지 판별하기 위한 기준이 필요합니다. 예를 들어, 회원가입 이후 행동, 검색 이력, 상품 조회 횟수, 방문 횟수, 방문 빈도 등과 같은 지표를 설정하여 실제로 우리 제품이나 서비스에 관심이 있는 회원이 증가하고 있는지 파악할 수 있습니다.

4. 체계적인 온보딩 프로그램

신규 가입자들이 서비스의 가치와 사용 방법을 명확하게 이해할 수 있도록 도와주는 체계적인 온보딩 프로그램을 마련하는 것입니다. 예를 들어, 서비스 소개 동영상 제공, 시작하기 가이드 이메일 발송 등을 통해 신규 가입자가 서비스에 쉽게 익숙해지게 도울 수 있습니다.

5. 주기적인 회원 정리

장기간 비활동 상태인 회원이나 고객 가치가 낮은 '체리피커'들은 전체 회원의 품질을 떨어뜨릴 수 있습니다. 주기적으로 구매 가능성이 낮은 회원을 식별하고 정리함으로써 전체 회원의 품질을 개선할 수 있습니다. 예를 들어, 지난 6개월 이상 로그인하지 않은 회원을 대상으로 재활동 유도 메시지를 보냈음에도 반응이 없는 경우 회원 정보를 정리하는 방법 등이 있습니다.

정리하면, CRM 마케팅의 성공은 회원가입 유저의 '양(Quantity)'과 '질(Quality)'에 많은 영향을 받습니다. 단순히 수치적으로 많은 회원을 확보하는 것도 의미가 있겠지만, 중요한 것은 실제로 우리 제품이나 서비스에 관심을 가지고 구매 가능성이 높은 회원이 얼마나 되느냐입니다. 시장 경쟁이 점점 더 치열해지는 오늘날, 회원가입 유저의 양과 질을 높이기 위해 지속적으로 노력해야 합니다.

회원가입 유저의 '양(Quantity)'과 '질(Quality)'

6.2 회원가입 단계에서 고려해야 할 사항

회원가입 전환율 증대

더 많은 회원가입 유저를 확보하는 것은 기업의 장기적인 성장과 함께 CRM 마케팅의 성공 가능성을 높여줍니다. 오늘날 개인정보 보호정책으로 인해 사용자의 데이터 수집이 어려워지는 상황에서는 신규 방문자를 회원으로 전환시키는 작업이 더욱 중요해지고 있습니다. 우리는 성공적인 CRM 마케팅을 위해 회원가입 전환율을 높일 수 있는 몇 가지 전략을 적용해 볼 수 있습니다.

먼저, 가장 흔히 사용하는 '회원가입 혜택 제공'입니다. 신규가입 포인트 지급이나 신규가입 할인 쿠폰을 제공하여 방문자에게 회원가입의 필요성을 제안하여 회원가입 전환율을 높일 수 있습니다. 회원가입 혜택을 제공한다면, 이를 웹사이트나 앱 서비스에 최대한 많이 노출해야 합니다. 노출할 수 있는 지면으로는 메인 페이지, 팝업 배너, 이벤트 페이지, 장바구니 페이지, 상품 구매 버튼 등이 있습니다.

다음으로, 서비스 이용 시 '회원가입을 강제'하는 방법입니다. 이 방법은 앞서 언급한 '회원가입자 수 증대' 전략 중 하나로, 특정 앱 서비스에서는 사용자가 서비스를 이용하기 위해 반드시 회원가입 및 로그인을 해야 하는 조건을 설정하기도 합니다. 제 경험에 따르면, 이런 접근법이 장기적인 매출에 긍정적인 영향을 미치는 경우도 있었습니다. 그러나 비즈니스 모델과 서비스의 특성에 따라 그 결과는 달라질 수 있습니다. 해당 전략이 해당 비즈니스에 적합한지를 판단하기 위해서는 실제로 실험하고 그 결과를 분석하는 것이 중요합니다. 즉, 회원가입 강제와 같은 방법이 실제로 우리의 목표 달성에 기여하는지 확인하기 위해 A/B 테스트 등의 방법으로 검증 과정을 거쳐야 합니다.

마지막으로 '회원가입 간소화' 역시 효과적인 방법입니다. 사용자들이 복잡하고 번거로운 가입 과정 없이 쉽게 회원가입을 할 수 있다면 그만큼 더 많은 사람들이 회원으로 전환될 가능성이 높아집니다. 예를 들어 SNS 계정 연동 로그인 기능 제공, 필수 입력 항목 최소화 등을 통해 사용자가 쉽고 빠르게 가입하게 할 수 있습니다. 저자는 SNS 계정 연동 로그인 중 '카카오 로그인'을 도입하고, '카카오 싱크' 기능을 연동하는 방법을 추천합니다. 카카오 싱크 기능을 사용하면 가입 시 자연스럽게 카카오채널 친구 추가를 유도할 수 있습니다.

마케팅 수신 동의와 추가 정보 확보

회원가입 단계에서 고려해야 할 또 다른 중요 사항은 '마케팅 수신 동의'와 '추가 정보'의 확보입니다. 회원가입 단계에서 사용자는 자신의 정보를 자연스럽게 제공하게 됩니다. 그런 이유로 회사가 사용자의 정보를 가장 수월하게 얻을 수 있는 단계가 회원가입 단계이기도 합니다. 회원가입 단계에서 우리가 확보하면 좋을 정보는 다음과 같습니다.

첫째, '마케팅 수신 동의'를 얻는 것이 좋습니다.

회원 대상으로 광고성 메시지를 전송하기 위해서는 사용자의 명시적인 마케팅 수신 동의가 필요합니다. 이 동의는 사용자가 회원가입 단계에서 선택할 수 있으며, 또한 서비스 이용 과정에서 신제품 출시 알림이나 이벤트 참여 등을 통해 추가로 얻을 수도 있습니다. 다만, 마케팅 수신 동의를 받는 가장 효과적인 시점은 바로 회원가입 단계입니다. 따라서 CRM 마케팅 전략을 성공적으로 실행하기 위해서는 회원가입 단계에서 가능한 한 많은 사용자로부터 마케팅 수신 동의를 받아내는 것이 중요합니다.

둘째, '개인정보와 행동데이터 수집 동의'를 얻는 것이 좋습니다.

개인정보 보호정책의 강화로 인해 iOS 사용자는 앱을 처음 실행할 때 '사용자의 활동 추적 허용'에 대한 안내 팝업이 나타나게 됩니다. 이를 'ATT(App Tracking Transparency)'라고 부르며, 사용자가 이에 동의하면 기업은 IDFA(광고주 식별자)와 함께 사용자와 기기의 행동 데이터를 추적할 수 있게 됩니다. 이는 ATT 팝업에 동의한 사용자들에 한하여 그들의 데이터를 완전히 추적하고 분석할 수 있음을 의미합니다. ATT 팝업은 앱을 처음 실행하는 시점, 즉 회원가입 전 단계에서 뜨지만, 그 중요성 때문에 회원가입 과정과 마찬가지로 충분한 관심이 필요합니다. 또한, 구글 역시 2024년 하반기부터 구글 크롬에서 타사 쿠키를 단계적으로 중단하기로 발표했습니다. 따라서 개인정보 및 행동 데이터 수집 동의를 얻는 것은 CRM 마케팅에 중요하게 관리해야 할 요소입니다.

셋째, 더욱 풍부한 '유저 관심사 데이터'를 수집하는 것이 좋습니다.

이는 사용자의 선호 카테고리나 제품, 라이프스타일, 취향, 최근 관심사 등을 포함합니다. 회원가입 단계나 온보딩 단계에서 이런 정보를 가능한 한 많이 수집함으로써 고객의 성향과 니즈를 분석하여 개인화된 CRM 마케팅 전략을 구축할 수 있습니다. 이러한 관심사 데이터를 얻기 위해서는 직접적인 질문을 활용할 수도 있고, 다중 선택형 질문을 통해 사용자가 직접 선택하는 방식을 활용할 수도 있습니다. 예를 들어, '다음 중 가장 선호하는 디자인을 고르세요'와 같은 선택형 질문을 사용할 수 있습니다. 중요한 점은 이러한 관심사 데이터가 고정적이지 않다는 것입니다. 사용자의 취향과 관심사는 시간에 따라 변하기 때문에 가입 단계에서 받은 초기 관심사 정보를 지속적으로 업데이트하면서 최신 상태를 유지하는 것이 중요합니다.

마지막으로, '중복 가입 방지'를 신경쓰는 것이 좋습니다.

사용자가 여러 계정을 생성할 수 있는 경우, 데이터 분석에 혼란을 가져올 수 있습니다. 따라서 회원가입 단계에서 이 사용자가 이전에 가입한 적이 있는지 확인하는 절차가 필요합니다. 일반적으로 휴대폰 번호와 같은 고유한 정보를 활용하여 중복 가입을 방지합니다. 초기 단계의 기업에서는 이런 문제를 크게 인식하지 않을 수 있지만, 기업 규모가 커짐에 따라 다중 계정 생성자들이 데이터 분석 결과를 왜곡시키고 잘못된 판단을 유도하는 경우도 발생합니다.

CRM 마케팅에서 사용자의 회원가입 과정은 매우 중요한 단계이며, 이 단계에서 얻은 사용자 정보는 CRM 마케팅 전략에 결정적인 역할을 합니다. 따라서 회원가입 단계에서 가입 전환율을 어떻게 높일 수 있을지, 그리고 어떻게 양질의 정보를 확보할 수 있을지에 대한 지속적인 고민이 필요합니다. 이러한 고민은 우리를 성공적인 CRM 마케팅으로 한 걸음 더 나아가게 해주는 발판이 될 것입니다.

6.3 | 회원가입 이후 온보딩 CRM 마케팅

인지 단계는 사용자가 처음 서비스를 인지하는 순간으로 주로 회원가입과 마케팅 수신 동의 캠페인으로 사용자의 관심을 이끌어 내고 회원가입 후 온보딩 프로세스를 통하여 사용자가 서비스에 대해 인지하고 경험할 수 있도록 유도합니다.

온보딩 프로세스 – 인지 단계

사용자가 회원가입을 한 뒤에는 어떤 CRM 마케팅이 진행될까요? 회원가입을 마치는 순간은 사용자가 서비스를 적극적으로 활용할 준비가 된 최적의 타이밍이라고도 할 수 있습니다. 이로 인해 회원가입을 첫 구매로 이어지도록 유도하기 위해 혜택 제공 등의 전략을 사용하여 사용자의 관심을 끌어야 합니다. 회원가입한 사용자를 첫 구매로 이끄는 온사이트(Onsite)와 오프사이트(Offsite)에서의 CRM 마케팅 전략에 대해 알아보겠습니다.

회원가입 후 온사이트(Onsite) CRM 마케팅

마케팅 타이밍 1. 회원가입 완료 후 즉시

온사이트 마케팅 타이밍 1. 회원가입 완료 후 즉시

회원가입을 완료하고 로그인한 사용자에게는 가장 먼저 환영 메시지가 표시됩니다. 주로 회원가입을 축하하고 멤버가 된 것을 환영하는 내용과 함께 회원가입 혜택, 마케팅 수신 동의 유도 혹은 데이터 수집을 위한 질문 등이 진행됩니다.

1. 혜택 강조로 첫 구매 유도

만약 서비스에서 구매 전환율을 높이는 것이 목표라면 회원가입 시 제공되는 혜택을 강조함과 동시에 첫 구매를 유도하는 메시지를 노출합니다.

2. 마케팅 수신 동의 유도

서비스의 재구매율이 높다면 회원가입 후에는 첫 구매뿐만 아니라 지속적으로 구매를 유도하기 위해 마케팅 활동을 할 수 있는 채널을 확보하는 것이 더 중요할 수 있습니다. 광고성 메시지를 수신 동의하지 않은 사용자들에게 수신 동의를 유도하는 메시지를 노출하여 고객과의 지속적인 소통 창구를 확보할 수 있습니다. 사용자들이 유입되는 채널 중에서 성과가 좋은 채널을 우선하여 동의를 유도하는 것을 추천합니다.

이메일, SMS, 앱푸시 등

서비스 사용자들이 주로 이메일, SMS, 앱푸시 등을 통해 유입 및 전환이 이루어진다면, 이메일과 SMS에 대한 마케팅 수신 동의를 우선적으로 확보하는 것이 중요합니다. 특히 앱푸시의 경우 별도의 비용이 크게 들지 않고 휘발성이 높아 피로도에 민감하지 않은 마케팅 채널이기 때문에 광고성 수신 동의를 받아두면 저렴한 비용으로 효과적인 마케팅을 할 수 있습니다.

광고성 수신 동의를 유도하는 앱 푸시 (출처: 컬리)

마케팅 수신 동의를 요구할 때는 '동의' 자체에 집중하지 않고 동의했을 때 주어지는 '혜택'에 집중한 카피를 작성해야 합니다.

카카오 채널 추가

만약 서비스 사용자들이 주로 카카오 채널을 통해 유입 및 전환이 이루어진다면 카카오 채널 추가를 유도해야 합니다. 카카오 채널을 추가하면 사용자는 서비스의 카카오 비즈니스 채널과 친구가 되며, 카카오 친구톡 광고성 메시지 수신에 동의하게 됩니다. 이는 서비스와 사용자 간 소통 창구를 증가시키고 보다 개인화된 마케팅 전략을 수립하는 데 도움이 됩니다.

3. 데이터 수집을 위한 설문

넷플릭스에 가입했다면 다음 그림과 같은 화면을 본 적이 있을 것입니다. 이는 고객이 회원가입 후 고객의 취향에 기반한 맞춤 서비스를 제공하기 위해 데이터를 수집하는 화면입니다. 예를 들어, 식료품 쇼핑몰이라면 고객의 입맛에 관한 질문을 할 수 있으며, 모빌리티 서비스라면 이동 경로에 대한 데이터를 수집할 수 있습니다. 수집된 데이터는 개인 맞춤 서비스 제공을 위해 활용됩니다.

맞춤 서비스 제공을 위해 데이터를 수집하는 넷플릭스 (출처: 넷플릭스)

마케팅 타이밍 2. 회원가입 완료 후 상세 페이지 진입

온사이트 마케팅 타이밍 2. 회원가입 완료 후 상세 페이지 진입

회원가입을 완료한 사용자가 상세 페이지에 접근하는 것은 이제 제품을 실제로 구매할 의도를 가지고 행동한다는 것을 의미합니다. 이때 사용자들의 구매 의사 결정을 유도하기 위해 다양한 온사이트 마케팅 전략을 활용할 수 있습니다.

1. 희소성의 법칙을 적용한 FOMO

📄 FOMO란?

'Fear of Missing Out'의 약자로 놓칠 것에 대한 두려움으로 해석할 수 있습니다. 마케팅 전략에서는 소비자들이 놓치지 않으려는 욕구를 자극하여 제품이나 이벤트에 대한 수요를 높이는 데 활용될 수 있습니다. 제한된 기간의 할인 판매, 한정판 상품, 이벤트 참여 혜택 등이 FOMO를 자극하여 소비자들의 구매 동기를 강화하는 데 활용될 수 있습니다.

상품의 재고가 소량으로 남았을 때는 구매자들이 상품을 놓칠까 봐 불안감을 느끼게 하여 구매를 유도하는 FOMO 전략을 활용할 수 있습니다. 쿠팡에서는 실시간으로 남은 재고 수량을 표시하여 소비자들에게 품절되어 구매하지 못할 수 있다는 불안감을 일으킵니다. 또한, 회원가입 혜택으로 받은 쿠폰이나 적립금의 사용 기간이 임박했을 때 하단에 타이머를 삽입하여 소비자들이 지금이 아니면 혜택을 놓칠 수 있다는 압박감을 느끼게 할 수도 있습니다. 교육 업계에서는 할인 종료에 대한 FOMO를 유발하여 강의 할인 이벤트가 곧 종료된다는 점을 강조하는 타이머를 함께 활용하여 구매 욕구를 자극하는 전략을 사용하기도 합니다.

2. 사회적 증거

Social Proof라고도 부르는 사회적 증거는 사람들이 다른 사람들의 행동, 의견, 또는 선택을 따르는 경향을 가지는 사회적 심리 현상을 말합니다. 이는 사람들이 불확실한 상황에서 결정을 내리거나 행동을 취할 때 주변 사람들의 행동이나 의견을 참고하는 현상으로 나타납니다.

한번도 사용해본 적 없는 물건을 구매하려고 할 때 사용자들의 구매 후기를 참고해본 적이 있을 것입니다. 혹은 한번도 들어본 적 없는 제품이더라도 300만 개 이상 판매에 달성했거나 올리브영에서 1위를 차지한 제품이라는 문구를 보고 솔깃했던 경험도 있을 것입니다. 바로 이런 전략들이 사회적 증거를 통해 사용자의 구매 심리를 자극하는 전략입니다.

사회적 증거를 위해서 상세 페이지 하단에 상품에 대한 리뷰를 보여주기도 합니다. 실제로 대부분 쇼핑몰에서 리뷰를 본 사용자 세그먼트와 리뷰를 보지 않은 세그먼트를 비교하면, 리뷰를 본 세그먼트가 구매 전환율이 높은 것을 확인할 수 있습니다. '지금 이 상품을 N명이 보고 있어요'라는 문구를 표시하여 다른 사람들도 이 상품을 선택하고 있다는 것을 시각적으로 확인할 수 있게 함으로써 소비자들의 구매에 대한 심리적 장벽을 줄일 수 있습니다.

3. 개인 맞춤형 콘텐츠

'쉬폰 원피스'를 구매하고자 하는 사용자들은 각자 다른 목적으로 제품을 선택합니다. 여름 휴가를 위해 구매하는 사용자도 있고, 데이트나 결혼식과 같은 특별한 행사를 위해 구매하는 사용자도 있습니다. 이러한 사용자들에게 동일한 메시지를 제공하는 것은 효과적이지 않을 수 있습니다. 개인 맞춤형 콘텐츠를 구성하기 위해서는 우선 개인을 특정 집단별 구분이 필요하기 때문에 잠재 고객을 원하는 원피스의 종류에 따라 페르소나로 구분해보겠습니다. 상세 페이지에 접속하는 사용자들을 각각의 페르소나로 분류하여 개인에 맞는 문구를 제공하면 회원가입 혜택을 활용하여 첫 구매로 이어질 가능성이 높아질 것입니다.

잠재 고객 페르소나

1. 여름 휴가룩

2. 데이트룩

3. 하객룩

각 페르소나에 맞는 문구와 함께 첫 구매 혜택을 강조합니다.

페르소나별 맞춤 혜택

1. **여름 휴가룩**: 올 여름 휴가를 완성하는 가장 완벽한 원피스 10% 할인받고 구매하기

2. **데이트룩**: 이번 주말 데이트를 완성하는 가장 완벽한 원피스 10% 할인받고 구매하기

3. **하객룩**: 이번 주말 결혼식을 위한 가장 완벽한 원피스 10% 할인받고 구매하기

개인화 메시지가 담긴 문구는 첫 구매 전환율을 향상시켜줄 것입니다.

이렇게 첫 구매를 위한 Onsite 마케팅을 적용할 수 있습니다. 그러나 Onsite 마케팅은 사용자가 웹사이트나 앱 내에 머무를 때만 적용되기 때문에 사용자가 사이트를 떠나 버린 경우에는 적용할 수 없다는 한계가 있습니다. 따라서 회원가입 후에 즉시 이탈하는 사용자들도 놓치지 않기 위해서는 Offsite 마케팅도 함께 진행돼야 합니다.

회원가입 후 오프사이트(Offsite) CRM 마케팅

마케팅 타이밍 1. 회원가입 완료 후 즉시

1. 환영 이메일

(이름)님 반갑습니다. 저희 서비스의 고객이 되어주셔서 감사합니다.
앞으로 (이름)님께 꼭 맞춤 쇼핑 메이트가 되어드릴게요.

매일 오후 1시에 취향저격 상품과 신상 정보를 보내드릴게요.

2. 환영 카카오 알림톡

알림톡 도착

[이름]님!
가족이 되신 것을 환영합니다.
회원가입 웰컴 쿠폰 발급되었습니다.

혜택명 : 회원가입 웰컴 쿠폰
만료일 : xxxx년 xx월 xx일

발급받으신 웰컴 쿠폰은 홈페이지 > 마이페이지 >
보유 쿠폰함에서 확인 가능합니다.

카카오 채널에서 제공하는
다양한 소식도 만나보세요.

*이 메시지는 회원가입 고객님께 발송되는 쿠폰 지
급 안내입니다.

3. 환영 카카오 친구톡

채널을 추가해 주셔서 감사합니다.
앞으로 다양한 소식과 혜택/정보를
메시지로 받으실 수 있습니다.

[이름]님!
가족이 되신 것을 환영합니다.
회원가입 웰컴 쿠폰을 발급되었습니다.

보유제품 / 관심제품을 등록해주시면
추가 할인쿠폰도 지급해드려요!

추가 할인 받기

오프사이트 마케팅 타이밍 1. 회원가입 완료 후 즉시

회원가입을 완료한 후 고객에게 긍정적인 첫 인상을 남기기 위해 환영 메시지를 보내는 것이 중요합니다. 각 채널별 웰컴 메시지에 대해 다뤄보겠습니다.

1. 환영 이메일

환영 이메일을 활용하면 고객이 서비스에 가입하는 것을 환영하여 긍정적인 첫인상을 남길 수 있습니다. 환영 이메일의 경우 처음부터 제품이나 프로모션 등 직접적인 전환에 대한 정보를 주는 것보다는 앞으로 나가게 될 뉴스레터에 대한 안내, 혹은 기업이 제공하는 서비스에 대한 소개를 담는 것을 추천합니다. 긍정적인 첫인사는 고객과 장기적인 관계를 구축하는 데 더 유리하게 작용할 수 있습니다.

2. 환영 카카오 알림톡

알림톡에는 일반적으로 정보성 메시지로 구매를 유도하는 마케팅 메시지가 들어갈 수 없습니다. 그러나 혜택이 만료됐거나 사용자가 한 행동에 대한 보상을 안내하는 문구는 작성할 수 있습니다. 회원가입 혜택의 경우 사용자가 회원가입을 한 것에 대한 보상이기 때문에 알림톡으로 혜택에 대한 안내가 가능합니다. 알림톡을 통해 사용자에게 첫인사를 건네며 회원가입 혜택에 대해 소개해주세요.

3. 환영 카카오 친구톡

사용자가 카카오 채널을 추가하면 자동 발송되는 '웰컴 메시지'가 있습니다. 웰컴 메시지에는 이미지와 텍스트가 삽입됩니다. 친구톡 메시지 발송에는 일반적으로 비용이 청구되지만, 예외적으로 '웰컴 메시지'는 채널 추가자에 한하여 최초 1회 무료 발송됩니다. 카카오 친구톡 '웰컴 메시지'는 카카오 비즈니스 채널에서 직접 설정할 수 있습니다. 웰컴 메시지를 통해 고객이 누릴 수 있는 혜택을 소개함으로써 친밀한 관계를 구축할 수 있으며 첫 구매를 유도할 수 있습니다.

마케팅 타이밍 2. 회원가입 후 미구매 1일 경과

만일 고객이 회원가입을 하고 1일이 지났는데 아무 상품도 구매하지 않았다면 완전히 이탈할 수 있기 때문에 CRM 액션을 통해 이탈을 방지해줘야 합니다. 한국인들이 상품을 장바구니에 담고 '구매' 클릭을 결정하기까지 소요되는 시간의 54%가 당일에 완료된다고 합니다. 1~6일은 22%이며 일주일 뒤는 그 확률이 절반 가까이 떨어진 12%, 그리고 일주일이 넘어갈 경우 확률은 12%로 떨어집니다.

한국인들이 상품을 장바구니에 담고 '구매' 클릭을 결정하기까지 소요되는 시간

54% 당일 완료   **46%** 1일 이상

| 27% 1시간 이내 또는 즉시 | 14% 1~6시간 | 13% 6시간~ 하루 | 22% 1~6일 | 12% 일주일 | 12% 일주일 이상 |

한국인들이 장바구니에 담고 구매 결정 버튼을 클릭하는 데 걸리는 시간 SAP (출처: 2018 한국 온라인 소비자 성향 조사)

마케팅 타이밍 3. 회원가입 혜택 만료 1일 전

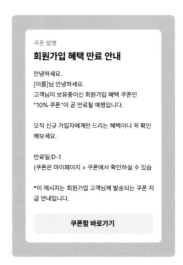

오프사이트 마케팅 타이밍 3. 회원가입 혜택 만료 1일 전

회원가입 혜택이 제공되는 기간 동안 한 번도 구매하지 않은 사용자를 대상으로 혜택 만료 1일 전에 다시 한번 혜택에 대해 상기시켜야 합니다. 만료 1일 전이라는 문구는 사용자에게 혜택이 얼마 남지 않았다는 희소성을 부여하여 구매를 자극할 수 있습니다.

마케팅 타이밍 4. 회원가입 혜택 만료 1일 후

오프사이트 마케팅 타이밍 4. 회원 가입 혜택 만료 1일 후

회원가입 혜택 기간 동안 한 번도 구매하지 않은 사용자를 대상으로, 이미 회원가입 혜택이 만료됐지만 깜짝 이벤트로 1일간의 혜택 연장이 가능합니다. 이는 사용자로 하여금 의외성을 제공하여 특별한 혜택을 받았다는 느낌을 줍니다. 메시지에는 'OO님께만 제공하는 깜짝 1일 연장 혜택' 등의 한정된 혜택 문구를 삽입하여 성과를 더욱 향상시킬 수 있습니다. 또한 너무 많은 CRM 메시지를 발송하여 고객의 피로도가 올라갈 것이 걱정된다면 최근 사이트에 방문한 경험이 있지만 구매하지 않은 사용자만을 한정하여 메시지를 발송할 수 있습니다. 최근에 사이트를 방문했다는 것은 구매 의사를 가지고 방문했을 확률이 높기 때문에 깜짝 혜택을 통해 구매로 전환될 가능성이 더욱 높아집니다.

다음은 회원가입 후 온보딩 프로세스를 도식화한 이미지입니다. 서비스의 상황에 맞춰 단계를 추가하거나 줄여서 활용할 수 있습니다.

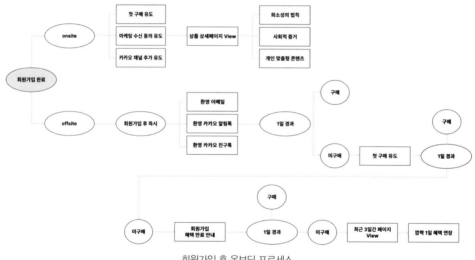

회원가입 후 온보딩 프로세스

[CRM 시나리오]
조회 후
이탈 사용자 재방문 유도

경험/탐색 단계는 사용자가 회원가입을 하고 어느 정도 서비스에 대한 인지를 한 상태이지만 아직 충분히 구매 결정을 할 정도로 경험과 탐색을 하지 못한 상태입니다. 이 단계에서 사용자가 이탈하지 않고 구매까지 이루어질 수 있도록 유도하는 것이 중요합니다.

온보딩 프로세스 - 경험/탐색 단계

고객들이 웹사이트에 방문하더라도 대부분은 구매를 완료하지 않고 이탈합니다. 이를 방지하기 위해 고객의 행동에 맞는 다양한 CRM 시나리오가 필요합니다. 웹사이트 내에서의 마케팅 활동을 통해 이탈을 방지하고, 또한 이탈한 고객들에게 다시 방문을 유도하기 위해 오프사이트 캠페인을 전개하는 CRM 전략을 살펴보겠습니다.

7.1 | Onsite 이탈 방지

웹사이트나 앱을 통해 방문한 사용자들이 이탈하지 않고 제품이나 서비스를 구매하도록 유도하기 위해 다양한 온사이트 마케팅 전략을 설계할 수 있습니다. 이 중에서도 인앱/웹 메시지는 사용자의 경험을 개선하고 관심을 유발하여 구매로 이어지도록 유도하는 역할을 합니다.

배달의 민족은 깜짝 쿠폰을 인앱 메시지로 세팅하여 고객의 주문을 유도합니다.

배달의민족의 인앱 메시지 - 고객의 주문 유도 (출처: 배달의민족)

지그재그는 인앱 메시지를 통해 현재 진행 중인 기획전, 특가 등을 소개합니다.

지그재그의 인앱 메시지 - 기획전 및 특가 소개 (출처: 지그재그)

쿠팡은 하루특가 등 프로모션 메시지로 사용자의 관심을 유도합니다.

쿠팡의 인앱 메시지 – 프로모션 메시지로 사용자의 관심 유도 (출처: 쿠팡)

인앱/웹 메시지 개인화

웹사이트로 유입된 사용자의 관심사와 선호에 따라 개인 맞춤형 서비스를 제공할 수 있습니다. 예를 들어, 사용자가 '하객룩'을 검색하여 사이트에 접속했다면 온사이트 팝업 메시지에는 '하객룩 원피스'와 관련된 추천을 제공하여 사용자의 관심을 끌어들일 수 있습니다.

개인화 인앱/웹 메시지 이탈 방지

사용자의 검색 기록뿐만 아니라 인구 통계 데이터를 활용하여 여성 또는 남성 사용자에 따라 다른 랜딩 페이지로 안내할 수 있습니다. 또한, 지역별로 특정 서비스를 제공하는 경우, IP를 활용하여 경기 혹은 서울 지역 사용자에게만 당일 배송과 관련된 인앱/웹 메시지를 제공할 수 있습니다.

그렇다면 사용자가 페이지에 유입되고 이탈하기까지의 수많은 타이밍에서 어떤 타이밍에 온사이트 마케팅을 노출하는 것이 가장 효과적일까요? 어떤 순간의 성과가 가장 좋을지는 사용자의 행동 데이터를 분석하여 이탈율이 가장 낮은 순간 혹은 구매 전환율이 가장 높아지는 순간 등을 활용하여 가설을 세울 수 있습니다. 이탈을 방지하고 전환율을 상승시킬 온사이트 마케팅을 설계하기 위한 노출 타이밍에 대해 소개해드리겠습니다.

온사이트 마케팅 노출 타이밍

인앱/웹 메시지 노출 타이밍

1. 페이지에 유입된 직후

웹페이지에 방문한 사용자가 처음으로 모달 창을 보게 되는 것은 사용자 경험에 부정적인 영향을 미칠 수 있습니다. 따라서 이를 방지하기 위해서 [지금 구매하러 가기]와 같은 행동 유도 버튼뿐만 아니라 '오늘 보지 않기'나 '일주일간 보지 않기'와 같은 선택지를 제공하여 사용자의 피로를 최소화할 수 있습니다. 또는 모달 창 대신에 사용자의 여정을 방해하지 않는 디자인으로 탑 스티키바 형태를 사용할 수도 있습니다.

- 오늘 보지 않기 버튼이 삽입된 모달
- 탑 스키티 바

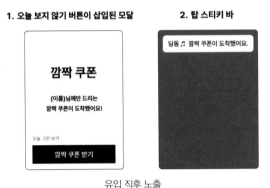

1. 오늘 보지 않기 버튼이 삽입된 모달

2. 탑 스티키 바

딩동 ♫ 깜짝 쿠폰이 도착했어요.

깜짝 쿠폰

(이름)님께만 드리는
깜짝 쿠폰이 도착했어요!

오늘 그만 보기

깜짝 쿠폰 받기

유입 직후 노출

2. 페이지에 유입되고 몇 초 뒤

페이지에 방문한 사용자들이 모달 창에 너무 일찍 노출되어 불쾌감을 느끼고 이탈하는 상황을 방지하기 위해 일정 시간이 지난 뒤에 인앱/웹 메시지를 노출하는 전략이 사용됩니다. 이때 주의할 점은 사용자가 이탈하기 전에 메시지를 노출해야 하므로 사용자의 평균 세션 시간을 확인하고 그보다 앞선 시간에 메시지를 노출시켜야 한다는 것입니다. 또한, 사용자의 행동 데이터를 분석하여 구매 전환이 가장 많이 일어나는 시간대를 파악하여 그때에 맞춰 모달 메시지를 효과적으로 띄우는 것도 중요한 전략입니다.

3. 페이지에 유입되고 스크롤을 N% 내린 뒤

웹 페이지에 방문한 사용자들이 일정 이상 스크롤을 내린 후에 인앱/웹 메시지를 노출시키는 전략이 있습니다. 이를 위해서는 사용자가 보통 어느 정도 스크롤을 내리고 이탈하는지를 파악하여 이탈하기 전에 메시지를 노출시켜 이탈을 예방할 수 있습니다.

메시지 노출

N초 경과

페이지 유입

스크롤 N% 내림

깜짝 쿠폰

(이름)님께만 드리는
깜짝 쿠폰이 도착했어요!

오늘 그만 보기

깜짝 쿠폰 받기

유입 후 조건 만족 시 노출

4. 페이지에서 이탈하려는 순간

사용자가 사이트를 떠나려는 순간을 감지하여 인앱/웹 메시지를 통해 이탈을 방지할 수 있습니다. 사용자의 이탈을 감지하는 방법은 다양한데, 데스크톱에서는 마우스 움직임을 통해 브라우저의 닫기 버튼이나 뒤로 가기 버튼으로 이동하는 것을 감지하여 웹 메시지를 노출시킬 수 있습니다. 모바일에서는 뒤로가기 버튼을 클릭하는 등의 동작을 감지하여 메시지를 노출할 수 있습니다. 이러한 동작을 감지할 수 없는 경우에는 평균 세션 시간을 계산하여 세션 시간이 거의 다 끝나갈 때 메시지를 노출함으로써 설계할 수 있습니다. 사용자가 사이트를 떠나려는 시점에 새로운 혜택을 제공한다면 고객의 마음을 되돌릴 수 있을 것입니다.

유입 후 이탈하려는 순간

그렇다면 온사이트 마케팅에는 어떤 내용이 담겨 있어야 이탈하려는 사용자의 마음을 붙잡아 둘 수 있을까요?

1. 사회적 증거

앞서 회원가입 온보딩 파트에서도 언급했듯이 사회적 증거란 사람들이 다른 사람들의 행동이나 의견, 또는 선택을 따르는 경향을 가지는 사회적 심리 현상을 말합니다.

다음은 우동착의 광고 배너입니다. 다른 사람들은 혜택을 받는 반면, 나는 그것을 놓칠지도 모른다는 두려움(FOMO 증후군)을 마케팅 전략에 활용할 수 있습니다. 다른 사람들이 특정 금액의 할인 혜택을 받았는데 자신만 그 혜택을 놓칠 경우 손해를 보게 될 것이라는 생각이 고객들의 서비스 가입 동기를 유발할 수 있습니다.

우동착의 광고 배너 (출처: 우동착)

반려동물 브랜드 '아르르'는 친구톡 메시지를 작성할 때 반려견의 이미지를 사용하여 사람 이미지보다 더 큰 공감을 유발할 수 있습니다. 예를 들어, 50대 남성이 정장을 구입하고 싶다면 20대 초반 남성이 정장을 구매하고 작성한 후기보다 50대 남성이 만족한 후기를 통해 더 큰 구매 욕구를 느낄 수 있습니다. 이와 같이 실제 타깃 고객과 동일한 연령대나 성별이 사용된 리뷰 혹은 광고 이미지를 활용한다면 더 많은 고객들의 공감을 얻을 수 있습니다.

아르르의 친구톡 메시지 (출처: 아르르)

다음으로, 판매량으로 인기를 수치화하여 구매를 유도하는 전략도 효과적입니다. 배달의민족에서 맛있는 가게를 찾는 팁으로 '주문 많은 순'으로 정렬하여 식당을 선택하는 것이 알려져 있듯이, 사람들은 다수가 선택한 제품에 대해 높은 신뢰를 가지며 많은 판매량이 제품의 인기를 높일 수 있다는 점을 이용할 수 있습니다.

판매량으로 인기를 수치화하여 구매 유도 (출처: 비비랩)

2. 즉각성의 힘

'새벽 배송'이 처음 등장했을 때는 낯설었지만, 이제는 우리에게 굉장히 친숙한 단어가 되었습니다. 새벽 배송 서비스를 이용하는 이유 중 '배송이 빨라서'가 63%라는 압도적인 수치로 가장 큰 이유로 선정되었습니다. 온라인으로 물건을 구매한다고 해도 제품을 기다리는 시간이 짧을수록 구매 제안이 더욱 강력해집니다.

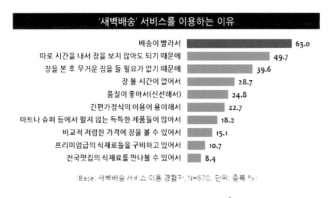

새벽배송 서비스를 이용하는 이유[3]

서비스에서 약속할 수 있는 배송 시간이 있다면 인앱 및 웹 메시지에 해당 내용을 추가해보세요. 예를 들어 쿠팡은 상품 상세 페이지 상단에 배송 시간을 안내합니다.

---

3   그림 출처: https://www.dailypop.kr/news/articleView.html?idxno=43518

배송 시간 안내가 포함된 쿠팡의 상품 상세 페이지 (출처: 쿠팡)

3. 희소성 편향

사람들은 한정된 자원에 대해 더 큰 가치를 부여하는 경향이 있습니다. 제품을 구매할 때도 이와 마찬가지입니다. 품절 또는 만료 가능성이 높다는 메시지를 소재로 제작하여 고객들에게 심리적 불안감을 자극하는 요소를 추가해보세요.

4. 권위 편향

사람들은 권위 있는 인물의 의견을 더욱 신뢰합니다. 그러니 공신력 있는 인물의 의견이나 사진을 소재로 활용해보세요. 예를 들어, 여에스더몰의 경우 의사이자 모델이자 대표인 '에스더'가 존재하여 '건강기능식품'의 효과에 대한 더 큰 신뢰감을 고객에게 제공합니다.

권위 있는 인물을 이용해 신뢰감을 주는 건강기능식품 광고 (출처: 에스더몰)

메디큐브는 자사 몰의 주요 타깃층과 유사한 연령대를 대표하여 '김희선'을 모델로 삼아 인 앱 및 웹 메시지를 전개합니다. 동연령층의 권위 있는 인물인 '김희선'이 광고하는 제품을 보면 일반 소비자들은 해당 제품에 대해 보다 더 높은 신뢰를 가지고 강한 구매 욕구를 느 낄 것입니다.

동연령층의 권위 있는 인물을 이용한 광고 (출처: 메디큐브)

올리브영은 연예인과 인플루언서를 적극적으로 활용 하여 제품 마케팅을 진행하고 있습니다. 제품의 효능 을 하나하나 비교하는 것보다 자신이 존경하거나 믿는 인플루언서가 추천하는 제품에 더 쉽게 영향을 받을 수 있습니다.

인플루언서를 이용한 광고 (출처: 올리브영)

5. 공짜의 힘

구매 시 무료로 제공되는 증정품은 상품과 관련성이 적더라도 강력한 구매 유도 요소가 될 수 있습니다. 인앱 및 웹 메시지를 통해 구매 시 얻을 수 있는 무료 혜택을 강조하여 고객들의 구매를 유도해보세요.

무료 혜택을 강조한 인앱 메시지

지금까지 여러 가지 방법을 활용하여 이탈을 방지하고 구매를 유도하는 온사이트 마케팅 콘텐츠에 대해 안내했습니다. 다양한 버전의 온사이트 인앱 및 웹 메시지를 제작한 후 A/B 테스트를 통해 최적의 구매 전환율을 보유한 템플릿을 찾아보세요.

7.2 | Offsite 이탈 방지

온사이트 마케팅은 사용자가 사이트에 유입됐지만 이탈하지 않게 붙잡아두는 것이었다면 오프사이트 마케팅은 이미 이탈한 사용자들을 재방문하도록 하는 데 초점을 맞추는 전략입니다. 사용자의 CRM 메시지에 대한 반응률을 높이기 위해 다양한 개인화 전략이 사용됩니다. 온사이트 마케팅이 주로 인앱 및 웹 메시지를 통해 노출된다면, 오프사이트 마케팅에는 이메일, SMS, 앱푸시, 카카오 알림톡, 카카오 친구톡과 같은 다양한 채널이 활용됩니다. 또한, 각 사용자의 이탈 지점이 다양하기 때문에 각 이탈 지점별로 CRM 메시지 전략을 개별적으로 설계하게 됩니다.

오프사이트 메시지 발송 타이밍

1. 상세 페이지에 반복 방문했으나 장바구니에 담지 않고 이탈

동일한 상품의 상세 페이지를 여러 차례 방문한 것은 해당 상품에 대한 흥미가 있음을 나타냅니다. 그러나 상품에 충분한 매력을 느끼지 못해 장바구니에 담지 않을 수도 있습니다. 이때, 관심 있던 상품의 특장점을 강조하는 메시지나 다른 구매자들의 리뷰가 포함된 메시지를 보내 상품을 더 매력적으로 느끼도록 유도해야 합니다. 또한, 상품 자체에 매력을 느꼈으나 그 매력이 충분하지 않아 구매하지 않은 경우, 유사한 다른 상품을 함께 추천하여 구매를 유도할 수 있습니다. 아니면, 이미 브랜드에 대한 인식이 있는 상태이므로 브랜드의 베스트 상품을 추천하여 관심을 유도할 수도 있습니다.

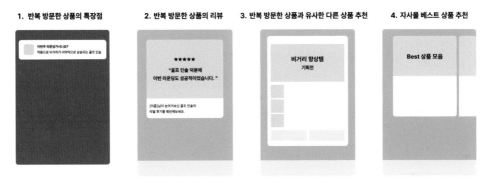

상세 페이지에 반복 방문했지만 장바구니에 담지 않고 이탈

2. 상품을 장바구니 담았으나 결제 시도를 하지 않고 이탈

상품을 장바구니에 넣었지만 구매를 결정하지 못한 그룹은 사이트 외부에서 가격을 비교하는 중일 수 있습니다. 이럴 때 장바구니에 상품을 담았음을 잊지 않도록 리마인더 메시지를 발송할 수 있습니다. 이때 제한된 시간 동안의 특별 혜택을 제공하여 신속한 결정을 유도할 수 있습니다.

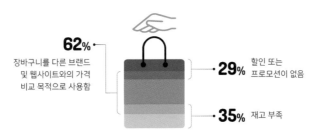

한국인이 장바구니 결제를 포기하는 이유 (출처: 아이보스 칼럼)

한국인이 장바구니 결제를 포기하는 주요 이유는 대부분 상품 가격 때문입니다. 장바구니 리마인드 메시지를 보낼 때 가격에 관련된 특별 혜택을 함께 제공해보세요. 사용자의 주의를 끌기 위해 메시지에 '이름'과 같은 개인화 요소를 삽입하여 개인에게 맞춤형으로 다가갈 수도 있습니다. 또한, 실제로 장바구니에 담은 '상품명'과 같은 개인화된 내용을 통해 보다 직접적인 혜택을 느낄 수 있도록 해보세요.

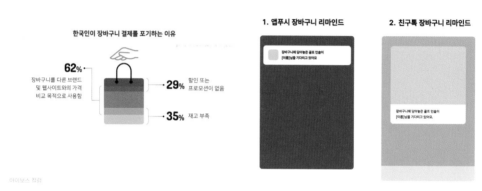

상품을 장바구니에 담았으니 결제 시도를 하지 않고 이탈 (출처: 아이보스 칼럼)

3. 상품을 결제 시도했으나 구매 완료하지 않고 이탈

상품 결제를 시도했지만 완료하지 않은 사용자는 이미 구매 의사를 가지고 있으나 중간에 포기한 그룹입니다. 이런 사용자에게 접근하기 위해서는 여러 가지 메시지를 통해 고객과 소통해야 합니다.

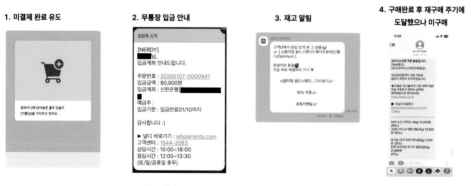

상품 결제를 시도했으니 구매 완료하지 않고 이탈

1) 미결제 완료 유도

결제 과정에서 중간에 이탈된 사용자에게는 단순히 결제를 완료해달라는 메시지를 보내 재방문하고 결제를 완료할 수 있도록 유도할 수 있습니다.

2) 무통장 입금 안내

무통장 입금을 선택했을 경우, 입금 절차를 잊어버려 결제가 완료되지 않은 경우가 있을 수 있습니다. 무통장 입금 안내 알림톡을 통해 결제를 완료할 수 있도록 리마인드할 수 있습니다.

3) 재고 알림

상품 구매를 중간에 포기한 이유는 당장 상품이 필요하지 않았기 때문일 수 있습니다. 재고 알림을 통해 상품을 구매해야 하는 이유를 만들어 주세요. 실제로 재고가 얼마 남지 않은 상황에서 '재고가 5개 미만입니다.'로 메시지를 보내는 것이 큰 효과를 가질 수 있지만, 재고 데이터 파악이 어려운 경우에 '재고가 얼마 남지 않았어요.' 정도의 모호한 안내만으로 사용자의 소비 심리를 자극하기에는 충분합니다.

4) 구매 완료 후 재구매 주기에 도달했으나 미구매

사용자의 구매 데이터를 분석해보면 상품별로 특정 재구매 주기가 있을 것입니다. 예를 들면 생수처럼 재구매 주기가 짧은 경우도 있고 전자기기처럼 재구매 주기가 긴 상품도 있습니다. 만약 자사 서비스의 상품이 식음료품처럼 비교적 재구매 주기가 뚜렷하다면 재구매 주기를 이용한 재구매 유도 전략을 사용할 수 있습니다. 예를 들어 2주에 한 번 장보기를 하는 사용자가 3주 동안 장을 보지 않았다면 혜택이 담긴 메시지로 재방문을 유도해서 이탈하지 않도록 방지해야 합니다.

고객이 온사이트에서 받는 CRM 메시지를 통해 이탈을 방지하고, 이탈한 고객을 대상으로 하는 오프사이트 CRM 메시지를 통해 재방문을 유도해보세요. 고객의 이탈 여정을 정확히 파악하여 촘촘한 CRM 마케팅 전략을 설계한다면 고객의 마음을 완전히 되돌리고 다시 구매를 끌어낼 수 있을 것입니다.

나에게도
CRM 마케팅
사수가 생겼다

Chapter

08

[CRM 시나리오]
크로스셀링/업셀링

8.1) 크로스셀링 업셀링 개념 및 필요성

앞선 과정에서는 관심을 보였으나 아직 완전한 구매로 이어지지 않은 고객들에 대한 마음을 실제 구매로 이끄는 방법에 초점을 맞추었습니다. 이번에는 이미 구매 의사가 있는 고객들에게 더 많거나 더 큰 가치를 제공할 수 있도록 하는 크로스셀링과 업셀링을 소개하고자 합니다. 비즈니스가 수익을 창출하려면 비용보다 수익이 더 높아야 합니다. 수익과 직결되는 매출을 증가시키기 위한 대표적인 방법으로는 크로스셀링과 업셀링이 있습니다. 크로스셀링과 업셀링은 비슷한 개념이지만 약간의 차이가 있으므로 이를 명확히 이해하기 위해 각각의 개념을 설명하겠습니다.

크로스셀링과 업셀링

패스트푸드점에서 햄버거를 주문할 때 단품만을 고려하더라도 감자튀김과 콜라를 함께 주문할 것을 권유받은 적이 있으신가요? 또는 햄버거 세트를 주문할 때 감자튀김과 콜라를 라지 사이즈로 업그레이드할지 권유받은 적은요? 영화관에서 팝콘을 사려고 할 때도 콜라 2개가 포함된 세트를 구매하면 각각 따로 살 때보다 할인을 받을 수 있다는 제안을 받을 수 있습니다. 또한 혼자 먹을 팝콘을 '소' 사이즈로 주문하려 했을 때 적은 금액만 더 내면 '대' 사이즈로 업그레이드할 수 있다는 제안을 받은 적도 있을 것입니다. 이는 일상에서 쉽게 마주칠 수 있는 크로스셀링과 업셀링의 사례로, 기존에 구매하려는 상품 외에 부가적인 아이템을 권유하는 것이 크로스셀링이며, 가치가 더 높은 상품을 제안하는 것이 업셀링이라고 할 수 있습니다.

크로스셀링(Cross-selling)은 상품 구매 시 보완재적인 제품이나 부가적인 서비스를 제안하여 고객이 이미 구매한 상품과 연관된 다른 상품을 함께 구매하도록 유도하는 전략입니다. 햄버거 주문 시, 햄버거의 보완재로 감자튀김과 콜라를 함께 추천하여 총 주문 금액을 증가시키는 것이 크로스셀링의 전형적인 사례입니다.

업셀링(Upselling)은 고객이 이미 선택한 상품보다 더 높은 가격의 제품 또는 성능이 뛰어난 상품을 제안하여 고객의 구매 금액을 증가시키는 전략을 말합니다. 햄버거 세트 주문 시 더 큰 사이즈를 권유하여 총 주문 금액을 증가시키는 것이 업셀링 전략의 한 예시로 볼 수 있습니다.

8.2 | 크로스셀링/업셀링 예시

국내 이커머스 기업 중 하나인 쿠팡은 구매 전환과 상향 판매를 최적화하기 위한 크로스셀링과 업셀링 전략을 효과적으로 운용하고 있습니다. 이에 대해 자세히 알아보겠습니다.

쿠팡의 크로스셀링 (Cross-selling)

메인 페이지

메인 페이지 상단에는 현재 진행 중인 세일 및 할인 행사와 관련된 정보가 표시되어, 특정 상품에 대한 구매 의사가 없는 사용자들이 바로 이탈하는 것을 방지합니다. 페이지 하단에는 '자주 구매하는 상품'을 손쉽게 재구매할 수 있도록 유도하여 사용자들의 구매 경험을 향상시키고 있습니다.

쿠팡 메인 페이지 (출처: 쿠팡)

아래로 스크롤하다 보면 '최근 찾던 상품의 연관 상품'으로 최근에 구매한 상품과 연관된 상품을 통한 크로스셀링을 유도합니다. 메인 페이지의 경우 아직 구매의사가 있는 특정한 상품이 없다 보니 크로스셀링보다는 당장 이탈을 방지하고 상세 페이지 유입을 목적으로 한 콘텐츠로 구성되어 있습니다. 그럼에도 불구하고 구매하고 싶은 상품이 없는 사용자가 스크롤을 내렸을 때 크로스셀링을 유도합니다.

최근 찾던 상품의 연관 상품 게시로 크로스셀링 유도 (출처: 쿠팡)

상품 상세 페이지

쿠팡의 상세 페이지에는 다양한 크로스셀링 유도 장치가 있습니다. 다음 그림을 참고하여 하나씩 살펴보겠습니다.

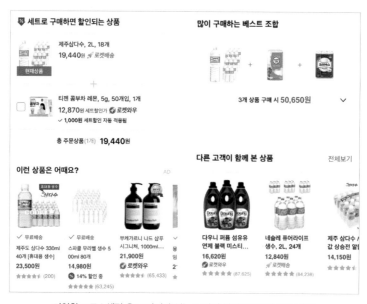

다양한 크로스셀링 유도 장치가 있는 쿠팡의 상세 페이지 (출처: 쿠팡)

1. 세트로 구매하면 할인되는 상품

   함께 구매하면 할인이 되는 상품을 추천하여 사용자로 하여금 더 많은 상품의 구매를 유도하여 1인당 주문 단가를 상승시킬 수 있습니다.

2. 많이 구매하는 베스트 조합

   데이터 분석을 통해 상세 페이지의 상품과 많이 구매하는 제품을 묶어 함께 구매를 유도합니다. 개별 상품에 대한 가격을 노출하지 않기 때문에 가격 비교하는 단계를 건너뛰게 되어 상품 구매에 대한 진입 장벽을 낮춥니다.

3. 이런 상품은 어때요?

   맞춤 상품 추천 알고리즘을 사용한 대체재 추천입니다. 현재 보고 있는 상품이 충분히 마음에 들지 않아도 이탈하지 않고 다른 상품으로 이동하여 구매 경험이 지속되도록 합니다.

4. 다른 고객이 함께 본 상품

   다른 사용자의 구매 데이터를 바탕으로 상세 페이지 내에서 다른 사용자들이 함께 본 상품을 추천합니다. 다른 사람도 상품을 구매했다는 정보를 제시함으로써 사회적 증거를 느끼게 하는 크로스셀링 전략입니다.

장바구니

고객이 장바구니 페이지로 넘어갔다는 것은 기존에 구매하려는 상품에 대한 구매 결정이 완료된 상태이기 때문에 결제 페이지와 동시에 크로스셀링 전략이 가장 효과적인 페이지입니다. 과거 구매 데이터를 바탕으로 '자주 산 상품 함께 담기'를 제공하여 평균 주문 단가를 상승시킵니다. 혹은 다른 고객의 구매 데이터와 나의 구매 데이터를 통해 예측된 '같이 보면 좋은 상품'과 '함께 구매하시면 좋을 것 같아요'로 추가 크로스셀링을 유도합니다.

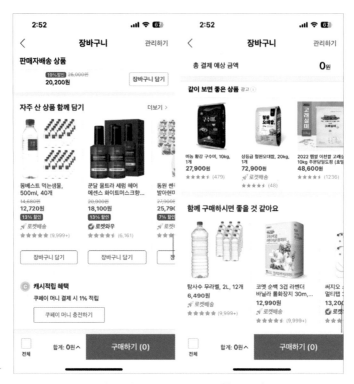

장바구니의 크로스셀링 유도 장치 (출처: 쿠팡)

결제 시도 직전

온라인 쇼핑몰에서 결제 시도 직전은 오프라인 마트의 계산대를 기다리는 순간과 유사합니다. 계산대 근처에는 비교적 쉽게 구매할 수 있는 저렴하고 양이 적은 간식, 주기적으로 구매해야 하는 면도기날 등 심리적 구매 허들이 낮은 상품을 배치하여 크로스셀링을 유도합니다.

쿠팡의 결제 시도 직전 페이지도 이와 비슷한 전략을 취하고 있습니다. 장바구니에 물건을 담고 결제를 시도하려는 순간 '결제 전에 한 번 더 확인하세요' 팝업이 등장합니다. 팝업에는 '주문 중인 상품과 함께 구매하기 좋아요', '자주 산 상품 함께 담기', '놓치면 아쉬운 특가 상품', '영양제 필요하신가요?', '인기 상품도 함께 담아보세요.', '자주 손이 가는 인기 간식' 등 추가로 구매할 가능성이 있는 상품들로 크로스셀링을 유도합니다. 그러나 결제 시도 직전 팝업은 구매를 시도할 때마다 등장하지는 않습니다. 너무 잦은 상향 판매 시도는 고객으로 하여금 피로감을 느끼게 해 원래 구매하려는 상품의 구매 욕구조차 사라지게 할 수 있기 때문입니다.

결제 전 단계의 크로스셀링 유도 장치 (출처: 쿠팡)

구매 완료 페이지

구매 완료가 곧 사용자의 구매 여정의 종료라고 생각하면 안 됩니다. 구매를 완료했음에도 구매 여정이 끝나지 않았다는 것을 보여주며 또 추가로 구매할 수 있도록 시도할 수 있습니다. 쿠팡은 결제가 완료된 페이지에 '다른 고객이 함께 선택한 상품', '이런 상품 어때요?', '최근에 본 상품은 어때요?', '내가 찾던 상품 계속 둘러보세요', '자주 산 상품도 함께 담아보세요', '지금 이 상품이 필요하신가요?' 등으로 사용자가 이탈하지 않고 추가 구매를 시도하도록 다양한 장치를 심어 둡니다.

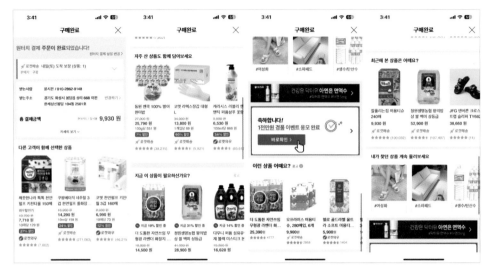

구매 완료 페이지의 크로스셀링 유도 장치 (출처: 쿠팡)

쿠팡의 업셀링 (Upselling)

다음 그림은 쿠팡에서 생수를 검색해서 상세 페이지에 진입하는 여정을 담은 스크린 숏입니다. 쿠팡 상세 페이지에는 2가지 업셀링 전략이 있습니다.

상품 상세 페이지

1. 하단 인앱 메시지 업셀링

다음 이미지를 보면 2L 생수 18개를 19,440원에 판매하는 상세 페이지에 유입됐을 때 하단에 인앱 메시지가 뜨면서 100ml당 3원 더 저렴한 상품을 추천해 줍니다. 배너를 클릭하여 들어가면 61,500원 60개의 2L 생수를 구매할 수 있는 페이지로 이동합니다. 만약 60개 생수를 구매하게 되면 구매자는 개별 구매 금액이 좀 더 저렴하게 구입할 수 있고, 쿠팡은 고객 1명의 1번 주문 금액 전체가 높아지기 때문에 구매자에게도 쿠팡에게도 모두 이득이 되는 거래를 할 수 있습니다.

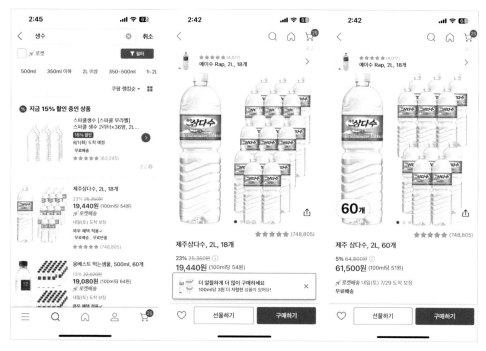

상세 페이지 하단 인앱 메시지 배너를 이용한 업셀링 (출처: 쿠팡)

2. 스크롤 하단 업셀링

상품 상세 페이지에 들어간 후 한 번 스크롤을 내리면 '더 많은 옵션 보기' 탭을 발견할 수 있습니다. 해당 탭에서 생수의 용량별 가격과 한 번에 시키는 생수의 개수별 가격을 비교할 수 있습니다. 생수를 더 많이 구매할수록 1인당 구매 단가는 올라가지만, 동일 용량 대비 가격은 저렴해지기 때문에 사용자로 하여금 더 많은 생수를 주문하도록 유도하는 업셀링 전략입니다.

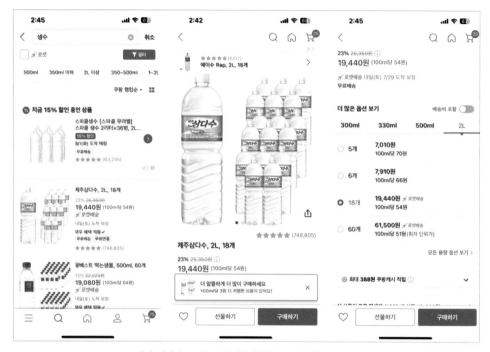

상세 페이지 스크롤 하단 탭을 활용한 업셀링 (출처: 쿠팡)

크로스셀링과 업셀링을 할 때 주의해야 할 점은 고객의 기존 구매 경험을 방해해서는 안
된다는 점입니다. 너무 과한 상향 판매 목적으로 고객의 기존 구매 의도를 해쳐서는 안 되
며, 실제로 고객이 추가했을 때 이점을 느낄 수 있을 만한 상품을 추천해야 합니다. 고객이
필요하지만 스스로 깨닫지 못하는 부분을 파고들어서 적절한 상향 판매를 시도하는 것이
중요합니다.

Chapter **09**

[CRM 시나리오]
미방문/휴면 전환

9.1 　 고객 가치 평가 (CLTV)

고객의 가치는 다르다

모든 고객이 동일한 가치를 지니는 것은 아닙니다. 각각의 고객은 서로 다른 특성과 패턴을 가지고 있으며, 이러한 요소들이 우리 기업에 가져다주는 가치를 결정하게 됩니다. 따라서 우리는 고객의 가치가 서로 다르다는 사실을 인지하고, 이를 바탕으로 각기 다른 고객의 가치를 정확하게 평가해야 합니다. 또한, 적절한 CRM 마케팅 전략을 통해 전반적인 고객 가치를 높일 수 있도록 집중해야 합니다.

고객의 가치를 이해하기 위해서는 우리가 어떻게 고객들로부터 가치를 얻는지에 대한 프로세스를 이해하는 것이 중요합니다. 예시로 온라인 쇼핑몰 A사의 경우를 들어보겠습니다. A사는 여러 채널을 통해 잠재적인 고객들을 확보하며, 이때 발생하는 마케팅 비용을 '고객 획득 비용(Customer Acquisition Cost)'이라고 부릅니다. A사에서는 신규 고객 한 명당 약 2만 원의 비용이 발생합니다. 이렇게 확보된 잠재 고객은 다양한 상품을 탐색하고 회원가입 후 구매까지 이어집니다. 첫 구매가 이루어진 순간부터 해당 고객은 A사에게 가치를 가져다주기 시작합니다. 일부 고객은 한 번 구매 후 다시 방문하지 않지만, 다른 일부 고객들은 2회 혹은 3회 등 여러 번 구매합니다. 예상할 수 있듯이 한 번만 구매하고 사라져버린 고객보다 여러 차례 구매하는 고객의 가치가 더 큽니다. 그렇기 때문에 각 개별 고객의 행동 패턴과 성향을 파악하고 그들의 고객 가치를 평가하는 것이 중요합니다.

정리하면, 잠재 고객을 확보할 때 드는 비용과 그들이 가져오는 가치는 고객마다 다릅니다. 어떤 잠재 고객을 확보하기 위해서는 1만 원이 필요하지만, 다른 잠재 고객을 확보하기 위해서는 3만 원이 필요할 수 있습니다. 이렇게 확보한 잠재 고객 중에서도 어떤 사람은 1만 원의 가치만 가져다주고 떠나버리고, 어떤 사람은 10만 원의 가치를 가져다주고도 지속적으로 관계를 유지할 수 있습니다. 이처럼 각기 다른 가치를 지닌 고객들에 대해 우리는 CRM 마케팅 전략을 통해 가치가 낮은 사용자의 가치를 높이고, 이미 높은 가치를 지닌 사용자의 지속적인 구매를 유도해야 합니다. 모든 고객의 가치는 다르며, 우리는 고객 가치를 정량적으로 평가하고 예측할 수 있어야 합니다.

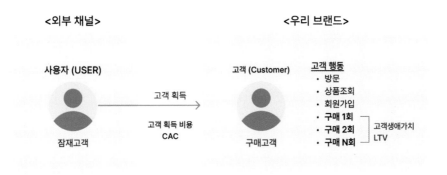

고객의 가치가 발생하기까지의 과정

고객 가치 평가를 위해 알아야 할 주요 지표

앞서 왜 고객 가치를 평가해야 하는지 알아봤습니다. 고객 가치를 평가하기 위해서는 먼저 몇 가지 지표들을 이해해야 합니다. 고객 가치 평가를 위해 우리가 알아야 할 주요 지표를 소개합니다.

1. 고객 획득 비용 (CAC; Customer Acquisition Cost)

새로운 고객을 얻기 위해 들어가는 비용입니다. 마케팅 비용을 새로 확보한 고객 수로 나누어 계산합니다. 예를 들어, 지난 한 달 동안 마케팅 비용 100만 원을 사용했고, 그 결과 100명의 신규 고객을 얻었다면 CAC는 100만 원 / 100명 = 1만 원입니다.

- 고객 획득 비용 = 전체 마케팅 비용 / 전체 신규 고객 수

2. 평균 주문 금액 (ARPU; Average Revenue Per User)

한 명의 고객이 평균적으로 얼마의 매출을 발생시키는지를 나타내는 지표입니다. 흔히 '객단가'라고도 부르는 지표로, 특정 기간 회사의 '총 매출'을 '총 고객 수'로 나누어 계산합니다. 예를 들어, 지난 한 달 회사의 총 매출이 100만 원이고 총 고객 수가 10명이었다면 ARPU는 100만 원 / 10명 = 10만 원입니다.

- 평균 주문 금액 = 전체 매출 / 전체 고객 수

3. 고객별 평균 주문 금액 (AOV; Average Order Value)

고객이 한 번 주문할 때 얼마의 매출을 발생시키는지를 나타내는 지표입니다. 특정 기간 동안 고객의 매출을 해당 고객의 주문 수로 나누어 계산합니다. 예를 들어, 지난 한 달 동안 A라는 고객의 전체 매출이 10만 원이고, A 고객이 2번 주문했다면, AOV는 10만 원 / 2건 = 5만 원입니다. 고객이 1번 구매할 때 얼마의 가치를 발생시키는지를 설명합니다.

- 고객별 평균 주문 금액 = 고객의 전체 매출 / 고객의 전체 주문 건수

4. 평균 구매 빈도

고객이 특정 기간 동안 얼마나 자주 제품이나 서비스를 구매하는지를 나타내는 지표입니다. 이 지표는 고객의 재구매율을 측정하며, 이 지표를 통해 고객 관계의 건전성을 평가하기도 합니다. 평균 구매 빈도는 특정 기간의 총 주문 건수를 순 고객 수로 나누어 계산합니다. 예를 들어, 지난 한 달 동안 전체 주문은 총 1,000건이고 전체 고객 수는 200명이라고 하면, 평균 구매 빈도는 1,000건 / 200명 = 5입니다. 이 경우 각 고객은 평균적으로 한 달에 5번씩 주문했다고 볼 수 있습니다.

- 고객별 구매 빈도 = (고객별) 총 주문 건수 / 전체 고객 수
- 평균 구매 빈도 = 모든 고객의 구매 빈도의 합계 / 전체 고객 수

5. 평균 구매 수명

고객이 처음 구매를 시작한 시점부터 마지막으로 구매한 시점까지의 기간을 나타내는 지표입니다. 이 지표는 고객이 얼마나 오랫동안 기업과 거래를 지속하는지, 즉 고객의 충성도를 측정하는 데 사용합니다. 평균 구매 수명은 고객이 처음으로 구매한 날짜와 마지막으로 구매한 날짜의 차이로 계산합니다. 예를 들어, A라는 고객이 2023년 1월 1일에 처음으로 제품을 구입했고, 그 후 여러 번의 거래가 있었으며, 가장 최근에 2023년 9월 1일에 마지막 거래가 있었다면, 이 고객의 구매 수명은 약 8개월입니다. 평균 구매 수명을 파악하기 위해서는 모든 고객의 개별 '구매 수명'을 합산하고, 그것을 전체 고객 수로 나눌 수 있습니다.

- 고객별 구매 수명 = (고객별) 가장 마지막 구매 날짜 – 가장 처음 구매 날짜

- 평균 구매 수명 = 모든 고객의 구매 수명 합계 / 전체 고객 수

6. 이탈률(Churn Rate)

일정 기간 동안 제품이나 서비스를 사용했지만, 더 이상 사용하지 않는 고객의 비율을 나타냅니다. 이탈률은 특정 기간 동안 제품이나 서비스의 사용을 중단한 고객 수를 해당 기간 처음으로 제품이나 서비스를 사용한 전체 고객 수로 나누어 계산합니다. 예를 들어, 23년 1월에 100명의 고객이 제품을 구매했고, 23년 6월 기준으로 그중 20명이 더 이상 제품을 구매하지 않는다고 한다면 이탈률은 20명 / 100명 = 20%입니다.

- 이탈률 = 제품 구매를 중단한 고객 수 / 전체 고객 수

▼ 고객 가치 계산을 위한 주요 지표 정리 표

지표 구분	계산식	예시
고객 획득 비용 (CAC)	전체 마케팅 비용 / 신규 고객 수	100만 원 / 100명 = 1만 원
평균 주문 금액(ARPU)	전체 매출 / 전체 고객 수	100만 원 / 10명 = 10만 원
고객별 평균 주문 금액(AOV)	특정 고객의 매출 / 특정 고객의 주문 수	10만 원 / 2번 = 5만 원
평균 구매 빈도	(특정 기간) 주문 수 / 순 고객 수	1,000건 / 200명 = 5
평균 구매 수명	(특정 기간) 가장 마지막 구매 날짜 – 가장 처음 구매 날짜	월 기준으로 6개월 or 12개월
이탈률	(특정 기간) 제품 구매를 중단한 고객 수 / 전체 고객 수	20명 / 100명 = 20%

'고객 가치'와 '고객 생애가치(LTV)' 계산 방법

고객 가치 계산하기

CRM 마케팅을 통해 우리는 고객 가치를 최적화하기 위해 가치가 낮은 고객의 가치를 높이고, 높은 가치의 고객들이 지속적으로 구매하도록 유도해야 합니다. 이를 위해서 우리가

보유한 각 고객의 가치를 평가할 수 있어야 합니다. 이러한 평가는 고객 가치를 높이기 위한 CRM 마케팅 전략 수립과 신규 고객의 잠재적인 고객 가치를 추정하는 데 도움을 줄 수 있습니다.

고객 가치는 일반적으로 '평균 구매 가치'와 '평균 구매 빈도'를 곱하여 계산됩니다. '평균 구매 가치'는 개별 거래에서 고객이 기업에게 가져다주는 평균적인 수익을 나타내며, '평균 구매 빈도'는 특정 기간 동안 고객이 얼마나 자주 거래하는지를 나타냅니다. 예를 들어 온라인 쇼핑몰 A사의 경우, 지난 1년 동안 고객의 1회 구매 당 평균 5만 원의 수익을 얻었습니다. 그리고 같은 기간 동안 고객들은 평균 5번 구매했습니다. 이런 경우 A사의 고객 가치는 1년 기준으로 25만 원(5만 원 × 5회)이 됩니다.

📄 **고객 가치 계산식**

고객 가치 = 평균 구매 가치 X 평균 구매 빈도

- 고객 가치는 '평균 구매 가치'와 '평균 구매 빈도'를 곱한 값입니다.
- '평균 구매 가치'는 '고객이 한 번 구매할 때 평균 얼마의 가치를 가져오는가?'를 나타냅니다.
- '평균 구매 빈도'는 '고객이 특정 기간 동안 평균 몇 번 구매하는가?'를 나타냅니다.

고객 가치 계산 예시

- 지난 1년 동안 1회 구매 당 평균 수익 = 5만 원
- 고객별 평균 주문 금액 = 고객의 전체 매출 / 고객의 전체 주문 건수
- 지난 1년 동안 고객들의 평균 구매 횟수 = 5회
- 고객별 구매 빈도 = (고객별) 총 주문 건수 / 전체 고객 수
- 평균 구매 빈도 = 모든 고객의 구매 빈도의 합계 / 전체 고객 수
- 고객 가치 = 25만 원(5만 원 X 5회)

위의 고객 가치 계산법은 매우 단순화된 형태로, 실제 상황에서는 추가로 고려해야 할 요소들이 존재합니다. 예를 들어, 일부 고객들은 정기적으로 큰 금액의 주문을 하거나 다른 사람들에게 제품을 추천하여 추가적인 가치를 만들어낼 수 있습니다. 따라서 우리가 고객 가치를 평가할 때는 단순한 숫자를 넘어 고객의 구매 패턴이나 친구 초대, 후기 작성 등의 부가적인 가치 창출 활동을 함께 검토하는 것이 좋습니다.

고객 가치 계산법은 특정 기간을 기준으로 고객 가치를 계산하는 방법입니다. 일반적으로 이는 1달, 3달, 6개월 또는 1년 단위로 고객이 기업에게 가져다주는 가치를 계산합니다. 이 방식은 비교적 단기적인 관점에서 고객의 가치를 파악하며, 단기적인 성과 평가와 마케팅 전략 조정에 유용할 수 있습니다.

고객 생애가치(LTV) 계산하기

고객 가치 계산을 통해 단기적인 관점에서만 고객의 가치를 평가해서는 안 됩니다. 장기적으로 고객이 우리 제품이나 서비스를 더 이상 이용하지 않을 때 발생하는 고객 가치의 총합인 '고객 생애가치(Lifetime Value, LTV)' 측면에서도 고객 가치를 평가해야 합니다. 즉, 고객이 우리 서비스를 이용하는 전체 기간 동안 우리에게 얼마나 수익을 가져다주었는가를 금액으로 환산한 값이 LTV입니다.

고객 생애가치(LTV)는 '고객 가치'와 '평균 고객 수명'을 곱한 값으로 구할 수 있습니다. '고객 가치'는 앞에서 배웠던 특정 기간 동안의 고객 가치이며, '평균 고객 수명'은 고객이 우리 서비스를 이용하는 평균 기간을 의미합니다. 예를 들어, 1년 기준으로 고객 가치가 25만 원인 고객이 총 3년 간 우리 서비스를 이용한다면 이 고객의 고객 생애가치(LTV)는 75만 원(25만 원 × 3년)이 됩니다. 이때, '고객 가치'를 계산한 기간을 기준으로 '평균 고객 수명'을 계산해야 합니다. '고객 가치'를 1년 기준으로 계산했다면 '평균 고객 수명'도 연 단위로 계산해야 한다는 뜻입니다.

📄 **고객 생애가치(LTV) 계산식 (1)**

고객 생애가치(LTV) = 고객 가치 X 평균 고객 수명

- 고객 생애가치(LTV)는 고객 가치와 평균 고객 수명을 곱한 값입니다.
- '고객 가치'는 특정 기간 동안 고객이 가져다준 평균적인 수익을 의미합니다.
- '평균 고객 수명'은 고객이 평균적으로 우리 서비스를 이용하는 총 기간을 의미합니다.
- '고객 가치'를 계산한 기간 기준으로, '평균 고객 수명'의 기간을 계산해야 합니다.

고객 생애가치(LTV) 계산 예시

- 온라인 쇼핑몰 A사의 1년 기준 고객 가치 = 25만 원

- 온라인 쇼핑몰 A사의 평균 고객 수명 = 3년
- 고객 생애가치(LTV) = 75만 원(25만 원 X 3년)

고객 생애가치(CLTV/LTV)
고객 생애가치는 평균 고객 가치와 평균 고객 수명을 곱한 값이다.

고객 생애가치(CLTV) = 고객 가치 X 평균 고객 수명

특정 기간 동안 고객이   고객이 지속적으로
가져오는 가치 합계의 평균   구매하는 평균 기간

1년 기준 고객 가치 = 25만 원 / 평균 고객 수명 = 3년
→ 고객 생애가치(LTV) = 75만 원

고객 생애가치 계산식 (1)

이전에 배운 개념들을 활용하여 고객 생애가치(Lifetime Value, LTV)를 계산할 수 있습니다. 그러나 보다 정확한 LTV를 도출하기 위해서는 추가적인 과정이 필요합니다. 바로 고객 획득 비용(Customer Acquisition Cost, CAC)을 LTV에서 빼주는 것입니다.

LTV에만 집중하여 CAC를 고려하지 않으면 잘못된 의사결정을 내릴 위험이 있습니다. 예컨대, 우리는 LTV를 높이기 위해 추가적인 마케팅 비용을 지출할 수 있습니다. 하지만 실제로 CAC가 LTV보다 더 큰 상황에 놓여있을 수 있습니다. 이런 상황에서는 우리가 LTV를 높이려는 노력이 기업의 손실로 작용하게 됩니다. 따라서 우리는 순 이익을 파악하기 위해 CAC를 LTV에서 빼줌으로써 실제로 얼마나 많은 가치를 창출하는지 평가할 수 있습니다. 기업이 건전하게 성장하기 위해서는 LTV가 CAC보다 높아야 하며, 권장되는 비율은 LTV가 CAC의 3배 이상 되는 것입니다. 결국, 우리는 '고객 생애 가치(LTV) – 고객 획득 비용(CAC)'의 값을 구해야 합니다. 그리고 이 값을 최대화하는 것을 목표로 삼아야 합니다.

📄 **고객 생애가치(LTV) 계산식 (2)**

고객 생애가치(LTV) = 고객 가치 X 평균 고객 수명 – 고객 획득 비용(CAC)

- 고객 생애가치(LTV)는 고객 가치와 평균 고객 수명을 곱한 값입니다.
- '고객 가치'는 특정 기간 동안 고객이 가져다준 평균적인 수익을 의미합니다.

- '평균 고객 수명'은 고객이 평균적으로 우리 서비스를 이용하는 총 기간을 의미합니다.
- '고객 가치'를 계산한 기간 기준으로, '평균 고객 수명'의 기간을 계산해야 합니다.
- '고객 획득 비용(Customer Acquisition Cost)'은 신규 고객을 1명을 확보하기 위해 사용하는 평균적인 마케팅 비용입니다.

고객 생애가치(LTV) 계산 예시

- 온라인 쇼핑몰 A사의 1년 기준 고객 가치 = 25만 원
- 온라인 쇼핑몰 A사의 평균 고객 수명 = 3년
- 고객 생애가치(LTV) = 75만 원(25만 원 X 3년)
- 고객 획득 비용(CAC) = 10만 원
- 고객 생애가치(LTV) − 고객 획득 비용(CAC) = 65만 원 (75만 원 − 10만 원)

고객 생애가치(CLTV/LTV)

최종적으로, 고객 생애가치에서 고객 획득 비용을 뺀 값을 CLTV로 본다.

고객 생애가치(CLTV) = (고객 가치 X 평균 고객 수명) - CAC

1년 기준 고객 가치 = 25만 원 / 평균 고객 수명 = 3년 / CAC = 10만 원
→ 고객 생애가치(LTV) = 75만 원 - 10만 원 = 65만 원

고객 생애가치 계산식 (2)

고객 생애가치(LTV)를 계산하는 방법은 다양합니다. 위에서 소개한 '고객 가치 X 평균 고객 수명 − 고객 획득 비용' 계산 방법은 다양한 방법 중 하나입니다. 이 외에도 몇 가지 LTV를 계산하는 방법이 있으며, 그중 하나를 추가로 소개하겠습니다. 바로, 모바일 광고 네트워크 'Tapdaq'에서 제안한 공식입니다. 이 공식은 '평균 구매 가치'와 '이탈률(Churn Rate)'을 기반으로 LTV를 간단하게 계산할 수 있습니다.

📄 고객 생애가치(LTV) 계산식 (3)

고객 생애가치(LTV) = 평균 구매 가치(ARPU) X 1/이탈률(Churn Rate)

- 고객 생애가치(LTV)는 '평균 구매 가치'와 '복귀율'을 곱한 값이다.

- '평균 구매 가치'는 고객이 한 번 구매할 때 평균적으로 발생하는 수익입니다.

- '이탈률'은 전체 고객 수 중에서 제품 구매를 중단한 고객 수의 비율입니다.

- '복귀율'은 '1/이탈률'입니다.

고객 생애가치(LTV) 계산 예시

- 온라인 쇼핑몰 A사의 평균 구매 가치 = 25만 원

- 온라인 쇼핑몰 A사의 이탈률 = 60%

- 고객 생애가치(LTV) = 41만 6천 원(25만 원 X 1/60%)

고객 생애가치(CLTV/LTV)

최종적으로, 고객 생애가치에서 고객 획득 비용을 뺀 값을 CLTV로 본다.

* Tapdaq

$$\text{고객 생애가치(LTV)} = \text{ARPU} \times 1/\text{Churn}$$

평균 구매금액 · 1/이탈률

1년 기준으로, 평균 구매금액 = 5만 원 / 이탈률 = 30%
→ **고객 생애가치(LTV) = 5만 원 X 1/30% = 16만 원**

고객 생애가치 계산식 (3)

고객 생애가치(LTV) 계산의 한계

고객 생애가치(Lifetime Value, LTV)를 계산하는 것은 비즈니스의 성장과 마케팅 전략 수립에 큰 도움이 됩니다. 이는 고객의 장기적인 가치를 이해하고 그에 따라 효과적인 마케팅 전략을 구축하는 데 중요한 역할을 합니다. 고객 생애가치(LTV) 계산법은 매우 유용하지만, LTV의 계산과 활용에는 몇 가지 주의해야 할 한계점들이 있습니다. 이런 한계점들을 이해해야 비로소 LTV를 효과적으로 활용할 수 있습니다.

첫째, LTV 계산 시 미래의 여러 변수를 완벽하게 반영할 수 없습니다.

예를 들어, 할인율은 기업의 현재 자금과 미래 수익 간의 시간 가치를 반영합니다. 만약 경제 상황이 변하면서 인플레이션이나 이자율이 변한다면 할인율도 달라질 것입니다. 마찬가지로, 마케팅 캠페인의 성과는 시장 경쟁 환경, 고객 특성의 변화 등에 따라 크게 달라질

수 있습니다. 새로운 경쟁사가 시장에 진입하거나 기존 고객들의 구매력이 감소한다면 이전보다 더 많은 마케팅 비용을 들여야 할 수 있습니다. 또한, 점점 더 치열해지는 광고 경쟁으로 인해 고객 획득 비용이 증가할 수도 있습니다.

변수가 너무 많은 상황에서는 완벽한 LTV를 계산할 수 없다는 사실을 받아들여야 합니다. LTV는 최대한 보수적으로 바라보고 정확한 수치보다는 범위 수준으로 계산하는 게 좋습니다. 예를 들면, 1년의 LTV를 천 원 단위까지 정확하게 계산하기보다는 3개월의 LTV를 30만 원대 범위까지 계산하는 것입니다. LTV를 더 정확하게 계산하기 위해 시간을 투자하기보다는 고객에게 가치를 줄 수 있는 방법을 고민하는 데 시간을 투자해야 합니다.

둘째, 업력이 짧은 회사에서는 LTV를 구하기 어렵습니다.

스타트업 같은 경우 아직 충분한 데이터가 없거나 비즈니스 모델과 제품이 자주 변경됩니다. 때문에 고객의 평균 수명을 정확하게 예측하기 어려울 수 있습니다. 예를 들어, 신규 스타트업에서 첫 번째 제품이 출시되고 나서 6개월 동안 높은 재구매율을 보였다고 해서 장기적으로 유지될 것인지 판단하기는 어렵습니다. 무엇보다 고객 수명을 계산하기에는 회사의 업력이 짧은 경우가 많습니다.

이런 한계를 고려해서 마케팅 비용을 투입한 시점으로부터 얼마 뒤 회수가 가능한지를 계산하는 '회수 가능 기간(Payback Period)'이라는 개념을 활용하기도 합니다. 1월에 마케팅 비용 100만 원을 투입했을 때 1월에 50만 원, 2월에 30만 원, 3월에 20만 원의 수익이 회수되었다면 회수 가능 기간은 3개월입니다. 고객 생애가치는 수익을 플러스로 만드는 데 초점을 맞춘다면, 회수 가능 기간은 마이너스를 회복하는 데 초점을 맞춥니다.

셋째, 평균의 함정에 빠지기 쉽습니다.

고객 행동은 굉장히 다양한 패턴을 보입니다. 보통 LTV는 평균값을 기준으로 계산하기 때문에 평균의 함정에 빠지기 쉽습니다. 예를 들어, 회사의 제품을 구매하는 고객 중 일부는 단 한 번만 구매하고 다시 돌아오지 않을 수 있습니다. 반면에 일부 고객은 제품을 꾸준히 재구매하며 높은 가치를 창출할 수 있습니다. 만약 이 두 그룹의 LTV를 단순 평균으로 계산한다면, 실제로는 많은 가치를 창출하는 충성 고객과 한 번만 구매하는 고객이 동일한 가치를 갖는 것처럼 보일 수 있습니다. 또한, '왜곡된 분포(skewed distribution)'에서 평균값은 종종 오해의 소지가 있는 결과를 낳기도 합니다. 예컨대, 소수의 매우 높은 LTV 값을 갖는 고객들이 평균값을 크게 올려버릴 수 있는데, 이 경우 대다수의 고객들이 실제로 창출하는 값보다 훨씬 높게 나타납니다. 이런 경우 '중간값' 등의 통계적 방법을 활용하거나 LTV 분석 시 여러 개의 세그먼트를 나누어 분석함으로써 어느 정도 문제를 완화할 수 있습니다.

이러한 한계점들을 이해하고 LTV를 해석하고 활용해야 합니다. 기업은 주기적으로 자신의 가정과 데이터를 검증하고 업데이트함으로써 가능한 한 최신 정보와 상황에 맞게 LTV 값을 조정해야 합니다.

고객 생애가치(LTV)는 기업이 고객 관계를 관리하고 마케팅 전략을 수립하는 데 있어 중요한 도구입니다. 그러나 LTV 계산 방법에는 여러 한계가 있음을 인지해야 합니다. 이런 한계점들을 이해하고 감안하여 LTV를 해석하고 활용하는 것이 중요합니다. 결국, LTV는 기업이 고객을 이해할 수 있는 하나의 도구입니다. 단순히 숫자만 볼 것이 아니라 비즈니스와 고객 특성에 따른 맥락을 이해하는 것이 중요합니다.

CRM 마케팅과 고객 생애가치(LTV)

CRM 마케팅은 고객 생애가치(Lifetime Value, LTV)를 높이는 데 있어 중요한 역할을 합니다. 우리는 CRM 마케팅을 활용하여 고객 리텐션을 높이고 이탈 유저를 줄임으로써 고객당 평균 가치를 높일 수 있습니다. 그리고 결국 비즈니스의 건전한 성장에 기여할 수 있습니다.

CRM 마케팅은 고객 데이터를 분석하여 개별 고객의 행동 패턴과 성향을 파악하고 그에 맞는 맞춤형 서비스나 제안을 제공합니다. 예를 들어, 어떤 고객이 새로운 제품 출시에 대해 자주 반응한다면 해당 고객에게 새로운 제품 정보와 특별 프로모션을 우선적으로 알려 주는 것입니다. 이렇게 개인화된 CRM 마케팅을 통해 고객들의 리텐션(재구매율)을 높일 수 있습니다. 만족도가 높아진 고객은 다시 회사의 제품이나 서비스를 구매할 가능성이 크기 때문입니다. 이로 인해 이탈율도 줄일 수 있으며, 이는 전체적인 LTV 증가로 연결됩니다.

CRM 마케팅을 통해 기업은 고객들로부터 더 많은 가치를 얻을 수 있으며, 이를 통해 안정적인 기초 체력을 형성할 수 있습니다. 이렇게 쌓인 기초 체력을 바탕으로 기업은 신규 고객 획득에 더 많은 마케팅 비용을 지출할 수 있는 힘이 생깁니다. 기업은 신규 고객을 더 많이 확보할 수 있고, 이렇게 확보한 고객 대상으로 CRM 마케팅 전략을 통해 더 많은 가치를 얻을 수 있는 선순환 구조가 만들어집니다.

결론적으로, CRM 마케팅은 고객의 평균 가치를 높이고, 이를 통해 비즈니스를 건전한 성장으로 이끄는 중요한 도구입니다. 기업들은 CRM 마케팅 전략을 활용하여 LTV를 극대화하고 장기적인 비즈니스 성공을 달성할 수 있습니다.

정리하면, 고객 생애가치(CLTV/LTV)가 CRM 마케팅에서 가지는 의미는 다음과 같습니다.

1. CRM 마케팅을 통해 리텐션을 높이고 이탈 유저를 줄일 수 있다.
2. 고객당 평균 가치가 높아진다.
3. 고객 획득에 더 많은 비용을 지출할 수 있게 된다.
4. 고객의 평균 가치를 높이고, 이를 통해 비즈니스의 건전한 성장을 이끌 수 있다.

9.2 | 코호트 기반 고객 가치 분류

코호트 기반 접근법

CRM 마케팅에서는 고객의 행동 패턴과 성향을 이해하고, 각각의 고객 그룹에 맞는 전략을 세우는 것이 중요합니다. 이를 위해 사용된 방법 중 하나가 '코호트 기반 접근법'입니다. 코호트 기반 접근법은 고객들을 특정 기준에 따라 그룹화하여 각 그룹의 행동 패턴을 분석하는 방법입니다.

'코호트(Cohort)'는 통계학과 마케팅 분야에서 많이 사용되는 개념으로, 특정 기간 동안 동일한 경험을 한 그룹을 의미합니다. 마케팅에서 코호트 분석은 이런 공통된 경험을 가진 그룹의 행동 패턴을 파악하고 이해하는 데 유용하게 사용됩니다. 예를 들어, 온라인 쇼핑몰 A사의 전체 고객을 가입일 기준, 구매일 기준, 유입 채널 기준으로 그룹을 만든 뒤 각고객 그룹의 행동 패턴을 분석할 수 있습니다. 2023년 1월 가입한 사용자, 2023년 2월 구매한 사용자, 자연 유입 사용자 등의 고객 그룹이 만들어질 수 있고, 이들은 같은 경험을 했기 때문에 비슷한 행동 패턴을 보일 확률이 높습니다.

모든 고객이 동일하지 않다는 것은 CRM 마케팅에서 굉장히 중요합니다. 일부 고객들은 제품 가격에 영향을 받지 않지만, 다른 일부 고객들은 할인 프로모션 시기에만 구매하는 경향이 있을 수 있습니다. 어떤 코호트는 평균 주문 금액이 10만 원 이상이지만, 다른 코호트는 평균 주문 금액이 3만 원 이하일 수도 있습니다. 이러한 고객들의 차이점은 특정 기준을 가지고 고객을 그룹으로 묶어 개별적인 마케팅 전략의 필요성을 보여줍니다.

결국, 코호트 기반 접근법은 고객의 행동 패턴과 성향, 그리고 그 변화를 이해하는 데 있어 중요한 도구입니다. 이를 통해 기업은 고객들에게 더욱 개인화된 경험을 제공할 수 있으며, 이는 결국 고객 만족도 향상과 재구매율 증가로 이어져 비즈니스 성장에 크게 기여하게 됩니다.

▼ 가입 월 기준으로 묶은 코호트 표 예시

코호트	가입 기간 (월)	구매 자 수 (M+1)	M+1	M+2	M+3	M+4	M+5	M+6	M+7	M+8	M+9	M+10	M+11	M+12
코호트 A	1월	1,000	800	500	300	250	220	200	180	150	140	130	120	110
코호트 B	2월	1,000	500	300	200	180	150	140	130	120	110	100	90	80
코호트 C	3월	1,000	700	600	500	450	400	300	250	200	150	130	120	100

RFM 분석

'RFM 분석'이란?

코호트 기반 접근법의 대표적인 분석 방법이 'RFM 분석 방법'입니다. 주로 CRM 마케팅 전략으로 많이 활용되는 RFM 분석 방법은 고객의 구매 이력을 기반으로 그들의 가치를 평가하고, 고객 그룹을 만드는 방법입니다. RFM은 Recency(최근성), Frequency(빈도), Monetary Value(금액)의 약자로, 이 세 가지 요소를 통해 고객의 가치를 평가하고 분석하고 예측합니다. 이렇게 평가한 고객을 고가치 고객 그룹, 저가치 고객 그룹 등으로 그룹화하여 각기 다른 CRM 마케팅 전략을 수립할 수 있습니다.

- **Recency(최근성)**: 고객이 얼마나 최근에 구매를 했는지를 나타냅니다. 최근에 구매한 고객일수록 다시 구매할 가능성이 높다는 것을 의미합니다.

- **Frequency(빈도)**: 고객이 얼마나 자주 구매하는지를 나타냅니다. 자주 구매하는 고객일수록 충성도가 높고, 앞으로도 계속해서 구매할 가능성이 크다는 것을 의미합니다.

- **Monetary Value(금액)**: 고객이 얼마의 금액을 사용했는지를 나타냅니다. 많은 금액을 소비한 고객일수록 해당 기업에게 더 큰 가치가 있다고 볼 수 있습니다.

기업은 Recency(최근성), Frequency(빈도), Monetary Value(금액)라는 3가지 지표를 통해 고객을 분석하고 분류하여 RFM 분석 방법을 사용할 수 있습니다. 즉, 고객별로 얼마나 최근에, 얼마나 자주, 얼마나 많은 금액을 지출했는지에 따라 이들의 분포를 확인하고, 사용자 그룹을 나누어 관리할 수 있는 분석 기법입니다. 이는 구매 가능성이 높은 고객 그룹을 선정하고 이들을 대상으로 마케팅 ROI(Return On Invest)를 극대화할 수 있는 CRM 마케팅 전략을 수립할 때 효과적입니다. 또한, 고객의 가치별로 구매를 유도할 수 있는 차별화된 마케팅 메시지를 기획하는 데도 도움이 됩니다. 예를 들어, 자주 구매하지만 객단가가 낮은 고객 대상으로는 객단가를 높이기 위해 구매 조건이 높은 할인 쿠폰(예: 7만 원 이상)을 제공할 수 있습니다.

RFM 분석 방법의 필요성

CRM 마케팅에서는 고객의 가치를 정량적으로 분석하고, 그에 따라 고객 그룹을 나누어 관리하는 것이 효과적입니다. 각 고객의 특성과 니즈가 다르며, 우리가 이들에게 얻을 수 있는 가치 수준이 다르기 때문입니다. 따라서 고객 가치를 정량적으로 분석하고 고객을 나눌 수 있는 RFM 분석은 CRM 마케팅 전략의 중요한 도구입니다.

예를 들어, 여성 신발을 판매하는 온라인 쇼핑몰 '페어리슈즈'라는 브랜드가 있다고 가정해 봅시다. 이 쇼핑몰에서는 다양한 종류의 신발을 판매하고 있으며, 고객들은 서로 다른 구매 패턴과 선호도를 가지고 있습니다. 어떤 고객은 자주 구매하지만 객단가가 낮은 반면, 어떤 고객은 몇 달에 한 번 구매하는데 객단가가 높을 수 있습니다. 또한 어떤 고객들은 신제품이 출시되면 즉시 구매하지만, 일부 고객들은 할인 프로모션을 진행할 때까지 기다리는 경향이 있을 수 있습니다.

따라서 이러한 다양한 구매 패턴과 성향을 감안하여 고객 그룹을 나누고, 각 고객 그룹별로 맞춤화된 마케팅 전략을 만드는 것이 중요합니다. 이런 경우 RFM 분석은 효과적인 도구로 활용될 수 있습니다. 기업은 RFM 분석을 통해 개별 고객의 가치를 평가하고 적절한 기준에 따라 고객을 나누어 관리할 수 있으며, 이를 통해 고객 충성도와 재구매율 개선을 달성할 수 있습니다.

RFM 분석을 통해 우리는 3가지 이점을 얻을 수 있습니다.

1. 고객 세분화

   RFM 분석은 고객들의 구매 이력을 바탕으로 Recency(최근성), Frequency(빈도), Monetary Value(금액) 등의 기준에 따라 고객을 세분화할 수 있습니다. 이를 통해 각 고객 그룹의 특성에 맞는 맞춤형 마케팅 전략을 실행할 수 있습니다.

2. 우선순위 결정

   모든 고객이 동일한 가치를 가지는 것은 아닙니다. RFM 분석을 통해 어떤 고객이 비즈니스에 더 큰 가치를 제공하는지 파악하고, 그들에게 집중할 수 있습니다.

3. 예측 분석

   RFM 분석을 통해 각 고객의 재구매 가능성과 이탈 가능성, 고가치 고객으로의 업그레이드 가능성을 예측할 수 있습니다.

4. 마케팅 ROI 증대

RFM 분석 결과를 바탕으로 고가치 고객과 저가치 고객을 구분하는 타기팅 전략은 마케팅 비용을 절약하고 ROI를 증대시킬 수 있습니다.

RFM 분석 방법

RFM 분석은 고객의 구매 이력 데이터를 바탕으로 이루어집니다. 따라서 RFM 분석을 실시하기 위한 준비물은 고객의 구매 데이터입니다. 각각의 고객이 가장 최근에 구매한 날짜, 특정 기간 동안의 구매 빈도, 그리고 특정 기간 동안의 누적 구매 금액 데이터를 준비합니다.

고객의 구매 데이터를 다 준비했다면 각 고객별로 최근성(Recency), 빈도(Frequency), 금액(Monetary Value)에 대해 점수를 부여합니다. 이를 위해 우선 각 지표에 대한 점수 구간을 정해야 합니다. 일반적으로 1점부터 5점까지의 점수 구간을 정하며, 높은 점수일수록 높은 가치를 지녔다는 의미입니다. 예를 들어, 최근성(Recency)은 마지막 구매가 가장 최근인 고객이 가장 높은 점수(5점)를 받고, 가장 오래된 고객이 가장 낮은 점수(1점)를 받는 방식입니다.

다음으로, RFM 분석을 진행하는 4가지 단계를 소개합니다. 단계별로 따라하면 엑셀이나 구글 스프레드시트로도 쉽게 RFM 분석을 진행할 수 있습니다. RFM 분석 방법을 쉽게 이해할 수 있도록 가상의 온라인 쇼핑몰 사례를 통해 단계별로 설명하겠습니다.

앞에서 언급했듯이 '페어리슈즈'라는 브랜드의 사례를 통해 RFM 분석 방법을 살펴보겠습니다. '페어리슈즈'는 이제 막 런칭한 지 2년이 지난 브랜드입니다. 최근 치열한 광고 경쟁 상황으로 인해 마케팅 성과를 개선하기 위해 CRM 마케팅을 시작하게 됐습니다. 스니커즈부터 구두까지 다양한 신발 종류를 판매하고 있어서 고객들의 객단가와 구매 주기가 굉장히 다르다는 특징을 보입니다. 그래서 효과적인 CRM 마케팅을 위해 RFM 분석 방법을 도입하여 고객의 가치를 계산하고, 이를 바탕으로 고객 그룹을 분류하여 관리하고자 합니다.

1단계: 고객 구매 이력 데이터 준비

RFM 분석을 위한 고객 구매 이력 데이터를 준비해 주세요. 이 데이터를 엑셀로 가져와서 분석하기 쉽게 다음의 표와 같이 정리해 주세요. 필요한 열(Column)은 '고객 ID', '최근 구매일', '구매 빈도(횟수)', '총 구매 금액'입니다. 고객 구매 이력 데이터를 준비할 때는 최근 3개월, 6개월, 1년 등 기간을 정해서 준비해 주세요. 여기서는 최근 6개월 동안 구매한 고객 데이터를 기준으로 RFM 분석 방법을 적용하는 예시를 설명하겠습니다.

▼ 페어리슈즈의 최근 6개월 고객 구매 데이터 정리표 (2023-04-01 기준)

고객 ID	최근 구매일	구매 빈도(횟수)	총 구매 금액
1001	2022-11-01	3	195,000
1002	2022-12-28	5	240,000
1003	2023-01-14	2	120,000
1004	2023-02-16	1	90,000
1005	2023-03-10	4	300,000

2단계: 각 지표의 점수 구간 설정

고객 구매 이력 데이터를 표로 정리했다면, 다음 단계는 각 RFM 분석 지표에 대한 점수 구간을 설정하는 것입니다. 각 고객에게 최근성(Recency), 빈도(Frequency), 금액(Monetary Value)에 대한 점수를 부여하기 위해서는 점수 부여 기준을 설정해야 합니다. 일반적으로 각 지표의 점수는 1점부터 5점까지 부여하며, 높은 점수일수록 좋은 평가를 의미합니다. 어떤 고객에게 최근성(Recency) 5점을 주고, 어떤 고객에게 금액(Monetary Value) 2점을 줘야 할지에 대한 기준을 정하는 단계라고 이해하면 됩니다. 적절한 점수 구간을 찾기 위해서는 고객 구매 이력 데이터를 분석해야 합니다. 각 지표의 1점부터 5점까지 고객이 고르게 분포하는 점수 구간을 찾아서 다음과 같이 표 형태로 정리합니다.

▼ 페어리슈즈의 최근 6개월 고객 구매 데이터 분석을 통한 각 지표의 점수 구간 정리

점수	최근성(Recency)	빈도(Frequency)	금액(Monetary Value)
1	최근 5~6달 이내 구매	1회 구매	10만 원 이하
2	최근 3~5달 이내 구매	2회 구매	10~15만 원 사이
3	최근 2~3달 이내 구매	3회 구매	15~20만 원 사이
4	최근 1~2달 이내 구매	4회 구매	20~25만 원 사이
5	최근 1달 이내 구매	5회 이상 구매	25만 원 이상

3단계: 고객별 점수 부여와 합계 계산

이제 각 고객에게 최근성(Recency), 빈도(Frequency), 금액(Monetary Value)에 대한 점수를 부여하는 단계입니다. 앞의 1단계에서 정리한 고객 데이터 정리표에 점수를 추가하면 됩니다. 2단계에서 설정한 점수 구간을 참고하여 각각의 고객에게 점수를 부여하고 합계를 계산합니다. 예를 들어, '1001'이라는 고객의 최근 구매일이 2022-11-01이라면, 23년 4월 기준으로 이 고객의 최근성(Recency) 점수는 1점입니다. 그리고 구매 빈도(횟수)가 3이라면 빈도(Frequency) 점수는 3점입니다. 이런 방식으로 각 고객에게 적절한 점수를 부여하고, RFM 점수 합계를 계산합니다. 이 과정은 엑셀의 IFS 함수를 사용하면 쉽게 계산할 수 있습니다.

▼ 페어리슈즈의 최근 6개월 구매 고객의 RFM 점수 부여

고객 ID	최근 구매일	구매 빈도 (횟수)	총 구매 금액	최근성 (Recency) 점수	빈도 (Frequency) 점수	금액 (Monetary Value) 점수	점수 합계
1001	2022-11-01	3	195,000	1	3	3	7
1002	2022-12-28	5	240,000	2	5	4	11
1003	2023-01-14	2	120,000	2	2	2	6
1004	2023-02-16	1	90,000	3	1	1	5
1005	2023-03-10	4	300,000	4	4	5	13

4단계: 고객 그룹 분류

RFM 분석의 마지막 단계는 RFM 점수에 따른 고객 그룹 분류입니다. 그리고 이렇게 분류한 고객 그룹 대상으로 적절한 CRM 마케팅 전략을 수립하는 단계입니다. 일반적으로 RFM 분석 결과는 최근성(Recency), 빈도(Frequency), 금액(Monetary Value)의 합계 또는 평균으로 점수를 구하게 됩니다. RFM 점수가 높은 고객들은 '고가치' 그룹으로 분류됩니다. 이들은 최근에 구매를 했고, 자주 구매하며, 높은 금액을 지출하는 경향이 있는 그룹입니다. 반면에 RFM 점수가 낮은 고객들은 '저가치' 그룹으로 분류됩니다. 이들은 오래 전에 구매했거나, 자주 구매하지 않으며, 낮은 금액을 지출하는 경향이 있는 그룹입니다.

이렇게 단순한 점수 합계 또는 평균으로 계산하는 것도 의미가 있지만, 각각의 지표가 가진 의미를 더 깊게 들여다본다면 좋은 인사이트를 발견할 수도 있습니다. 예를 들어, 최근 구매했고, 구매 빈도가 높은데 구매 금액이 낮은 그룹을 '고빈도 저객단가' 그룹으로 묶어서 관리할 수 있습니다. 또한, 최근 구매했고, 구매 빈도가 낮은데, 구매 금액이 큰 그룹을 '잠재적인 고가치' 그룹으로 묶어서 관리할 수도 있습니다. 최근 구매하기 시작한 고객은 상대적으로 RFM 점수가 낮기 때문에 잠재적인 고가치 고객도 저가치 고객으로 분류될 수 있기 때문입니다.

RFM 분석을 통해 고객을 '고가치 고객'과 '저가치 고객'으로 나눴다면, 이들을 대상으로 효과적인 CRM 마케팅 전략을 세울 수 있습니다. 고가치 고객 대상으로는 로열티 프로그램이나 VIP 혜택 등을 제공하여 충성도와 재구매율을 높이는 전략을 세울 수 있습니다. 반면 '저가치 고객' 대상으로는 신규 제품 소개와 할인 쿠폰 등을 통해 구매 허들을 낮추고 지속적으로 구매할 수 있는 유인책을 제공하는 전략을 세울 수 있습니다. 이런 식으로 RFM 분석은 고객의 구매 이력을 분석하여 고객의 가치에 따라 묶고, 이들에게 각기 다른 마케팅 전략을 통해 고객 가치를 개선하는 데 도움을 줍니다.

▼ 페어리슈즈의 최근 6개월 구매 고객의 RFM 점수 부여와 고객 그룹 분류 (→ 고객 그룹은 10점 이상이 고가치 고객, 10점 미만은 저가치 고객으로 분류)

고객 ID	최근 구매일	구매 빈도 (횟수)	총 구매 금액	최근성 (Recency) 점수	빈도 (Frequency) 점수	금액 (Monetary Value) 점수	점수 합계	고객 그룹
1001	2022-11-01	3	195,000	1	3	3	7	저가치 고객
1002	2022-12-28	5	240,000	2	5	4	11	고가치 고객
1003	2023-01-14	2	120,000	2	2	2	6	저가치 고객
1004	2023-02-16	1	90,000	3	1	1	5	저가치 고객
1005	2023-03-10	4	300,000	4	4	5	13	고가치 고객

고가치 고객 관리: 고객 이탈의 위험성

고객 이탈의 위험성

기업에게 가장 중요한 한 가지를 꼽으라면 그건 바로 고객일 것입니다. 기업이 존재하고 성장하기 위해서는 반드시 고객을 확보하고, 이들과 거래를 만들어야 합니다. 고객은 기업과 비즈니스에 가장 중요한 핵심 요소입니다. 우리는 마케팅을 할 때 '고객 입장에서'라는 이야기를 입에 달고 삽니다. 그만큼 마케팅에서도 고객은 가장 중요한 핵심 요소입니다.

하지만 안타까운 사실이 있습니다. 바로 고객은 언제든 우리를 떠날 수 있다는 점입니다. 수많은 경쟁업체들이 입에 침을 흘리며 우리의 고객을 빼앗아 가기 위해 머리를 싸매고 있습니다. 마찬가지로 우리도 경쟁자들의 고객을 빼앗아 오기 위해 밤낮으로 노력하고 있습니다. 경쟁업체가 아니더라도 우리 제품이나 서비스에 대한 불만족, 시장 트렌드나 고객의 경제 상황 등으로 인해 고객은 더 이상 우리 제품이나 서비스를 구매하지 않게 됩니다. 이렇게 우리의 고객은 하루 아침에 우리를 떠나 경쟁사로 넘어가거나 홀연히 자취를 감출 수 있습니다.

우리는 언제나 고객이 떠나는 고객 이탈의 위험성을 신경 써야 합니다. 특히, '고가치 고객' 그룹의 이탈은 치명적인 손실을 가져올 수 있습니다. 이 그룹은 수익의 많은 부분을 차지하고 있으며, 그들을 관리하기 위해 이미 많은 비용을 지출했기 때문입니다. 또한, '고가치 고객' 그룹이 경쟁사로 넘어가게 된다면 우리의 수익은 감소하고, 경쟁사의 수익은 증가하게 됩니다. 이들 대부분은 경쟁사가 더 나은 가격과 서비스, 경험을 제공한다면 우리 기업을 언제든 떠날 준비가 되어 있습니다. 따라서 우리는 CRM 마케팅을 통해 '고가치 고객' 그룹의 이탈을 막기 위해 노력해야 합니다. 고객이 우리 서비스를 이탈하게 되면 수익 감소와 함께 다시 데려오는 마케팅 비용이 추가되기 때문입니다. 그래서 CRM 마케팅에서는 '고가치 고객' 그룹과의 긍정적인 관계 형성과 이들의 만족도 향상이 가장 높은 우선순위가 돼야 합니다. 우리는 '고가치 고객'의 행동과 만족도, 상호작용을 지속적으로 모니터링하고 개선하기 위해 세심한 주의를 기울여야 합니다.

가치 증대 기회의 상실

마케터라면 '어떻게 하면 고객들이 오랫동안 서비스에 머물면서 가치를 가져오게 할 수 있을까?'에 대해 한 번쯤은 고민하게 됩니다. 고객이 더 오랜 기간 우리 제품이나 서비스를 이용하면 자연스럽게 고객당 가치가 높아지고, 비즈니스는 성장할 수 있기 때문입니다. 이런 기존 고객에 대한 고민은 고객 이탈과 밀접한 관련이 있습니다. 우리 고객들이 일정 기간 서비스를 이용하다가 이탈할 것이라는 가정이 깔려 있는 것입니다. 고객은 언젠가 이탈하게 될 텐데, 이 이탈 시점을 최대한 늦춰서 고객에게 더 많은 수익을 얻을 수 있는 방법을 고민한다는 의미입니다.

기존 고객 유지만큼이나 마케터를 고민에 빠지게 하는 것은 신규 고객 확보입니다. 비즈니스가 꾸준히 성장하기 위해서는 기존 고객을 유지하는 것도 중요하지만, 그만큼 신규 고객을 확보하는 것도 필수입니다. 기업은 지속적으로 신규 고객을 확보하기 위해 광고 비용, 프로모션 비용 등 다양한 마케팅 비용을 지불합니다. 이렇게 신규 고객 확보를 위해 마케팅 비용을 투자하는 상황에서 우리는 신규 고객에게 투자한 마케팅 비용보다 더 많은 가치를 얻을 수 있어야 합니다. 예를 들어, 1만 원에 데려온 신규 고객이 5천 원만 결제하고 더 이상 우리 제품을 구매하지 않는다면 고객 1명을 데려올 때마다 5천 원씩 손해보는 것입니다. 따라서 투자한 마케팅 비용보다 더 많은 수익을 얻기 위해서 신규 고객의 이탈을 늦춰야 합니다. 만약 신규 고객으로 '저가치' 고객을 데려왔다고 하더라도 그 고객이 '고가치' 고객이 될 수 있도록 관리해야만 합니다.

이렇듯 고객은 언제든 떠날 수 있으며, 우리는 고객이 떠나는 시점을 최대한 늦춰서 더 많은 가치를 얻어내야 합니다. 그래서 고객 관계를 관리하는 CRM 마케팅에서는 고객 이탈이 굉장히 중요한 문제로 다뤄집니다. 고객 이탈은 곧바로 '고객 가치 증대 기회의 상실'로 이어지기 때문입니다. 신규 고객 확보에 들어간 비용보다 더 많은 가치를 고객에게서 얻어야 합니다. 이를 위해서는 고객이 제품이나 서비스를 더 많이 이용하도록 CRM 마케팅 전략을 세워야 하며, 이 과정에서 고객이 이탈하는 시점을 늦추기 위해 노력해야 합니다. 따라서 신규 고객이 투자한 비용을 회수하기 전에 이탈하거나 충성 고객이 경쟁사로 이탈하는 상황을 방지할 수 있도록 CRM 마케팅에서 고객 이탈을 중요하게 관리해야 합니다. 우리에게는 고객 이탈을 막을 수 있는 든든한 골키퍼 역할의 CRM 마케팅 전략이 필요합니다.

9.3 이탈 고객 관리 CRM 마케팅

이탈 고객 정의하기

'이탈 고객'이란?

비즈니스 성장에 고객 이탈은 치명적인 독으로 작용합니다. 따라서 기업에는 고객 이탈을 막기 위한 CRM 마케팅 전략이 필요합니다. 고객 이탈을 효과적으로 막기 위해서는 '고객 이탈'에 대한 정의부터 시작해야 합니다. '고객 이탈', 즉 '이탈 고객'은 어떻게 정의할 수 있을까요? 이탈 고객은 기업이 제공하는 제품 또는 서비스를 더 이상 사용하지 않거나 구매하지 않는 고객을 의미합니다. 이들은 기업의 기대 수익을 낮추고 손실을 가져옵니다. 그래서 이탈 고객의 행동 패턴을 분석하여 이탈하지 않도록 관리하거나 이탈한 고객을 다시 활성화하는 것이 CRM 마케팅의 주요 목표 중 하나입니다.

일반적으로 '이탈 고객'은 크게 두 가지 유형으로 분류됩니다. 일시적/간헐적 이탈 고객과 영원한/완전한 이탈 고객입니다. 각각의 유형에 대해 살펴보겠습니다.

1. 일시적(간헐적) 이탈 고객

이용하던 제품이나 서비스를 일시적 혹은 간헐적으로 사용 중단하는 경우를 말합니다. 예를 들어, 여름에만 헬스클럽을 등록해서 운동하는 사람들이나 특정 콘텐츠를 보기 위해 구독 서비스에 가입하는 사람들이 여기에 해당합니다. 그들은 필요에 의해 제품이나 서비스를 이용하지만, 필요하지 않은 기간 동안은 이용을 중단하는 패턴을 보입니다. 이는 제품을 판매하는 비즈니스에도 해당합니다. 우리 쇼핑몰에서 작년에 운동화를 구매한 고객이 올해 다시 운동화를 구매할 수 있습니다. 이러한 고객들은 제품과 서비스가 필요할 때까지 잠시 우리를 떠나는 고객으로, 다시 돌아올 가능성이 높은 '이탈 고객'입니다.

2. 완전한(영원한) 이탈 고객

제품이나 서비스 이용을 완전히 중단하거나 회원 탈퇴 등을 하는 경우를 말합니다. 여기에는 장기간 미로그인으로 인한 휴면 회원 전환도 포함됩니다. 예를 들면, 특정 통신사의 계약을 해지하고 다른 통신사로 넘어가거나 SNS 계정을 삭제하는 사람들이 여기에 해당합니다. 또, 구매 주기가 지났지만 다시 돌아오지 않고 결국 장기간 비활성 고객으로 분류되는 고객도 여기에 해당합니다. 이들은 우리 제품이나 서비스를 다시 이용할 가능성이 희박하기 때문에 완전히 이탈했다고 판단하고 신규 고객과 동일하게 바라보게 됩니다.

CRM 마케팅에서는 이 두 유형의 이탈 고객 모두를 잘 관리해야 합니다. 특히 '완전한 이탈 고객'이 되지 않도록 관리하는 것이 중요합니다. '일시적 이탈 고객'은 자연스럽게 다시 돌아오거나 맞춤형 이벤트를 통해 재활성화를 유도할 가능성이 높습니다. 하지만 '완전한 이탈 고객'을 다시 데려오는 것은 정말 어렵습니다. 이들은 신규 고객을 설득하는 것보다 어려울 수 있으므로, 이렇게 '완전한 이탈 고객'이 되지 않도록 신경 써서 관리하는 것이 가장 중요합니다. 따라서 이탈 고객의 행동 패턴을 분석하고 인터뷰로 의견을 수집하여 이탈 원인을 파악하고 개선하는 것이 중요합니다.

이탈 고객에 대한 고민 포인트

고객 이탈은 모든 기업에서 해결해야 하는 과제이며, 이를 효과적으로 관리하고 해결하는 것은 기업의 성장에 큰 도움이 됩니다. CRM 마케팅은 고객 이탈을 관리하고 예방할 수 있는 가장 효과적인 방법 중 하나입니다. CRM 마케팅 관점에서 이탈 고객을 정의하고 관리하기 위해 고민해야 하는 5가지 포인트를 소개합니다. 지금 소개하는 5가지를 통해 이탈 고객을 보다 명확하게 정의하고, 이들을 어떻게 관리해야 할지 방향성을 잡을 수 있습니다. 한 가지 명심해야 할 것은 이탈 고객을 정의하고 관리하는 것은 비즈니스 모델과 제품 또는 서비스의 특성을 고려해야 한다는 점입니다.

1. 이탈로 판단하는 기간

가장 먼저 이탈 고객을 정의하기 위해서는 이탈했다고 판단하는 기간을 정해야 합니다. 이탈 기준은 비즈니스 모델과 제품 특성에 따라 다릅니다. 예를 들어, 콘텐츠 구독 서비스 A사의 콘텐츠 업데이트 주기와 평균 고객 사용 패턴을 고려할 때 고객이 마지막으로 콘텐츠를 시청한 날짜로부터 3개월 동안 추가 시청이 없으면 이탈 고객으로 분류할 수 있습니다. A사의 경우 이탈로 판단하는 기간을 3개월로 볼 수 있습니다. 또한, 남성 의류 쇼핑몰 B사는 시즌성과 평균 고객 구매 주기를 고려할 때 고객이 마지막 구매일로부터 6개월 이상 구매하지 않으면 이탈 고객으로 분류할 수 있습니다. B사의 경우 이탈로 판단하는 기간을 6개월로 보는 것입니다. 따라서 비즈니스 특성과 고객 행동 패턴을 분석하여 고객의 이탈로 판단하는 기간을 정할 수 있습니다.

2. 이탈로 판단하는 행동

이탈로 판단하는 행동을 정확히 정의하는 것이 중요합니다. 이탈 행동을 어떻게 정의하느냐에 따라 이탈 고객 분류와 이후 CRM 마케팅 전략이 달라지기 때문입니다. 이탈로 판단하는 행동 역시 제품이나 서비스의 특성을 고려해야 합니다. 예를 들어, 온라인 쇼핑몰 A사는 제품을 구매하지 않는 행동을 이탈이라고 볼 수 있고, 콘텐츠 구독 서비스 B사는 구독 해지 행동을 이탈이라고 볼 수 있습니다. 또한, 모바일 게임을 제공하는 C사는 게임 미접속 행동을 이탈로 볼 수 있습니다. 일반적으로 이탈 기간과 이탈 행동을 연결하여 다음과 같이 이탈 고객을 정의합니다.

- **온라인 쇼핑몰 A사:** 6개월 이상 구매하지 않은 고객
- **콘텐츠 구독 서비스 B사:** 구독 해지 후 3개월 이상 재구독하지 않은 고객
- **모바일 게임 C사:** 2주 연속 미접속 상태의 사용자

3. 일시적 이탈 vs 완전한 이탈 판단

이탈 고객을 정의할 때 일시적 이탈인지 완전한 이탈인지 판단하는 것이 중요합니다. 일시적 이탈인 경우 고객은 잠깐 동안 우리 제품이나 서비스의 이용을 멈췄다가 다시 돌아올 가능성이 높습니다. 대학생 A가 시험 기간에 콘텐츠 구독 서비스를 해지했다가 시험이 끝나면 다시 구독을 시작하는 경우가 여기에 해당합니다. 이러한 이탈 고객은 적절한 마케팅 전략을 통해 다시 활성 고객으로 만들기가 비교적 쉽습니다. 반면에 완전한 이탈인 경우 고객은 우리 제품이나 서비스의 이용을 완전히 멈추고 떠난 상태입니다. 이러한 완전한 이탈 고객은 우리가 어떠한 마케팅 전략을 실행하더라도 다시 활성 고객으로 만들기 어렵습니다. 장기간 미로그인으로 휴면 상태가 되었거나 회원 탈퇴 또는 더 이상 우리 제품이나 서비스가 필요하지 않은 상황이 여기에 해당합니다. 따라서 우리는 이탈 고객을 정의하고 분류할 때 이 고객이 일시적으로 우리를 떠난 고객인지, 완전히 우리를 떠난 고객인지 판단하는 기준을 정해야 합니다.

일반적으로 일시적 이탈인지 완전한 이탈인지를 구분할 때는 이탈 기간을 기준으로 구분하거나 회원 탈퇴와 같은 핵심적인 이탈 행동으로 구분합니다. 하지만 완벽하게 일시적 이탈과 완전한 이탈을 구분할 수는 없습니다. 이탈 고객을 이 두 가지로 완벽하게 구분하는 것보다 중요한 것이 있습니다. 바로, 각 이탈 케이스를 이해한 뒤 이탈을 막기 위해 각기 다른 마케팅 전략이 필요하다는 것입니다.

4. 이탈한 고객 분류와 관리

CRM 마케팅에서 이탈 고객을 관리하는 것은 매우 중요한 과제입니다. 제품이나 서비스를 여전히 활발하게 사용하는 '활성 고객'을 계속 붙잡아두는 것도 중요하지만, 이탈한 고객을 어떻게 분류하여 관리할 것인지도 중요합니다. 먼저 우리는 활성 고객과 이탈 고객을 분류하는 작업을 시작해야 합니다. 앞에서 정의한 '이탈 기간'과 '이탈 행동'을 기준으로, 고객 데이터를 분석하여 이탈 고객을 분류합니다. 그런 다음, 이탈 고객을 일시적 이탈 고객과 완전한 이탈 고객으로 분류합니다. 이때 이탈 고객 중 휴면 전환 고객, 회원 탈퇴 고객, 장기간 비활성 고객 등을 '완전한 이탈 고객'으로 분류할 수 있습니다. 마지막으로, 이탈 고객을 '고가치 고객'과 '저가치 고객' 그룹으로 나눕니다. 이탈한 고객 중 다시 활성 고객으로 전환되었을 때의 기대 가치를 살펴보고 집중적으로 관리해야 할 고객 그룹을 지정할 수 있습니다. 이렇게 이탈 고객을 분류하면 더욱 효과적으로 CRM 마케팅 전략을 실행할 수 있습니다.

▼ 온라인 쇼핑몰 A사의 이탈 고객 분류와 관리 예시 표

고객 ID	활성/이탈 구분	일시적/완전한 이탈 구분	이탈 행동	고객 가치 구분
1001	활성 고객	–	–	고가치
1002	이탈 고객	일시적 이탈	최근 6개월 동안 구매X	저가치
1003	이탈 고객	일시적 이탈	최근 6개월 동안 구매X	고가치
1004	활성 고객	–	–	저가치
1005	이탈 고객	완전한 이탈	휴면 회원 전환	고가치

5. 이탈한 고객 재활성화 방법

CRM 마케팅 전략을 통해 이탈 고객을 재활성화할 수 있습니다. 신제품 출시, 개인화 메시지, 할인 혜택 제공, 이벤트 참여 유도 등을 활용하여 이탈 고객에게 이메일이나 문자 메시지를 보내 다시 제품이나 서비스를 이용하도록 유도하는 것입니다. 이때 기업은 고객이 이탈 전 어떤 상품을 조회했고, 어떤 상품을 장바구니에 담았는지, 그리고 어떤 상품을 구매했는지 등의 행동 데이터를 분석하여 활용할 수 있습니다.

일시적 이탈의 경우 다시 돌아올 가능성이 높기 때문에 고객 행동 데이터를 분석하여 맞춤형 CRM 마케팅 메시지를 보낼 수 있습니다. 이전에도 이탈 후 복귀한 경험이 있는지, 이탈 전 어떤 상품이나 콘텐츠에 관심을 보였는지에 대한 데이터를 바탕으로 맞춤형 CRM 마케팅 전략을 통해 다시 활성 고객으로 전환할 수 있습니다.

반면, 완전하게 이탈한 고객은 다시 데려오기 위해 신규 고객보다 더 많은 비용을 지불해야 할 수 있습니다. 따라서 완전한 이탈 고객을 다시 데려오는 방법보다는 고객이 완전히 이탈하기 전에 이를 예방하는 것이 중요합니다. 이를 위해 지속적인 제품 개발과 콘텐츠 제공, 정기적인 고객 만족도 조사 등을 활용할 수 있으며, 개인화된 마케팅과 VIP 프로그램 운영 등을 활용할 수도 있습니다.

장기 미로그인, '휴면 회원'

1년 동안 서비스를 이용하지 않는 장기간 미로그인 회원은 '휴면 회원'으로 전환됩니다. 휴면 회원은 제품이나 서비스를 장기간 사용하지 않아서 계정이 비활성화된 회원입니다. 휴면 회원으로 분류되면 기업은 저장된 개인정보를 안전하게 분리 보관하거나 파기해야 합니다. 따라서 휴면 회원 대상으로는 추가적인 CRM 마케팅을 진행할 수 없습니다.

특정 고객이 휴면 회원으로 전환될 경우 CRM 마케팅에서 재활성화를 유도하는 것이 불가능합니다. 휴면 회원의 재활성화는 신규 고객을 확보하는 것만큼이나 어려우며, 일부 기업은 휴면 회원을 신규 고객 확보와 동일하게 분류하기도 합니다. 다만 이미 우리 서비스에 가입하고 제품이나 서비스를 이용한 경험이 있기 때문에 다시 데려온다면 신규 고객을 설득하는 것보다는 수월할 수 있습니다.

우리는 휴면 회원을 다시 데려오는 것보다 고객이 휴면 회원으로 전환되기 전에 재활성화하는 것에 집중해야 합니다. 한 번 휴면 회원으로 전환되면 다시 데려오기가 매우 어렵기 때문입니다. 따라서 우리는 고객이 휴면 회원으로 전환되기 전에 CRM 마케팅을 통해 반드시 활성 고객으로 유지해야 합니다.

장기 미로그인, 휴면 고객 대상 안내 이메일 예시

고객 이탈에 대한 선행지표 찾기

이탈 신호 포착하기

앞서 고객 이탈은 기업에 중요한 문제라고 했습니다. 또한 이탈 고객을 다시 데려오는 것도 중요하지만, 고객이 이탈하지 않도록 관리하는 것이 욱 중요하다는 이야기도 했습니다. 그렇다면 우리는 어떻게 고객 이탈을 예방할 수 있을까요? 먼저 '이탈 신호'를 발견해야 합니다. 활성화 단계의 고객과 이탈 전 단계의 고객 간에는 행동 패턴에서 차이가 발생합니다. 이러한 차이를 통해 우리는 이탈 가능성이 높은 고객들을 미리 발견하고 별도로 관리하는 작업이 필요합니다. 콘텐츠 스트리밍 서비스인 A사를 예로 들어보겠습니다. A사의 활성 고객은 일반적으로 매주 신규 콘텐츠를 시청하며, 주당 평균 3개 이상의 콘텐츠를 시청한다고 합니다. 그런데 어떤 고객이 최근 2주 이상 신규 콘텐츠를 시청하지 않았고, 주당 평균 1개의 콘텐츠만을 시청하는 행동 패턴을 보입니다. A사 입장에서 이 고객은 서비스에서 점점 멀어지고 있으며, 이탈 가능성이 높은 고객이라고 판단할 수 있습니다.

이렇게 일반적으로 고객은 이탈하기 전에 행동 데이터를 바탕으로 신호를 남깁니다. 우리는 고객들의 행동 패턴을 유심히 모니터링하여 이탈 신호를 발견하고 이에 대응해야 합니다. 이탈 신호를 발견하기 위해서는 우리 제품이나 서비스의 특성과 고객 행동 패턴을 분석하여 이탈 신호를 몇 가지 정의해야 합니다. A사의 이탈 신호가 '신규 콘텐츠 시청'과 '주당 평균 시청 콘텐츠 수'인 것처럼 제품이나 서비스에 적합한 이탈 신호를 정의하고 이를 빠르게 발견하는 데 집중해야 합니다. 다음으로는 대표적인 고객 이탈 신호 4가지를 살펴보겠습니다.

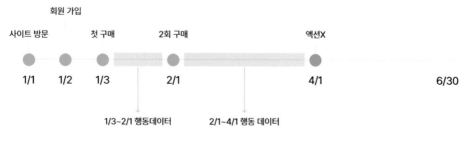

휴면 선행지표 찾고 '예방'하기

고객 이탈 신호 4가지

고객은 이탈하기 전 신호를 남깁니다. 이러한 신호를 조기에 파악하고 대응하는 것이 중요합니다. 이번에도 앞에서 예시로 들었던 콘텐츠 스트리밍 서비스를 제공하는 A사를 예로 들어 보겠습니다. A사는 다양한 엔터테인먼트 콘텐츠를 제공하는 서비스로, 사용자는 매달 일정한 구독료를 지불하고 서비스를 이용할 수 있습니다. A사의 활성 고객은 일반적으로 매주 신규 콘텐츠를 시청하며, 주당 평균 3개 이상의 콘텐츠를 시청한다고 합니다. A사의 예시를 통해 대표적인 고객 이탈 신호 4가지를 살펴보겠습니다.

1. 사용 빈도 감소

사용 빈도는 고객의 서비스 만족도와 직접적으로 관련되어 있습니다. A사가 제공하는 스트리밍 서비스에서 고객의 방문 횟수나 로그인 횟수, 시청한 콘텐츠 수가 줄어들면 사용 빈도가 감소했다고 볼 수 있습니다. 이에는 다양한 원인이 있을 수 있는데, 콘텐츠가 매력적이지 않아서일 수도 있고, 고객이 여가 시간을 내기 어려운 상황일 수도 있고, 경쟁 서비스가 고객의 시간을 빼앗아 가고 있는 것일 수도 있습니다.

2. 상호작용 감소

A사와 고객 간의 상호작용은 주로 콘텐츠 저장, 콘텐츠 평가, 콘텐츠 예고편 조회, 소셜미디어 공유 등을 통해 이루어집니다. 이러한 활동이 줄어들면 고객과의 상호작용이 줄어든다는 것을 의미하며, 이는 고객이 서비스에 대한 관심을 잃어가고 있다는 신호입니다.

3. 체류 시간 감소

체류 시간은 고객이 서비스에 얼마나 오랫동안 머무르는지를 나타내며, 해당 서비스에 대한 관심도 및 몰입도와 직결됩니다. A사의 경우 콘텐츠를 탐색하는 시간이나 콘텐츠를 시청하는 시간을 체류 시간으로 볼 수 있습니다. 과거에는 평균 1시간의 체류 시간을 보이던 고객이 최근에는 10분만에 나가는 경우처럼, 체류 시간이 감소하는 것도 고객이 A사가 제공하는 콘텐츠를 충분히 즐기지 못한다는 신호입니다.

4. 구매 중단

스트리밍 서비스에서 가장 명확한 이탈 신호는 구독 취소 또는 구매 중단입니다. 고객이 A사의 월간 또는 연간 구독을 중단하거나 유료 콘텐츠를 더 이상 구매하지 않는다면 이것은 고객이 서비스에 대한 가치를 더 이상 인식하지 못하고 다른 대안을 찾고 있다는 명확한 신호입니다.

지금까지 고객 이탈 신호 4가지를 살펴봤습니다. 고객 이탈 신호를 감지하고 대응하는 것은 CRM 마케팅에서 매우 중요하게 관리해야 하는 과제입니다. 고객들의 서비스 사용 빈도, 상호작용, 체류시간, 구매 등의 행동 패턴을 모니터링함으로써 이탈 신호를 조기에 발견할 수 있어야 합니다. 이런 신호들을 조기에 발견하고 적절히 대응한다면 고객 이탈을 크게 줄일 수 있습니다. 다음으로 '이탈 고객 관리 CRM 마케팅'의 몇 가지 예시를 자세히 알아보겠습니다.

이탈 고객 관리 CRM 마케팅 예시

이탈 고객 관리에 활용할 수 있는 5가지 명분

이탈 가능성이 높은 고객을 발견했다면 이들에게 적절한 CRM 마케팅 전략을 통해 이탈을 예방하고 재활성화를 유도해야 합니다. 고객 이탈을 막을 때 활용할 수 있는 5가지 CRM 마케팅 명분을 소개합니다.

1. 조회 제품과 구매 제품 활용

고객이 최근에 조회하거나 구매한 제품 정보를 활용하여 개인화된 마케팅 메시지를 작성합니다. 예를 들어, 마지막으로 운동화를 구매한 고객의 이탈 가능성이 높아지면 운동화와 관련된 신제품 소식이나 할인 쿠폰을 제공하여 재활성화를 유도할 수 있습니다.

2. 좋아요와 장바구니 제품 활용

고객이 '좋아요'를 누르거나 장바구니에 담아놓은 제품 정보를 활용할 수 있습니다. 예를 들어, 가을 코트를 장바구니에 담아놓고 2주 이상 지나 이탈 가능성이 높아진 고객에게 장바구니의 제품에 대한 결제 리마인드 알림이나 추가적인 혜택 적용 알림을 보낼 수 있습니다.

3. 신상 정보와 시즌 제품 큐레이션 활용

시즌 변화, 새로운 트렌드, 신상 정보 등을 기반으로 큐레이션을 제공해 볼 수도 있습니다. 이탈 가능성이 높은 고객 그룹에게 '가을 시즌 컬렉션'을 소개하여 사이트에 재방문을 유도할 수 있습니다.

4. 파격적인 혜택 활용

파격적인 혜택 제공은 언제나 강력한 효과를 가져옵니다. 배달앱 서비스는 재주문 주기가 지난 고객 대상으로 배달비 무료와 같은 파격적인 혜택을 제공하여 고객 이탈을 막고 재활성화를 유도합니다.

5. 추첨 이벤트 활용

출석체크, 래플[4], 퀴즈와 같은 추첨 이벤트를 통해 이탈 가능성이 높은 고객을 붙잡을 수도 있습니다. 중고거래 플랫폼에서 매주 추첨을 통해 한정판 운동화를 제공하는 래플 이벤트를 진행하여 고객 이탈을 예방하고 고객들이 지속적으로 서비스에 참여하도록 만들 수 있습니다.

온라인 반려동물 쇼핑몰 '퍼피스토어' 예시

가상의 온라인 반려동물 쇼핑몰 '퍼피스토어'를 예시로 이탈 고객 관리 CRM 마케팅을 알아보겠습니다.

이탈 고객 파악하기

퍼피스토어는 고객의 제품 조회와 구매 이력 데이터를 분석하여 이탈 가능성이 높은 고객을 파악합니다. 이 회사는 '최근 3개월 동안 사이트에 방문하지 않은 고객', '최근 6개월 동안 제품을 구매하지 않는 고객', '장바구니에 제품을 담고 2주 이상 구매하지 않은 고객'을 이탈 가능성이 높은 고객이라고 정의했습니다.

---

4 '래플(Raffle)'은 추첨식 복권을 의미하는 단어로, 추첨을 통해 특정 상품의 구매 기회를 획득하는 이벤트 방식을 말합니다.

- 최근 3개월 동안 사이트 미방문 고객

- 최근 6개월 동안 미구매 고객

- 장바구니에 제품을 담은 뒤 2주 이상 미구매 유저

1. 조회/구매 제품 활용하기

퍼피스토어는 고객 이탈을 예방하기 위한 CRM 마케팅을 실행하려고 합니다. 그래서 이탈 가능성이 높다고 판단된 고객의 마지막 조회 제품이나 구매 제품 데이터를 분석합니다. 이런 데이터를 바탕으로 이탈 가능성이 높은 고객에게 개인화된 메시지를 보내 활성 고객으로 전환할 수 있습니다. 예를 들어, 최근 3개월 동안 사이트에 들어오지 않은 고객 A는 마지막 방문에서 '습식사료' 관련 상품을 3개 조회했습니다. 이 데이터를 활용하여 고객 A에게 습식사료 카테고리의 신규 상품 출시 또는 습식사료에 사용 가능한 할인 쿠폰을 담은 메시지를 발송할 수 있습니다. 또한, 최근 6개월 동안 구매하지 않은 고객 B가 마지막으로 천연샴푸 제품을 구매했다면, 고객 B에게 천연샴푸 제품과 관련된 신규 상품 출시를 알릴 수도 있습니다. 이처럼 제품을 판매하는 기업은 고객의 제품 구매 이력을 분석하여 개인화된 메시지를 통해 고객 이탈을 예방할 수 있습니다.

2. 좋아요와 장바구니 제품 활용

고객이 특정 제품을 장바구니에 담는 것은 구매와 밀접한 행동입니다. 하지만, 장바구니에 담아두고 결제를 하지 않는 경우도 많습니다. 퍼피스토어의 C라는 고객은 반려동물 영양제 제품을 장바구니에 담아두고 2주간 구매하지 않았습니다. 이 고객이 완전히 이탈하기 전에 우리는 장바구니에 담긴 제품을 결제하도록 CRM 메시지를 보낼 수 있습니다. 단순히 제품을 구매하도록 리마인드 알림을 보낼 수도 있고, 해당 제품에 적용 가능한 할인 쿠폰을 함께 보낼 수도 있습니다.

3. 신상 정보와 시즌 제품 큐레이션 활용

퍼피스토어에서 강아지 사료를 구매하던 일부 고객들은 제품의 품질에 만족했으나, 상대적으로 높은 가격과 애매한 용량 때문에 더이상 사료를 구매하지 않게 되었습니다. 그래서 퍼피스토어는 고객들의 피드백을 반영하여 비교적 낮은 가격의 대용량 사료를 출시했습니다. 더이상 사료를 구매하지 않는 고객들에게 새롭게 출시한 제품 정보를 알려줌으로써 이들의 재구매를 유도할 수 있습니다.

4. 파격적인 혜택 활용

이탈 가능성이 매우 높은 고객 그룹을 대상으로 재구매 특별 혜택 쿠폰을 제공할 수 있습니다. 예를 들어, 매달 퍼피스토어의 다양한 제품을 꾸준히 구매하던 고객 D는 최근 6개월 동안 어떠한 구매 활동도 보이지 않았습니다. 고객 D는 구매 빈도와 구매 금액이 높았던 '고가치 고객'으로, 이 고객을 다시 활성화하는 것이 중요합니다. 이 경우 고객 D에 재구매 50% 할인 쿠폰과 같은 파격적인 혜택을 제공하여 재구매를 유도할 수 있습니다.

5. 추첨 이벤트 활용

고객들이 지속적으로 우리 사이트를 방문하게 하고 활성 고객으로 남기기 위해 매달 경품 추첨 이벤트를 진행할 수 있습니다. 퍼피스토어는 매달 1회 추첨을 통해 반려동물 건강검진 지원금을 제공하는 이벤트를 진행하고 있습니다. 이러한 추첨 이벤트를 통해 고객들의 이탈을 예방하고 지속적으로 관계를 형성하고 있습니다.

콘텐츠 스트리밍 서비스 '프라임플러스' 예시

이번에는 가상의 콘텐츠 스트리밍 서비스인 '프라임플러스'를 예시로 이탈 고객 관리 CRM 마케팅을 알아보겠습니다.

이탈 고객 파악하기

프라임플러스는 고객의 콘텐츠 조회, 콘텐츠 저장, 콘텐츠 시청 이력 데이터를 바탕으로 이탈 가능성이 높은 고객을 파악합니다. 이러한 데이터를 분석하여 프라임플러스는 다음과 같은 고객을 이탈 가능성이 높은 고객으로 정의했습니다.

- 지난 2주 동안 신규 콘텐츠를 시청하지 않은 고객
- 지난 2주 동안 시청한 콘텐츠가 3개 이하인 고객
- 지난 1주 평균 콘텐츠 시청 시간이 30분 미만인 고객

1. 조회/시청 콘텐츠 활용

프라임플러스는 이탈 가능성이 높은 고객을 대상으로 CRM 마케팅 전략을 구축하려고 합니다. 이를 위해 이탈 가능성이 높은 고객의 행동 패턴을 분석하여 개인화된 메시지를 전송하는 방법을 사용하고자 합니다. 예를 들어, 지난 2주 동안 2가지 콘텐츠만 시청한 고객 그룹이 있다고 가정해봅시다. 프라임플러스는 추천 알고리즘을 통해 이들이 최근에 시청한 콘텐츠와 유사한 다른 콘텐츠를 선별하여 소개하는 방식을 활용할 수 있습니다. 더 나아가, 평균적으로 시청 시간이 긴 카테고리에서 고객들이 관심을 보일 만한 콘텐츠를 찾아서 추천할 수도 있습니다.

2. 즐겨찾기 등록 콘텐츠 활용

즐겨찾기에 등록했지만 아직 시청하지 않은 콘텐츠가 있는 고객들에게 시청을 유도하는 리마인드 알림을 보낼 수 있습니다. 그리고 즐겨찾기에 등록한 콘텐츠와 유사한 콘텐츠 또는 등록된 콘텐츠의 신규 시즌이나 감독, 출연 배우 등의 업데이트 정보를 알림으로 보낼 수도 있습니다.

3. 신규 콘텐츠와 새로운 시즌 활용

매력적인 신규 콘텐츠와 고객이 이전에 시청한 콘텐츠의 새로운 시즌 업데이트를 활용하여 이탈 고객을 관리할 수도 있습니다. 고객들의 시청 기록을 분석하여 가장 크게 관심을 가질 만한 신규 콘텐츠를 메시지로 보낼 수 있습니다. 또한, 고객들이 이전에 시청한 콘텐츠의 새로운 시즌이 업데이트되었다면, 이 소식을 메시지로 알려줄 수 있습니다. 콘텐츠 스트리밍 서비스에서는 신규 콘텐츠와 새로운 시즌을 활용한 CRM 마케팅이 강력한 효과를 보일 수 있습니다.

4. 파격적인 혜택 활용

월간 또는 연간 구독을 취소하고 이탈한 고객 대상으로 무료 시청 기간을 제공하거나 첫 3달 구독료 할인 등의 파격적인 혜택을 제공할 수 있습니다. 이러한 혜택을 적극적으로 홍보하여 이탈한 고객이 다시 구독 결제하도록 유도할 수 있습니다.

5. 추첨 이벤트 활용

출석 체크나 콘텐츠 시청을 활용한 추첨 이벤트를 통해 고객 참여도를 높이는 전략을 진행할 수 있습니다. 예를 들어, 7일 연속 출석체크에 성공한 고객들 중 추첨을 통해 1년 이용권을 제공할 수 있습니다. 또한, 신규 콘텐츠를 시청한 고객들 중 추첨을 통해 스타벅스 쿠폰과 같은 소정의 경품을 제공할 수도 있습니다. 이러한 이벤트를 통해 고객들이 서비스에 자주 접속하고, 다양한 콘텐츠를 시청하도록 유도할 수 있습니다.

나에게도
CRM 마케팅
사수가 생겼다

Chapter 10

[CRM 시나리오]
프로모션

10.1 반드시 활용해야 하는 프로모션

마케팅 프로모션이란?

마케팅 프로모션은 제품이나 서비스의 홍보 및 판매 촉진을 위한 핵심적인 마케팅 활동입니다. 이는 소비자에게 제품 또는 서비스의 가치를 강조하고, 구매 혜택을 제공하여 매출을 증가시키는 역할을 합니다. 주요한 프로모션 방법으로는 가격 할인, 특가, 쿠폰, 경품 등이 있으며, 이러한 전략들은 고객들에게 직접적인 가치를 제공하여 구매 전환율을 높일 수 있습니다.

또한, 마케팅 프로모션은 다양한 상황과 명분을 활용하여 기획됩니다. 예를 들어 소비자들의 구매 욕구가 높아지는 크리스마스나 블랙프라이데이 같은 기간에 맞추어 다양한 할인 혜택을 제공하는 프로모션을 진행하는 것이 일반적입니다. 그리고 신제품 출시와 함께 쿠폰 혜택을 제공하는 방식도 자주 사용됩니다.

단기적으로 보면 마케팅 프로모션은 판매량과 매출 증대라는 명확한 성과를 가져옵니다. 그러나 이것만이 전부는 아닙니다. 장기적으로 봤을 때 브랜드 인지도 향상과 충성 고객 기반 형성 등의 결과를 가져오며, 개인화된 혜택을 제공함으로써 고객들이 지속적으로 기업의 제품과 서비스를 이용하게 만드는 결과를 가져옵니다.

성공적인 마케팅 프로모션은 독립된 활동이 아니라 다른 마케팅 요소들과 연계되어 진행됩니다. 즉, 제품 전략, 유료 광고, CRM 마케팅 등 다양한 마케팅 활동이 조화롭게 결합돼야 좋은 결과를 얻을 수 있습니다. 많은 기업이 이렇게 통합된 마케팅 프로모션을 통해 신규 고객을 확보하고 재구매를 유도하여 매출을 증대시키고 있습니다. 또한, 프로모션은 CRM 마케팅에 있어서도 중요한 역할을 하며, CRM 마케팅 성과를 높일 수 있는 좋은 무기가 됩니다.

마케팅 프로모션 예시 (왼쪽부터 올리브영, 야놀자, 무신사, 오늘의집)

마케팅 프로모션을 활용해야 하는 이유

프로모션은 CRM 마케팅의 성과를 극대화할 수 있는 강력한 무기입니다. 프로모션은 좋은 명분과 강력한 혜택을 포함합니다. 예를 들면, 블랙프라이데이 프로모션은 '블랙프라이데이'라는 시즌성 명분과 '최대 70% 할인'이라는 가격 혜택을 포함합니다. 이렇게 프로모션이 지닌 명분과 혜택은 CRM 마케팅에서 매우 유용하게 사용할 수 있습니다. 다음은 CRM 마케팅에서 프로모션을 적극적으로 활용해야 하는 4가지 이유입니다. 이러한 4가지 프로모션을 통해 CRM 마케팅 성과를 극대화할 수 있습니다.

1. 강력한 혜택 활용

전체 고객 또는 구매 가능성 높은 고객들에게 강력한 혜택이 담긴 CRM 메시지를 보낼 수 있습니다.

2. 신규 고객 확보

신규 가입 후 구매를 망설이는 고객 대상으로 구매를 유도할 수 있는 타기팅 메시지를 보낼 수 있습니다.

3. 충성도와 재구매 유도

프로모션을 활용해서 기존 고객들에게 추가적인 혜택을 제공하여 재구매를 유도하고, 기존 고객들의 구매 주기를 단축시킬 수 있습니다.

4. 데이터 분석과 실험 기회

프로모션 기간 동안 증가하는 방문자와 구매자의 행동 패턴을 분석하고, 기존 고객 대상으로 성과 최적화를 위한 실험을 진행할 수 있습니다.

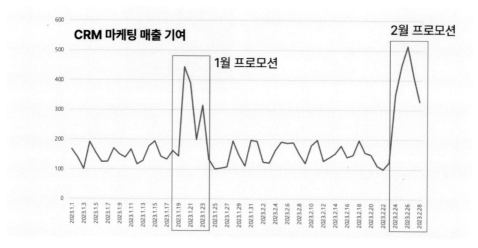

프로모션을 통한 CRM 마케팅 매출 증대 예시

CRM 마케팅은 다양한 마케팅 분야 중에서도 고객들의 구매 전환과 가장 밀접하게 닿아 있습니다. 이는 CRM 마케팅에서 고객 데이터를 가장 많이 분석하며, 고객의 행동 패턴을 지속적으로 파악하기 때문입니다. 또한 타기팅이 가능하며, 구매 결정에 직접적인 영향을 미치는 CRM 채널을 관리하기도 합니다. 이러한 특성으로 인해 CRM 마케팅에서 최종 전환인 구매를 유도하는 역할은 항상 큰 중요성을 가집니다.

마케팅을 통해 고객의 최종 전환을 만들기 위해서는 강력한 후킹 요소가 필수적입니다. 프로모션에서 제공되는 강력한 혜택은 CRM 마케팅에서 고객들을 최종 구매로 이끌어내는 강력한 후킹 요소가 될 수 있습니다. 일반적으로 프로모션 기간에는 전체 매출이 크게 상승하며, CRM 마케팅이 발생시키는 매출도 크게 상승합니다. 이는 프로모션의 강력한 혜택이 고객의 구매를 설득하는 데 효과적이라는 것을 의미합니다. 게다가 프로모션 기간에는 CRM 메시지를 보낼 수 있는 다양한 명분이 생기므로 고객들이 지루하지 않게 여러 방식의 CRM 메시지를 보낼 수 있습니다. 프로모션 오픈, 프로모션 혜택, 프로모션 마감 등 다양한 명분으로 CRM 메시지를 보낼 수 있으며, 프로모션에서 제공하는 강력한 혜택은 고객의 구매 전환율을 크게 높일 수 있습니다. 이처럼 프로모션은 CRM 마케팅에서 강력한 무기가 될 수 있습니다.

그뿐만 아니라, 프로모션 기간에는 방문자와 신규 가입자도 증가하게 됩니다. 프로모션 혜택을 접한 고객들이 지인에게 추천하거나 블로그 및 SNS 등에서 정보를 공유하기도 합니다. 이러한 활동으로 인해 자연 유입이 증가하게 됩니다. 게다가 프로모션 기간에는 평소보다 기대 매출이 높아져 더 많은 광고 비용을 사용할 수 있게 됩니다. 따라서 프로모션 기간은 CRM 마케팅 모수를 확장할 수 있는 좋은 기회가 되며, 증가하는 방문자와 구매자로부터 다양한 데이터를 확보할 수 있게 됩니다. 방문 행동, 구매 행동, 메시지 반응도 등의 데이터를 확보하고, 이를 통해 더 많은 인사이트를 얻을 수 있습니다.

정리하면, CRM 마케팅 성과를 극대화하기 위해서는 프로모션 기간을 적극적으로 활용해야 합니다. 더불어, 프로모션 또한 CRM 마케팅을 통해 성과를 향상시킬 수 있습니다. 이는 CRM 마케팅이 프로모션의 명분과 혜택을 가장 먼저 고객들에게 알리고 구매로 이어지도록 만들 수 있기 때문입니다. 따라서 CRM 마케팅에서는 프로모션 내용과 기간을 미리 파악하고 준비해야 합니다. 이를 통해 프로모션의 명분과 혜택을 활용하여 CRM 채널을 운영할 수 있고, 이는 CRM 마케팅 성과를 극대화할 수 있는 가장 좋은 방법입니다.

10.2 프로모션 활용 CRM 마케팅 예시

시즌성 프로모션

시즌 특수성을 명분으로 진행하는 프로모션입니다. 많은 브랜드가 시즌성 프로모션을 진행하며, 비슷한 기간에 진행하여 소비자들은 전반적인 대세감을 느끼게 됩니다. 블랙프라이데이와 연말 같은 시즌에는 소비 욕구가 증가하기 때문에 프로모션을 통해 좋은 성과를 낼 수 있습니다. 시즌성 프로모션은 고객과 직접 소통하는 CRM 마케팅에서 활용하기 좋은 프로모션입니다. 시즌을 명분으로 메시지 카피를 재밌게 기획할 수 있고, 메시지 발송의 당위성을 부여할 수 있기 때문입니다. 시즌성 프로모션은 우리 기업을 떠난 고객을 다시 데려오는 데도 효과적입니다.

시즌성 프로모션 예시

무신사 – 블랙프라이데이

블랙프라이데이 시즌에 '무진장'이라는 콘셉트로 프로모션을 진행합니다. 최대 70%가량의 할인 혜택을 제공하며, PB 상품인 무신사 스탠다드 카테고리의 타임딜 특가와 각 스토어에 사용할 수 있는 할인 쿠폰을 제공합니다.

펫프렌즈 – 여름 시즌

썸머 페스티벌이라는 콘셉트로 여름 시즌 프로모션을 진행했습니다. 최대 82% 할인을 제공했으며, CRM 메시지를 통해 한정 수량, MD 추천, 반값 특가 상품을 적극적으로 알렸습니다.

지그재그 – 추석 시즌

추석 시즌에 '보름달! 소원을 들어 줘'라는 콘셉트로 프로모션을 진행했습니다. 최대 100만 포인트를 제공했으며, 고객들은 이 포인트를 얻기 위해 프로모션 내 다양한 이벤트를 참여하여 보름달 스티커를 모아야 합니다. CRM 메시지를 통해 프로모션의 주요 혜택인 '100만 포인트'를 강조했고, 이를 받을 수 있는 방법을 안내했습니다.

젝시믹스 – 시즌 오프

여름 시즌 오프 프로모션을 진행하며 전 상품 최대 80% 할인을 제공했습니다. CRM 메시지를 통해 최대 80% 할인과 15% 할인쿠폰 무제한 발급 혜택을 강조했습니다.

시즌성 프로모션 예시 (왼쪽부터 무신사, 펫프렌즈, 지그재그, 젝시믹스)

가격 할인/쿠폰 프로모션

가격 할인은 많은 브랜드가 선호하는 프로모션 방식입니다. 이는 단순히 가격을 낮추는 것이 아니라, 브랜드데이나 감사제와 같은 특별한 테마를 통해 고객들에게 더 큰 가치를 제공하는 방식입니다. 이러한 프로모션은 단일 브랜드에서 진행되며, 전반적인 대세감을 형성하기는 어렵지만, 신규 고객의 첫 구매와 기존 고객의 재구매를 유도하는 데는 매우 효과적입니다. 매년 일정한 날짜와 기간에 이러한 프로모션을 반복하여 진행하는 것이 일반적입니다.

이러한 가격 할인 프로모션은 브랜드에게 다양한 이점을 제공합니다. 첫째, 신규 고객의 접근성을 높여 브랜드 인지도를 향상시키며 신규 구매자를 확보하는 데 도움이 됩니다. 둘째, 기존 고객들의 브랜드 충성도를 높이는 좋은 기회가 됩니다. 셋째, 특정 기간 동안 집중적인 할인 프로모션을 통해 매출을 극대화할 수 있습니다.

이런 방식의 프로모션은 브랜드의 이미지를 강화하고 고객들과의 관계를 더욱 견고하게 만드는 데 중요한 역할을 합니다. 특히, 브랜드데이나 감사제와 같은 테마를 통해 고객들에게 브랜드의 가치와 메시지를 전달하면서 동시에 고객들의 신뢰와 충성도를 얻어낼 수 있습니다. 이는 브랜드의 장기적인 성장에 기여하며, 브랜드의 가치를 높이는 데 중요한 요소가 됩니다.

가격 할인/쿠폰 프로모션 예시

올리브영 – 올영세일

올영데이는 매달 25, 26, 27일에 진행되는 정기 프로모션으로, 최대 6~70% 대규모 할인을 제공합니다. 1+1, 단독 특가, 오늘의 특가, 선착순 특가, 100개 특가, 프리미엄 브랜드 특가 등 다양한 이벤트를 동시에 진행하며, 온라인 몰과 오프라인 매장에서 동시에 진행합니다. 다양한 CRM 마케팅 채널을 통해 온라인 구매와 오프라인 구매를 동시에 유도합니다.

오늘의집 – 오!세일

오늘의집은 정기적으로 '오!세일'이라는 콘셉트로 다양한 카테고리의 상품을 할인 판매하는 프로모션을 진행합니다. 보통 원데이 특가, 1+1 혜택, 베스트 아이템 할인 등의 혜택을 제공하며, 다양한 CRM 마케팅 채널을 통해 적극적으로 프로모션 소식을 알립니다.

뉴발란스 – 멤버스위크

신규 상품 런칭과 래플 이벤트, 스페셜 쿠폰 등 다양한 혜택을 제공하는 프로모션을 진행했습니다. 특히, 뉴발란스 멤버 대상으로 등급 업그레이드 이벤트와 VIP 전용 이벤트를 진행하여 충성 고객의 참여와 구매를 적극적으로 유도했습니다.

가격 할인/쿠폰 프로모션 예시 (1) (왼쪽부터 오늘의집, 올리브영)

가격 할인/쿠폰 프로모션 예시 (2) (왼쪽부터 지그재그, 뉴발란스)

경품 추첨 프로모션

경품 추첨 프로모션은 고객들의 사이트 방문과 참여를 효과적으로 유도하는 전략입니다. 이는 고객들이 댓글 작성이나 응모 등 특정 행동을 하거나 3일 연속 접속과 같은 조건을 충족시키는 경우 이벤트에 참여할 수 있도록 설계됩니다. 이런 경품 추첨 프로모션은 가격 할인 프로모션과 다르게 즉각적인 판매 증대보다는 고객들의 활발한 참여와 활성화에 큰 효과가 있습니다.

이러한 프로모션은 게임화(Gamification) 전략을 활용하여 고객들의 더 많은 참여를 유도합니다. 가입, 응모, 출석 등과 같은 진입 장벽이 낮은 행동을 유도하기 때문에 가격 할인 프로모션보다 고객 참여를 더 쉽게 유도할 수 있습니다. 또한, 기존 고객들의 참여뿐만 아니라, 신규 고객 유입에도 큰 효과가 있습니다. 다양한 외부 채널에 추첨 프로모션을 노출함으로써 많은 수의 잠재 고객을 유입시킬 수 있습니다. 그러나 이러한 프로모션에 참여했다고 해서 반드시 구매로 이어지는 것은 아닙니다. 경품 추첨 프로모션에만 참여하려는 체리피커들이 많기 때문에 이들을 고려하여 프로모션을 설계하고 진행해야 합니다. 체리피커의 참여가 과도하다면 프로모션에 투자한 마케팅 비용과 경품 비용이 매출로 이어지지 않아 손실을 초래할 수도 있습니다.

경품 추첨 프로모션은 일반적으로 댓글 남기기, 응모하기, 출석 체크하기, 구매하기, 장바구니 담기 등의 방식으로 진행됩니다. 또한, 프로모션 기간 내에 100만 원 이상 결제하거나 특정 상품을 3회 이상 구매하는 등의 조건으로도 실행될 수 있습니다. 이처럼 경품 추첨 프로모션은 고객들의 참여와 활동을 촉진하며, 브랜드와 고객 간의 상호작용을 통한 긍정적인 경험을 제공합니다.

경품 추첨 프로모션 예시

오늘의집 – 장바구니 대신 결제 프로모션

고객들이 갖고 싶은 상품을 장바구니에 담으면 추첨을 통해 일정 금액을 포인트로 제공하는 프로모션을 진행했습니다. 앱에서만 응모가 가능하게 하여 앱 설치를 유도하고, 다양한 상품을 둘러보게 만들어서 활성화시켰습니다. 그리고 상품을 장바구니에 담게 만들어 프로모션 이후 CRM 마케팅에도 활용할 수 있었습니다.

지그재그 – 래플 응모 이벤트

앱에서 일정 기간 명품 또는 전자기기, 한정판 상품을 응모하는 이벤트를 진행합니다. 매번 다른 래플 상품으로 응모를 진행하여 기존 고객의 지속적인 활성화를 유도합니다. 응모에 당첨된 고객은 굉장히 저렴한 가격에 응모했던 상품을 구매할 수 있습니다.

트렌비 – 오픈런 프로모션

프로모션 기간 동안 매일 달라지는 명품 브랜드의 제품에 대한 선착순 응모 이벤트를 진행했습니다. 고객들의 선착순 응모 과정을 백화점의 오픈런 방식으로 표현했으며, 고객들은 응모 후 자신의 순서를 확인할 수 있었습니다. 또한, 추첨을 통해 제공하는 제품은 응모 순서에 따라 다르게 설계되었습니다.

경품 추첨 프로모션 예시 (왼쪽부터 오늘의집, 지그재그, 프라다, 트렌비)

10.3 ｜ 프로모션 200% 활용하기

프로모션 기획에 CRM 마케팅 녹이기

이미 많은 기업이 프로모션 기간 동안 적극적으로 CRM 마케팅을 진행하고 있습니다. 이는 프로모션의 명분과 혜택이 CRM 마케팅의 성과를 극대화하는 데 효과적인 무기가 되기 때문입니다. CRM 마케팅은 고객들과 직접적인 소통을 통해 프로모션 내용 및 혜택을 쉽게 전달할 수 있으며, 혜택 시작 및 마감 시점을 활용하여 구매를 유도하는 데 특히 유리합니다.

CRM 마케팅은 다양한 고객 접점을 관리하며, 이는 크게 온사이트 채널과 오프사이트 채널로 구분됩니다. 각 채널은 원하는 고객 대상으로 메시지를 보낼 수 있다는 장점을 가지고 있습니다. 온사이트 채널에는 팝업 배너, 모달 배너, 상단 배너 등이 포함되며, 이러한 채널에서는 타이머나 FOMO(Fear of Missing Out)와 같은 전략을 활용하여 고객의 구매 욕구를 자극하는 메시지를 제공합니다. 반면, 오프사이트 채널에는 앱 푸시 알림, 문자 메시지, 이메일, 카카오 친구톡, 카카오 알림톡 등이 포함되며, 이러한 매체들은 개인화된 정보를 바탕으로 타기팅된 프로모션 내용을 전달할 수 있습니다.

프로모션은 모든 CRM 마케팅 채널에 큰 영향을 줍니다. 일반적으로 프로모션을 활용한 CRM 메시지의 성과가 매우 좋기 때문입니다. 그렇기 때문에 전사적인 대규모 프로모션 기간은 CRM 마케팅이 좋은 성과를 낼 수 있는 절호의 기회입니다. 이 기간에는 CRM 마케팅 채널을 통해 프로모션 내용과 혜택 정보를 최대한 많은 고객에게 전달하고 구매를 유도해야 합니다. CRM 마케팅은 프로모션으로 성과를 극대화할 수 있고, 프로모션은 CRM 마케팅을 통해 더 많은 고객을 전환시킬 수 있습니다.

결국, 프로모션을 기획할 때 CRM 마케팅 요소를 고려하는 것이 좋습니다. 이미 계획된 프로모션 내용만 받아서 CRM 메시지를 보내는 것이 아니라, 전체적인 프로모션 전략에 CRM 마케팅 요소를 통합하는 것이 중요합니다. 이렇게 하면 프로모션에 더 많은 고객을 참여시키고 더 많은 고객의 구매를 유도할 수 있습니다. 프로모션 기획 단계에서 CRM 마케팅 요소를 고려한다면 프로모션 기간 동안 기대감 형성, 고객 방문 유도, 구매 전환 설득의 과정에 큰 도움을 받을 수 있습니다. 예를 들어, 프로모션을 오픈하기 전 오픈 예고 또는 알림 신청 등을 통해 기대감을 형성할 수 있습니다. 기대감 형성과 프로모션 혜택을 알리는 기간을 가지면서 고객들의 소비 욕구를 자극할 수 있습니다. 또한, 댓글 이벤트를 진행하여 고객이 댓글을 남기게 되면 자동으로 랜덤 할인 쿠폰을 발급받고, 이 할인 쿠폰을 사용할 수 있는 제품을 프로모션 기간 동안 추천하는 메시지를 발송할 수 있습니다. 그리고 프로모션 전체 마감 또는 프로모션 기간 동안 진행하는 타임 어택과 같은 이벤트의 마감일을 리마인드하여 직접적으로 구매 전환을 유도할 수 있습니다.

정리하면, 프로모션과 CRM 마케팅의 성과를 높이고, 이를 통해 기업의 매출을 극대화하기 위해서는 프로모션 전략에 CRM 마케팅을 포함해야 합니다. CRM 마케터는 프로모션 기획 시 CRM 마케팅 요소를 반영할 수 있도록 의견을 제시해야 하며, 프로모션 기간 동안 적극적으로 프로모션 정보와 혜택을 전달해야 합니다.

프로모션 200% 활용하는 CRM 마케팅 기획 방법

1. 프로모션 플로 차트 그리기

프로모션 플로 차트는 프로모션의 전체적인 구조와 흐름을 시각적으로 정리한 도식화 또는 문서입니다. 이는 프로모션 기간 동안 기업과 고객 간의 다양한 상호작용을 관리하는 CRM 마케팅에 있어 핵심적인 요소입니다. 프로모션 플로 차트를 통해 CRM 마케팅 전략을 어떻게 세우고, 실제로 어떻게 실행해야 하는지 명확하게 파악할 수 있습니다. 따라서 CRM 마케팅에서 프로모션을 효과적으로 준비하고 실행하기 위해서는 가장 먼저 프로모션 플로 차트를 작성하는 것이 중요합니다.

프로모션 플로 차트는 다음 이미지처럼 구성될 수 있으며, 그 형태는 정해져 있지 않습니다. 중요한 것은 제품이나 서비스의 특성과 프로모션의 성격을 잘 반영하여 고객의 유입부터 탐색, 결제까지의 전체 단계를 빠짐없이 담아내는 것입니다. 이러한 플로 차트는 파워포인트, 마인드맵, 피그마 등 다양한 도구를 활용해 작성할 수 있습니다. 개인적으로는 피그마를 활용하는 것을 추천합니다. 피그마에서 FigJam 파일을 사용하여 초안을 빠르게 작성하고, 피그마 디자인 파일에서 실제 프로모션 페이지를 첨부함으로써 보다 완성도 높게 플로 차트를 완성할 수 있습니다.

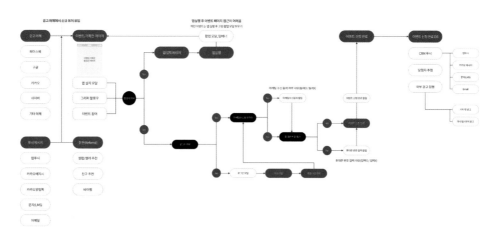

프로모션 플로 차트 예시 이미지

프로모션 플로 차트를 통해 프로모션의 전체적인 흐름과 구조를 한눈에 파악할 수 있습니다. 이 플로 차트로 시각화된 정보를 통해 언제 고객과 소통해야 하며, 어떤 메시지를 전달해야 하는지, 그리고 그 메시지를 언제 보내야 하는지에 대한 전체적인 시각을 가질 수 있습니다. 더욱이 각 단계에서 고객들이 경험할 프로모션 내용과 혜택에 대한 깊은 이해와 함께 그들의 반응에 따른 적절한 CRM 메시지 발송 계획도 세울 수 있게 도와줍니다.

CRM 마케팅에서 프로모션을 준비하는 첫 단계는 프로모션 플로 차트의 작성입니다. 이를 통해 복잡하게 느껴질 수 있는 프로모션의 구조와 고객과의 상호작용을 명확하고 간결하게 이해할 수 있습니다. 추가로, 여러 부서 간의 협업과 커뮤니케이션이 원활해지며, 잠재적인 실수를 최소화하고 개선 가능한 영역을 쉽게 발견할 수 있습니다.

따라서 CRM 마케팅에서 프로모션을 200% 활용하기 위해서는 프로모션 플로 차트를 작성해야 합니다. 플로 차트를 활용함으로써 프로모션 전반에 걸친 구조와 흐름을 분명히 파악할 수 있으며, 이를 바탕으로 단계별 최적화된 CRM 마케팅 전략을 세울 수 있습니다.

2. 퍼널 단계별 전환/이탈 코호트 뽑아내기

프로모션 플로 차트를 통해 프로모션의 구조와 고객 접점을 파악했다면 다음 단계는 퍼널 단계별 전환 코호트와 이탈 코호트를 정의하는 것입니다. 이 과정은 프로모션 기간 동안 CRM 마케팅에서 집중적으로 관리하게 될 코호트를 선정하고, 각 코호트의 맞춤형 CRM 마케팅 전략을 수립하기 위해 필요한 단계입니다.

프로모션 기간이 시작되면 일반적인 고객구매여정(CDJ)과는 다른 패턴을 보게 됩니다. 프로모션 구조와 혜택에 따라 웹사이트와 앱 화면이 크게 변하며, 고객이 방문하는 페이지와 탐색하는 페이지가 달라지기 때문입니다. 이러한 변화로 인해 프로모션 기간 동안 관리해야 하는 '프로모션 퍼널'이 생기게 됩니다.

'전환 코호트'란 한 퍼널 단계에서 다음 단계로 진행한 고객 그룹을 의미합니다. 예를 들어, 프로모션 페이지에서 상품 페이지로 넘어간 고객 그룹은 '상품 페이지 조회 전환 코호트'가 됩니다. 반면에 '이탈 코호트'는 한 퍼널 단계에서 다음으로 진행하지 못하고 이탈한 고객 그룹을 지칭합니다. 상품 페이지 조회 중에 사이트를 떠난 고객 그룹은 '상품 페이지 조회 이탈 코호트'가 됩니다. 이렇게 '전환 코호트'와 '이탈 코호트'를 정의하는 것은 각 그룹의 행동 패턴에 따라 맞춤형 CRM 메시지를 제공하기 위함입니다.

남성용 가방을 판매하는 가상의 온라인 쇼핑몰 '맨즈캐리어'의 프로모션 퍼널에 따른 전환 코호트와 이탈 코호트 예시를 살펴보겠습니다.

맨즈캐리어는 런칭 1주년을 기념하여 감사제 프로모션을 펼치게 됩니다. 이번 프로모션에서는 최대 30% 할인 쿠폰이 제공되며, 고객들은 프로모션 가이드 페이지를 통해 이 쿠폰을 다운로드 받을 수 있습니다.

프로모션 기간 동안 맨즈캐리어는 고객의 첫 방문 페이지를 프로모션 가이드 페이지로 설정했습니다. 이렇게 함으로써 사이트에 방문한 모든이 쉽게 할인 쿠폰을 발급받고, 가이드 페이지에서 소개하는 상품 정보를 확인할 수 있습니다. 상품에 만족한다면 고객들은 상품을 장바구니에 담고 할인 쿠폰을 사용하여 결제를 진행할 수 있습니다.

다음은 맨즈캐리어의 프로모션 퍼널입니다.

1. 프로모션 가이드 페이지 조회

2. 프로모션 쿠폰 발급

3. 상품 페이지 조회

4. 장바구니 담기

5. 상품 결제 시작

6. 상품 결제 완료

다음 표는 맨즈캐리어의 프로모션 퍼널에서 전환 코호트와 이탈 코호트를 어떻게 정의할 수 있는지에 대한 예시를 보여줍니다. 각 프로모션 퍼널 단계에서 전환 코호트와 이탈 코호트를 구체적으로 정의하면, 이를 바탕으로 코호트별로 맞춤 CRM 마케팅 전략을 구축할 수 있습니다.

전환 코호트와 이탈 코호트는 상호연관성이 있습니다. 즉, 한 번 전환된 코호트가 이후 단계에서 전환되지 않을 경우, 이는 이탈 코호트로 분류됩니다. 이와 같이 전환 코호트와 이탈 코호트로 분류하는 목적은 특정 전환 코호트가 받아야 할 CRM 메시지와 이탈 코호트에게 전달해야 할 CRM 메시지를 보다 정교하게 기획하기 위함입니다.

▼ 맨즈캐리어 프로모션 퍼널 단계별 전환/이탈 코호트 예시

프로모션 퍼널 '전환 코호트'	프로모션 퍼널 '이탈 코호트'
• 프로모션 쿠폰 발급	• 프로모션 가이드 페이지 조회 후 이탈
• 프로모션 상품 페이지 조회	• 프로모션 쿠폰 발급 후 이탈
• 장바구니 담기 완료	• 프로모션 상품 페이지 조회 후 이탈
• 상품 결제 시작	• 장바구니 담기 후 이탈
• 상품 결제 완료	• 상품 결제 시작 후 이탈
	• 상품 결제 완료 후 이탈

위 예시처럼 프로모션 퍼널의 각 전환/이탈 코호트를 정의할 수 있습니다. 더 나아가 코호트를 더 구체적으로 나눠볼 수도 있습니다. 프로모션 상품 페이지를 조회하고 이탈한 코호트를 더 구체적으로 나누면 '프로모션 상품 페이지를 3회 이상 조회 후 이탈'과 '프로모션 상품 페이지를 3회 미만 조회 후 이탈' 코호트로 나눌 수 있습니다. 또한, 프로모션 쿠폰을 발급받고 장바구니에 상품을 3개 이상 담은 고객과 2개 미만 담은 고객과 같이 코호트를 나눌 수도 있습니다.

전환/이탈 코호트 세분화 예시

- 프로모션 상품 페이지를 3회 이상 조회하고 이탈한 코호트

- 프로모션 쿠폰을 발급받고 장바구니에 상품을 3개 이상 담은 코호트

- 상품 결제 시작 후 2회 이상 이탈한 코호트

- 프로모션 페이지에서 쿠폰 발급 후 이탈하여 3일 이상 미접속한 코호트

이렇게 프로모션 퍼널을 작성하고 각 단계에서의 전환 코호트와 이탈 코호트를 명확히 정의하면, 이후 각 코호트에 맞춘 CRM 마케팅 전략을 세우는 데 큰 도움이 됩니다. 특히, 코호트를 세분화하여 정리하면 앞으로 진행할 각 코호트별 CRM 마케팅 전략, 채널 선택, 그리고 메시지 구성을 더욱 명확하게 기획할 수 있습니다. CRM 메시지의 타기팅이 구체화될수록 CRM 마케팅 전략의 효과성은 더욱 증가합니다. 이는 타기팅이 정확할수록 고객에게 보다 맞춤화된 메시지를 전달하고, 그로 인해 고객 관계를 강화하며, 마케팅 효과를 극대화할 수 있기 때문입니다.

3. 코호트별 CRM 마케팅 기획: 채널/메시지

이번 단계는 앞서 정의한 각 코호트별 CRM 마케팅 전략과 실행안을 기획하는 단계입니다. 이전 단계에서 퍼널 단계별로 코호트를 잘 분류했다면 이번에는 각 코호트에 적합한 채널과 메시지를 기획하면 됩니다. 다시 한번 이야기하자면, CRM 타깃 코호트가 구체적일수록 효과적인 CRM 마케팅을 실행할 수 있습니다.

이번에도 함께 맨즈캐리어의 예시를 살펴보겠습니다. 앞에서 맨즈캐리어의 퍼널 단계별 코호트를 정의한 것을 그대로 활용해서 CRM 마케팅을 기획해 보겠습니다. 각 코호트별로 맞춤형 CRM 마케팅 전략을 기획하며, 이때 메시지를 보낼 채널과 내용을 기획하게 됩니다.

다음은 전환 코호트 대상으로 CRM 마케팅 채널과 메시지를 기획한 예시입니다. 전환 코호트 대상으로는 특정 행동 조건을 충족시켰을 경우 온사이트 내에서 CRM 메시지를 보여주어 구매 전환율을 유도할 수 있습니다. 다음 예시는 온사이트 채널을 활용한 CRM 마케팅 전략 예시입니다.

전환 코호트 대상 CRM 마케팅 채널과 메시지 기획 예시

1. **프로모션 쿠폰 발급 코호트**

   - 시나리오: 회원이 쿠폰을 발급받으면 쿠폰을 사용할 수 있는 매력적인 상품을 추천하여 빠르게 구매로 연결

   - 채널: 모달 배너, 이메일

   - 메시지: "프로모션 기간 가장 많이 팔린 제품을 추천드려요! 방금 발급받은 쿠폰으로 최대 3만 원 할인 받으실 수 있어요."

2. **프로모션 상품 페이지 조회 코호트**

   - 시나리오: 상품 페이지로 들어온 회원에게 구매 욕구를 자극할 수 있는 메시지 제시 (사회적 증거 활용)

   - 채널: 하단 스티키바

   - 메시지: "지금 100명이 이 상품을 보고 있어요! 품절되기 전에 3만 원 할인받고 구매하세요."

3. **장바구니 담기 완료 코호트**

   - 시나리오: 장바구니 페이지를 벗어나려는 회원 대상으로 쿠폰 마감 시간을 알려주어 구매 심리 자극

   - 채널: 팝업 배너

   - 메시지: "3만 원 쿠폰이 5시간 뒤에 없어져요! 내일은 3만 원 비싸게 구매해야 해요."

이번에는 '이탈 코호트' 대상으로 CRM 마케팅 채널과 메시지의 기획 예시를 살펴보겠습니다. 이탈 코호트는 다시 사이트로 방문하게 하여 구매를 유도해야 하기 때문에 오프사이트 CRM 채널을 활용합니다. 다음 예시는 오프사이트 채널을 활용한 CRM 마케팅 전략 예시입니다.

이탈 코호트 대상 CRM 마케팅 채널과 메시지 기획 예시

1. **프로모션 쿠폰 발급 후 이탈**

   - 시나리오: 프로모션 쿠폰을 발급받고 나서 상품을 보지 않고 사이트를 나간 회원에게 할인 쿠폰 마감일 리마인드를 통해 사이트 재방문과 상품 탐색 유도

   - 채널: 카카오 알림톡

   - 메시지: "보유하신 3만원 할인 쿠폰이 3일 뒤 사라져요!"

2. **프로모션 상품 페이지 조회 후 이탈**

   - 시나리오: 프로모션 쿠폰을 보유한 회원 중 상품 페이지를 2회 이상 조회하고 이탈한 회원에게 할인 혜택을 강조하여 사이트 재방문과 구매 심리 자극

- 채널: 카카오 친구톡
- 메시지: "OOO 고객님! 눈 여겨 보셨던 A 상품을 최대 3만 원까지 할인 받고 구매하실 수 있는 기회입니다."

3. **장바구니 담기 완료 후 이탈**
   - 시나리오: 장바구니에 상품을 담고 사이트를 이탈한 후 1시간 이내 구매하지 않은 회원에게 결제 리마인드를 통해 사이트 재방문과 구매 심리 자극
   - 채널: 앱 푸시 알람, 문자 메시지
   - 메시지: "장바구니에 담긴 상품이 고객님의 결제를 기다리고 있어요! 보유하신 3만 원 쿠폰을 사용하실 수 있어요."

이렇게 프로모션 퍼널의 각 단계별로 전환 및 이탈 코호트에 대응하는 CRM 마케팅 전략을 세움으로써 더욱 효과적인 마케팅 활동을 기획할 수 있습니다. 코호트가 보다 더 세분화되면 해당 코호트에 가장 적절한 채널과 메시지, 전달 시점을 기획하기가 더욱 쉽습니다. 전환된 개별 코호트에는 어떠한 메시지가 가장 효과적일지, 반면 이탈한 개별 코호트에는 어떤 메시지가 필요할지 고민해볼 수 있습니다. 이를 통해 각 코호트에 대한 CRM 마케팅 시나리오를 세밀하게 기획하고, 적합한 채널과 메시지를 선정하여 체계적으로 정리할 수 있습니다.

▼ 맨즈캐리어의 전환/이탈 코호트별 CRM 채널과 메시지 기획 예시

구분	타깃 코호트	채널/메시지
전환 코호트	프로모션 할인쿠폰 발급	채널: 모달 배너 메시지: 프로모션 기간 가장 많이 팔린 제품 3가지를 추천해드려요!
	상품 페이지 조회	채널: 하단 스티키바 메시지: 지금 100명이 이 상품을 보고 있어요! 품절되기 전에 30,000원 할인받고 구매하세요.
	장바구니 담기 완료	채널: 팝업 배너 메시지: 쿠폰 마감까지 N시간 남았어요! 3만 원 쿠폰이 없어지기 전에 구매하세요.

구분	타깃 코호트	채널/메시지
이탈 코호트	프로모션 쿠폰 발급 후 이탈	채널: 카카오 알림톡 메시지: 쿠폰만료까지 N일 남았습니다.
	상품 페이지 조회 후 이탈	채널: 카카오 친구톡 메시지: OOO 고객님! 눈 여겨 보셨던 A 상품을 최대 3만 원까지 할인받고 구매하실 수 있습니다.
	장바구니 담기 후 이탈	채널: 앱 푸시 알람, 문자 메시지 메시지: 장바구니에 담긴 상품이 고객님의 결제를 기다리고 있어요! 보유하신 3만 원 쿠폰을 사용하실 수 있어요.

4. 프로모션 일정별 CRM 액션 정리

이번 단계에서는 지금까지 세운 CRM 마케팅 전략을 체계적으로 정리하는 과정입니다. 이 과정에서는 언제, 어떤 타깃에게 어떤 메시지를 전달할 것인지를 한눈에 파악할 수 있도록 표 형태로 정리합니다. 이렇게 정리된 정보를 바탕으로 구글 스프레드시트와 같은 협업 도구를 통해 프로모션 관련 이해관계자들과 공유하고, 그들의 피드백을 받을 수 있습니다.

CRM 액션에 대한 정리는 주로 수동 발송과 자동 발송 두 가지 방법으로 이루어집니다. 자동 발송은 특정 조건이 충족될 때 CRM 메시지가 자동으로 전달되는 방식이며, 수동 발송은 정해진 날짜와 시간에 타깃 유저를 선별하여 마케터가 직접 메시지를 발송하는 방식입니다. 이렇게 CRM 액션을 체계적으로 정리하면 언제 어떤 메시지가 발송되는지, 누락된 부분은 없는지 확인하고, 개별 액션의 성과 분석에도 도움이 됩니다.

다음은 맨즈캐리어의 프로모션 기간 동안 수행하는 수동 발송과 자동 발송 CRM 액션을 정리한 표입니다. 이처럼 표를 통해 액션을 시각적으로 정리하면 최종 액션을 점검하고 준비 과정에서의 실수를 방지하며 액션별 성과 분석을 보다 정확하게 진행할 수 있습니다.

▼ 맨즈캐리어의 프로모션 기간 수동 발송 CRM 액션 정리 예시

날짜/시간	명분	채널	타기팅	타기팅 모수
6/1 5pm	프로모션 오픈	앱 푸시	전체 앱 사용자	약 XX~XX명
6/1 6pm	프로모션 오픈	카카오 친구톡	전체 카카오 채널친구	약 XX~XX명
6/3 3pm	타임딜 오픈	문자 메시지	프로모션 기간 전체 방문회원	약 XX~XX명
6/4 6pm	타임딜 마감	문자 메시지/ 앱푸시	프로모션 기간 전체 방문회원	약 XX~XX명
6/6 5pm	프로모션 마감	문자 메시지 / 카카오 친구톡	전체 회원 대상	약 XX~XX명

▼ 맨즈캐리어의 프로모션 기간 자동 발송 CRM 액션 정리 예시

코호트	발송 조건	채널	메시지
프로모션 할인쿠폰 발급	발급 완료	모달 배너	프로모션 기간 가장 많이 팔린 제품 3가지를 추천해 드려요!
상품 페이지 조회	상품 페이지 조회	하단 스티키바	지금 100명이 이 상품을 보고 있어요! 품절되기 전에 30,000원 할인받고 구매하세요.
장바구니 담기 완료	장바구니 페이지 이동	팝업 배너	쿠폰 마감까지 N시간 남았어요! 3만 원 쿠폰이 없어지기 전에 구매하세요.
프로모션 쿠폰 발급 후 이탈	쿠폰 발급 후 이탈로부터 1일 뒤	카카오 알림톡	쿠폰만료까지 N일 남았습니다.
상품 페이지 조회 후 이탈	상품 페이지 2회 이상 조회 후 이탈로부터 3시간 뒤	카카오 친구톡	OOO 고객님! 눈여겨 보셨던 A 상품을 최대 3만 원까지 할인받고 구매하실 수 있습니다.
장바구니 담기 후 이탈	장바구니 상품 담은 후 이탈로부터 1시간 뒤	앱 푸시 알람, 문자 메시지	장바구니에 담긴 상품이 고객님의 결제를 기다리고 있어요! 보유하신 3만 원 쿠폰을 사용하실 수 있어요.

5. CRM 액션 준비 및 세팅

마지막 단계는 CRM 마케팅 정리표를 기반으로 프로모션 기간에 실행될 CRM 마케팅 메시지를 설정하는 과정입니다. 이 과정에서는 날짜와 타깃에 따라 자동으로 실행되는 CRM 마케팅 메시지와 수동으로 발송해야 하는 메시지를 각각 설정합니다. CRM 마케터는 이 단계에서 타기팅을 위한 데이터를 추출하고, 메시지 발송 채널의 관리자 페이지에서 메시지를 설정합니다.

회사가 브레이즈나 세일즈포스와 같은 CRM 마케팅 자동화 도구를 사용하고 있다면 해당 도구를 통해 자동화 액션을 설정합니다. 이러한 도구를 사용하면 이메일, 문자 메시지, 카카오 친구톡 등 도구와 연동된 CRM 마케팅 채널에서 수동 발송 메시지를 예약할 수도 있습니다. 또한, 회사 내부에서 직접 CRM 마케팅 자동화 솔루션을 개발하여 사용하는 경우도 있습니다. CRM 마케터는 회사의 상황에 맞게 이전에 기획한 CRM 마케팅 전략과 실행 계획을 빠짐없이 설정해야 합니다.

CRM 메시지를 준비하고 설정하는 과정에서는 CRM 마케터가 각 채널의 특성과 설정 방법에 대해 숙련되어 있어야 합니다. 각 채널의 특징을 파악하고 원하는 타깃에게 적절한 방식으로 메시지를 전달하기 위한 설정법을 이해하는 것이 중요합니다. 예를 들어, 문자 메시지 발송 솔루션에서의 타깃 설정 방법과 카카오 친구톡을 발송하는 카카오 모먼트에서의 타깃 설정 방법은 서로 다릅니다. 각 채널별로 제공하는 기능과 설정 방법이 다르므로 미리 충분한 학습이 필요합니다. 설정 과정에서는 날짜, 타기팅, 메시지가 정확하게 설정되었는지, 누락된 메시지는 없는지를 꼼꼼하게 확인하고 검토하는 것이 중요합니다.

CRM 마케팅 전용 프로모션

CRM 마케팅에 특화된 프로모션도 있습니다. 이는 기존 고객들을 대상으로 세분화된 코호트를 설정하고, 그에 맞는 프로모션을 제공하는 방식입니다. 일반적으로는 타기팅된 고객 집단에게 CRM 채널을 통해 할인 쿠폰을 제공하는 방식으로 진행됩니다. 이러한 CRM 마케팅 전용 프로모션은 전체 기업의 대규모 프로모션과 달리, 주로 CRM 마케터가 기획합니다.

CRM 마케팅 전용 프로모션은 코호트를 기반으로 진행됩니다. 예를 들어, 회원가입 후 아직 구매하지 않은 고객들에게 '신규 가입자 대상 첫 구매 20% 할인 쿠폰' 프로모션을 제공할 수 있습니다. 또한, 첫 구매 이후 30일 동안 재구매를 하지 않은 고객들에게는 '첫 구매 감사 10% 할인 쿠폰' 프로모션을 제공할 수 있습니다. 더불어, 충성 고객(VIP)들에게는 매월 1회 'VIP 특별 할인 주간' 프로모션을 진행하는 것도 가능합니다.

CRM 마케터는 고객 분석을 통해 코호트를 생성하고, 각 코호트에 적합한 프로모션을 기획하여 CRM 마케팅 채널을 통해 알릴 수 있습니다. 코호트 기반으로 진행되기 때문에 프로모션 혜택을 받는 고객의 규모는 작지만, 타기팅된 혜택과 메시지를 통해 높은 전환율을 기대할 수 있습니다. 특히, CRM 마케팅 전용 프로모션은 충성 고객과 이탈 고객을 대상으로 할 때 매우 효과적인 방법입니다.

다음 예시처럼 기존 고객을 대상으로 코호트를 나눠 프로모션을 제공할 수 있습니다.

- 가입자 후 미구매자 대상 첫 구매 감사 할인 쿠폰 지급

- VIP 등급의 충성 고객 대상 매월 1회 VIP 클럽 프로모션 운영

- 구매 후 90일이 넘은 이탈 고객 대상 재방문 유도 경품 추첨 프로모션 운영

타비: 당신은 강력한 무기를 얻었습니다

이 책을 선택하고, 끝까지 열심히 읽어준 여러분께 진심으로 감사의 말씀을 전합니다. 여러분과 함께 CRM 마케팅에 대해 깊이 있게 공부하고 공유할 수 있는 기회를 얻게 된 것에 감사드립니다. 이 책을 통해 CRM 마케팅의 본질과 비즈니스 적용 방법에 대한 이해가 여러분의 머릿속에 정리되었기를 바랍니다.

여러분은 이제 강력한 무기를 손에 넣었습니다. 점점 더 치열해지는 경쟁 속에서 비즈니스의 지속적인 성장을 위해서는 CRM 마케팅이라는 강력한 무기가 필요합니다. CRM 마케팅은 앞으로 펼쳐지는 디지털 마케팅 시대에 기업들의 핵심 전략이 될 것입니다. 여러분이 비즈니스를 성장시키는 역할을 맡고 있다면 CRM 마케팅을 효과적으로 활용하는 능력은 필수입니다. 이 책에서 배운 CRM 마케팅의 지식을 활용해 여러분의 비즈니스가 경쟁에서 이길 수 있는 강력한 무기를 만들어 보세요.

이 책의 주된 목표는 CRM 마케팅의 이해도를 높이고, 이를 실제 비즈니스에 적용하는 방법을 안내하는 것입니다. CRM 마케팅의 원리를 이해하고 이를 실제로 적용함으로써 여러분의 비즈니스는 새로운 차원의 성장을 경험할 것입니다. 이 책이 여러분의 CRM 마케팅 전략을 세우고 실행하는 데 도움이 되었기를 바라며, 이를 통해 여러분의 비즈니스 성장에 기여할 수 있다면 그보다 더 큰 보람은 없을 것입니다.

저자로서, 여러분과 함께 이 책을 통해 지식을 나누고, 여러분의 성장을 도와드리는 과정에서 큰 즐거움을 느꼈습니다. 여러분이 이 책에서 얻은 지식을 바탕으로 비즈니스를 성장시켜 나가는 모습을 상상하며, 이 책을 쓰는 동안 즐거움을 느낄 수 있었습니다. 여러분의 비즈니스가 고객과의 관계를 더욱 강화하고, 그 결과로 성공을 이루는 모습을 기대하겠습니다.

마지막으로, 여러분의 성공을 진심으로 응원합니다! 이 책이 여러분의 CRM 마케팅 여정에 있어서 가이드와 나침반의 역할을 했기를 소망합니다. CRM 마케팅 전략을 세우고 실행하는 과정에서 언제든 이 책을 참고자료로 활용하시기 바랍니다. 이 책이 여러분의 비즈니스 성장과 발전을 이뤄 나가는 데 도움이 되길 바라며, 이 책을 마무리합니다. 감사합니다.

마지막으로 CRM 마케팅 전략에 도움이 되는 책을 몇 가지 추천합니다.

《마케팅이다》(쌤앤파커스, 2019) (저자: 세스 고딘)

모두를 위한 것이 아닌 우리 브랜드가 섬기고자 하는 사람을 정의하고, 그들이 원하는 이야기를 통해 시장을 변화시키는 방법에 대해 이야기합니다. 하나라도 더 팔기 위해 속임수를 쓰는 마케팅을 버리고, 진정한 마케팅의 의미와 돌파구에 대해 생각해 볼 수 있습니다.

《컨버티드》(더퀘스트, 2022) (저자: 닐 호인)

이 책은 단순히 클릭률, 조회수가 아닌 구매를 통한 매출을 높이는 데이터 분석 방법을 담고 있습니다. 재밌는 것은 '랜선 뒤에 사람이 있다'라는 표현을 쓰는 것처럼 데이터 분석을 할 때 인간의 마음과 행동 패턴의 중요성에 대해 이야기한다는 점입니다. 정량적&정성적 데이터 분석을 통해 구매 버튼을 누르게 만드는 치밀한 전략을 설계하고 싶은 분들에게 도움이 됩니다.

《넘버스 스틱!》(웅진지식하우스, 2022) (저자: 칩 히스, 칼라 스타)

이 책은 숫자로 다른 사람들을 설득할 때 사용할 수 있는 강력한 '숫자 스토리텔링 기술'을 크게 4가지로 설명합니다. 숫자를 활용한 마케팅 콘텐츠를 만들 때 소비자의 머릿속에 달라붙게 만드는 방법을 이해할 수 있습니다.

《훅(HOOK): 일상을 사로잡는 제품의 비밀》(유엑스리뷰, 2022) (저자: 니르 이얄)

이 책은 사람들이 빠져서 결국 습관처럼 사용하는 제품이나 서비스의 특징을 분석하여 습관을 만드는 '훅(HOOK)'의 4단계를 설명해 줍니다. 고객을 획득하는 단계를 넘어 제품이나 서비스에 빠져들게 만들어서 리텐션과 매출을 가져오는 방법의 본질을 이해할 수 있습니다.

시에라: 책을 덮고 지금 시작하세요

이 책을 읽고 나서 우리 서비스의 고객 구매 여정을 가장 먼저 만들어 보기를 추천합니다. 고객의 여정을 정확하게 이해하고, 여정 중 어느 단계에서 가장 많은 이탈이 발생하는지를 파악하는 것이 중요합니다. 이를 통해 어떤 지점에서 고객이 떠나는 이유를 파악하고, 그에 맞는 CRM 시나리오를 설계해보세요. 그게 CRM 마케팅의 첫 시작이 될 것입니다.

처음 개인화 CRM 메시지를 보낸 순간이 아직도 기억납니다. CRM 마케팅 초반에는 전체 회원을 대상으로 전체 CRM 메시지를 발송했지만, 이후에 특정 사용자를 대상으로 개인화된 메시지를 보냈습니다. 예를 들어, 특정 사용자의 이름이나 프로필 데이터를 활용하여 해당 사용자에게 맞춤형 쿠폰이나 할인 혜택을 제공하는 방식으로 개인화된 메시지를 전송했습니다. 그 결과, 이전에 전체 사용자 대상 메시지와 비교하여 구매 전환율이 3배, 사용자당 수익이 최대 6배나 증가한 것을 확인할 수 있었습니다. 그 외에도 처음 고객 구매 여정을 설계하고 여정별로 CRM 메시지를 자동화한 캠페인을 활성화한 다음날 자동으로 올라가는 발송 수와 구매 전환 값을 보며 신기하고 기뻐했던 날들이 기억납니다. 자동화 메시지를 설계하고 난 후에는 퍼포먼스 광고의 리타기팅 성과도 동시에 상승하여 팀원들과 또 다른 기쁨을 함께 나누기도 했습니다. 그리고 프로모션을 오픈했을 때 성과가 좋지 않아 상심했지만, 프로모션 기간 동안 모은 회원을 통해 마지막 프로모션 날 CMR 메시지를 보냈을 때 성과가 대박이 터진 날까지 모두 잊을 수 없는 순간들입니다. 어느 날은 주말에 성과를 보고싶은 것을 꾹 참고 월요일에 출근하여 성과를 보기 위해 출근을 기다린 날도 있었습니다.

CRM 메시지는 이미 우리 서비스에 유입된 고객을 대상으로 하며, 실제 메시지 발송 비용이 퍼포먼스 광고 대비 저렴하기 때문에 아마 처음 실행했을 때 지금까지 본 적 없는 ROAS 수치를 확인할 수 있을 것입니다. 처음 CRM의 성과를 체험하고 기쁨을 느껴보는 것, 저는 그게 CRM 마케터가 되는 첫 걸음이라고 생각합니다. 우선 성과를 경험하세요. 더 정밀한 타기팅, 더 잘 설계된 시나리오를 구성하고 싶은 욕심이 절로 생겨날 것입니다.

이 책을 통해 마케터들이 CRM 전략을 개선하고 최적화하는 방법에 대한 이해를 높이고, 이러한 전략을 통해 성공을 경험했으면 합니다. CRM은 단순히 고객과의 관계를 관리하는 것을 넘어서 비즈니스 성장에 핵심적인 역할을 하는 도구임을 명심해야 합니다.

끝으로 이 책을 완독한 후 추가로 읽으면 도움이 될 만한 책을 소개하며 이야기를 마치겠습니다.

《생각에 관한 생각》(김영사, 2018) (저자:대니얼 카너먼)

뒤에 추천해줄 책들을 이해하려면 필수적으로 읽어야 하는 책입니다. 행동 경제학의 개념을 다양한 사례와 함께 풀어 설명하고 있어 쉽고 재밌게 읽을 수 있습니다. 사용자의 비합리적인 행동에 어떤 심리학적 이유가 숨어 있는지 이해할 수 있습니다.

《설득의 심리학 1》(21세기북스, 2023) (저자:로버트 치알디니)

마케터는 결국 사람을 설득하는 사람들입니다. 사람들을 설득하는 방법에 대해 심리학과 결합하여 설명해주며 실제로 소재 제작 혹은 CRM 시나리오를 구성할 때 많은 도움을 얻을 수 있습니다.

《초전 설득》(21세기북스, 2021) (저자:로버트 치알디니)

《생각에 관한 생각》과 《설득의 심리학 1》을 읽은 후, 행동경제학에 관심이 생겼다면 추가로 읽으면 좋을 책입니다. 설득의 타이밍에 대해 말하며 초전에 활용할 수 있는 다양한 설득 방법에 대해 설명합니다.

《마케팅 설계자》(월북, 2022) (저자: 러셀 브런슨)

위의 3권은 행동경제학에 관련된 내용이지만 마케팅 설계자는 좀 더 실용적으로 마케팅 퍼널을 구성하는 방법을 소개합니다. 어떻게 마케팅 퍼널을 구성하여 고객의 마음을 움직일 수 있는지 단계별로 상세하게 이야기합니다.